研究生课程思政教学改革与实践

马海涛　主编

中国财经出版传媒集团
中国财政经济出版社

图书在版编目（CIP）数据

研究生课程思政教学改革与实践 / 马海涛主编. --
北京 : 中国财政经济出版社，2022. 11
ISBN 978 -7 -5095 -3283 -6

Ⅰ. ①研… Ⅱ. ①马… Ⅲ. ①研究生 - 思想政治教育 - 教学改革 - 研究 - 中国 Ⅳ. ①G643. 1

中国版本图书馆 CIP 数据核字（2022）第 206256 号

责任编辑：马　真　　　　责任校对：张　凡
封面设计：北京兰卡绘世　　　　责任印制：党　辉

研究生课程思政教学改革与实践
YANJIUSHENG KECHENG SIZHENG JIAOXUE GAIGE YU SHIJIAN

中国财政经济出版社 出版
URL：http：//www. cfeph. cn
E - mail：cfeph@ cfeph. cn

社址：北京市海淀区阜成路甲 28 号　邮政编码：100142
营销中心电话：010 - 88191522
天猫网店：中国财政经济出版社旗舰店
网址：https：//zgczjjcbs. tmall. com
北京中兴印刷有限公司印刷　各地新华书店经销
成品尺寸：185mm × 260mm　16 开　17. 75 印张　386 000 字
2022 年 11 月第 1 版　2022 年 11 月北京第 1 次印刷
定价：80. 00 元
ISBN 978 - 7 - 5095 - 3283 - 6
（图书出现印装问题，本社负责调换，电话：010 - 88190548）
本社质量投诉电话：010 - 88190744
打击盗版举报热线：010 - 88191661　QQ：2242791300

本书编委会

主　编： 马海涛

成　员： 李　涛　白彦锋　张学勇　肖　鹏
陈运森　刘明旭

目 录

第一部分

学 校 篇

——中央财经大学研究生课程思政建设总体情况

做好高校思想政治工作，必须要用好课堂教学这个主渠道，不断提升思想政治教育亲和力和针对性，满足学生成长发展需求和期待，实现培养合格的社会主义建设者和接班人这一根本目标。党的十九大、二十大以来，中央财经大学研究生教育以习近平新时代中国特色社会主义思想为指导，紧紧抓住立德树人根本任务，突出思想引领，强化育人实效。学校组织实施研究生“课程思政”教学改革项目，寻找专业课程与思政元素的交集，引领并推动财经类高校“思政课”改革。

1. 出台政策：实施研究生课程思政教学改革试点项目

中央财经大学以立项资助形式推动研究生课程思政教学改革，组织实施研究生“课程思政”教学改革试点项目，首批立项11个项目，学校为每个项目提供资助经费2万元。

研究生课程思政教学改革试点项目旨在推动“思政课程”向“课程思政”拓展，梳理各专业课程的德育内涵，将知识教育同价值观教育结合起来，使专业课程与思政课程同向同行，形成协同效应。

2019年3月，学校组织研究生“课程思政”教学改革项目交流研讨会，9月组织项目中期检查，各项目负责人提交了本项目实施进展情况以及“课程思政”教学改革取得的初步成果。11月，发布《关于做好2018年度研究生“课程思政”教学改革试点项目结项工作的通知》，组织开展项目结项相关工作，并于12月底前完成项目结项评审工作。

2. 选树典型：依托核心课程，寻找专业课程与思政元素的共振点

中央财经大学研究生课程思政教学改革特别注重增强学生对财经类专业课程学习的主动性和趣味性，在课程教学中润物无声地开展思政教育，以经济学学科基础课程改革为突破口，优化课程体系，深化教学改革，着力打造一批具有中财品牌特色的研究生“金课”。

高级政治经济学课程有着丰富的思政元素，与思政教育有天然的契合点，通过讲授高级政治经济学，引导学生认识和理解马克思主义的基本立场、观点和方法，认同中国特色社会主义经济道路与方针政策。在合同法课程中，特别注重发挥社会主义核心价值观的引领作用，明确提出社会主义核心价值观奠定了合同法的价值基础，特别是社会层面的价值观与合同法的基本原则有密切关联。大数据与公共管理定量分析课程中，以“大数据环境下的云上贵州项目建设案例分析”“海淀区信息产业结构调整与升级案例分析”等典型案例为例，引导研究生对于当前国家治理和社会发展热点形成正确认知。

3. 课程建设：树立全员、全课程育人理念

（1）理念创新，构建“三全”育人体系

中央财经大学研究生课程思政教学改革以“树立全员、全课程育人理念”为导向，以“启发式教学”为抓手，解绑传统结论灌输式教学，让学生在主动思考中领悟人生真谛，树立家国情怀。推动“思政课程”向“课程思政”拓展，梳理各专业课程的德育内涵，将其列为教学计划的关键条目和课堂讲授的重要内容，将知识教育同价值观教育结合起来，使专业课程与思政课程同向同行，形成协同效应。创建“课程思政”的“课堂教学案例库”，教师在教学过程中实现“学科专业知识点”与“德育知识点”的触点，顺其自然而不是牵强附会、生搬硬套，用学生喜闻乐见的方式，润物无声地开展德育教育。

结合课堂教学实际，注重把握课前、课中、课后等关键教学环节。在专业课教学过程中，在课前问题探究、课堂思想引导与学习指引、课后实践操作与能力培养三个关键环节中融入思政元素。课前问题分析注重对研究生问题研判、问题提出能力的培养；课堂引导注重辅导研究生在认识和分析党和国家大政方针政策时的思想正确性、政治敏锐性、理论前沿性；课后实践操作注重培养研究生的理论分析与实践操作的有机联系，通过案例分析或政策推演使学生能够做到将理论与政策学习内化于心、外化于行。

中央财经大学通过实施研究生“课程思政”教学改革项目，引导财经类专业研究生从党和国家大政方针的角度分析国际形势、国家及社会发展趋势，提高其问题分析和价值判断的正确性、敏锐性，帮助研究生在学习过程中形成先进思想、高尚品格和理性认知。同时，经过一年来的课程建设与改革，还形成了具有学科与课程特色的典型教学案例库，采取案例收集、案例分析、理论运用、实践总结的链条式教学方法等对典型案例进行教学设计，形成覆盖当前中国社会发展热点的成熟案例体系，为研究生课程建设提供素材支撑。

（2）课程创新：开设向科学要答案——龙马学者讲思政

习近平总书记2020年3月2日在北京考察新冠肺炎防控科研攻关工作时提出：人类同疾病较量最有力的武器就是科学技术，人类战胜大灾大疫离不开科学发展和技术创新，坚持向科学要答案、要方法。为巩固学校“财经大思政”育人格局，完善“三全育人”体制机制，根据教育部《深化新时代学校思想政治理论课改革创新先行试点工作方案》有关精神，结合学校研究生思政课程与课程思政建设实际，在研究生层次开设创新课程向科学要答案——龙马学者讲思政。具体方案如下。

第一，课程定位。

向科学要答案——龙马学者讲思政课程是为学校全体博士生（含硕博连读生）开设的一门必修创新思政课程，硕士生可选修本课程。其创新点在于充分发挥学校各学科尖端人才资源优势（龙马学者），将思想政治教育与学科前沿研究充分结合，既能够培养研究生宽广的学术视野和科研能力，又能够引领研究生提升思想水平、树立家国情怀，更好的实现"立德树人"人才培养根本任务。

第二，课程设计。

学校聘请龙马学者（含青年龙马学者，下同）为兼职思政课教师，建立由龙马学者组成的向科学要答案——龙马学者讲思政课程师资团队。

以龙马学者"每人一讲"的形式建立课程讲座资源库。每开课学期选取16位教师的讲座资源组成课程系列讲座，由相应龙马学者主讲。课程总学分为1学分（16学时），每讲时长为2学时，共8讲（两校区合计16讲，8周完成）。课程考核采用课堂考勤和课程论文相结合的形式。研究生需要完成8讲学习，并完成课程论文方可获得学分。

第三，教学组织与管理。

研究生院负责统筹组织各培养单位将向科学要答案——龙马学者讲思政课程列入全校博士生、硕士生培养方案。马克思主义学院为课程教学组织单位，负责指定一名教师担任课程总负责人，负责课程教学内容统筹设计、讲座资源库管理和教师组织等工作。课程可设置1—2名助教，可由研究生担任，研究生院提供适当的助教津贴。马克思主义学院在每开课学期按研究生院发布的时间要求制定课程教学计划、做好开课时间和地点安排。研究生院和马克思主义学院负责课程教学监督检查工作，对出现教学事故的，按学校有关规定报相关部门处理。

（3）"思政课程"与"课程思政"协同育人

理直气壮开好思政课，党委书记、校长带头走进课堂、推动思政课建设。深入开展基于"问题链教学"的思政课综合改革，有力提升思政课教学实效，教改成果获国家级教学成果一等奖，马克思主义学院获评北京市首批重点建设马克思主义学院。积极探索针对各级各类专业人才培养的课程思政模式，充分挖掘德育内涵，将思政教育作为财经类人才培养的第一课。重点推进协同育人模式教学实践，开展研究生"课程思政"教学改革试点项目，持续增进专业教师育德意识和育德能力，构建课程思政育人大格局，课程思政建设成果获中国教育电视台、《中国教育报》等媒体专题报道。

4. 教师培训：在交流中碰撞思想火花

（1）主题培训，分享课程思政建设经验

为增强课程思政教学改革的实效性和针对性，2019 年 3 月，学校组织研究生课程思政教学改革项目交流研讨会。马克思主义学院时任院长、青年长江学者冯秀军教授作专题报告，她结合多年思政课程教学经验，与参会教师分享了思政课程的教学难点和痛点，介绍了“问题链教学”方法的源起和实践效果。她指出课程思政教学改革重心应树立全员、全课程育人理念，多以启发式教学为抓手，解绑传统结论灌输式教学，让学生在主动思考中领悟人生真谛，树立家国情怀。各项目负责人分别围绕本专业课程的教学改革具体情况展开深层次对话，互相交流、交换建议与想法。研究生课程思政教学改革项目交流研讨会为教师们搭建了沟通交流的平台，初步点燃了思想火花碰撞燃烧的引线，有助于今后研究生课程思政教学改革不断向纵深拓展。

（2）构建机制，师德师风建设走向规范

加强政治引领，持续完善师德师风建设长效机制，创建“红色路，中国梦”“红色擎，龙马行”“红色魂，育人心”三大红色品牌项目，做实教师思想政治教育工作，将思想政治情况、师德师风表现作为教师引进、岗前培训、年度考核等的首要标准。3 名教师获得北京市师德师风奖励、2 名教师荣获“北京市师德先锋”称号。学校思想政治教育呈现氛围浓厚、生机盎然的新面貌。

5. 条件保障：激发教师参与课程思政教学改革的热情

学校研究生课程思政教学改革以项目资助形式进行试点推进，并对参与改革项目的课程在工作量认定方面给予适度倾斜。项目还鼓励教师积极总结优秀教改成果，对于较为优秀的，推荐参评国家或北京市优秀教学成果奖。这些举措能够较好地激发教师参与课程思政教学改革的热情，对学校进一步深化研究生课程思政教学改革起到了有力的保障作用。

6. 氛围营造：让课程思政教学改革成果发挥引领示范作用

自2020年3月起，学校通过中央财经大学研究生院微信公众号陆续推送“课程思政大家谈”系列报道，深入宣传报道首批研究生课程思政教学改革试点项目成果，发挥首批教改成果的引领示范作用，营造课程思政教学改革的浓厚氛围。

以“课程思政”和“智慧教学”改革试点项目为引领，学校构建信息化、全过程育人的教育教学改革支撑平台。2016年以来，学校共资助21个研究生教育教学改革研究项目、11个研究生“课程思政”教学改革项目、2个智慧教学改革试点项目，鼓励支持教师开展教学改革研究，探索现代信息技术与课程教学的深度融合，挖掘专业课程的德育内涵，实现“课程思政”与“思政课程”同向同行，发挥协同效应。

第二部分

学　院　篇

1. 财政税务学院研究生课程思政教学改革成果总结报告

一、研究生课程思政教学改革总体情况

财政税收研究的是国家的收与支，是一门充满家国情怀的学科，在课程思政建设中应该发挥重要的作用。2013 年，党的十八届三中全会指出，要推进国家治理体系和治理能力的现代化，财政是国家治理的基础和重要支柱，科学的财税体制是优化资源配置、维护市场统一、促进社会公平、实现国家长治久安的制度保障。

围绕《高等学校课程思政建设指导纲要》（以下简称《纲要》）和学校“双一流”建设目标，为了进一步落实立德树人根本任务，将价值塑造、知识传授和能力培养三者融为一体，发挥好每门课程的育人作用，提高人才培养质量，财政税务学院大力开展专业课程思政建设。目前，有校级课程思政教改项目三项：分别是 2020 年立项的“在中西比较中增强‘四个自信’”（中外财税史课程，马金华）、“讲好中国故事，将中国元素融入政府预算课堂”（政府预算课程，肖鹏）和 2018 年立项的“新时代背景下立德树人，推进研究生深度学习的探索与实践”（税收理论与政策课程，刘金科）。

中外财税史这门博士研究生课程以财经为主线，古今贯通，中西比较，讨论人类历史上中西方文明演变、国家发展、财税制度发展的差异性和规律性。探讨主要大国的国家发展问题并提供了可资借鉴的历史资源和文明资源。课程内容古今中外融会贯通，多学科交叉融合，试图在风云四起的历史变迁中，寻找推动中国国家发展的根本力量。以国际视野看待各国的发展经济模式，以开放的心态为国人打开视野；从闭关锁国到开放合作直至融入全球经济一体化，引导学生更全面地收获和多方位地思考中国的过去现在和未来，客观认识中西方的差异性和相通性，引导学生牢固树立“四个自信”。中外财税史课程自 2009 年开设以来，已经连续开设 11 年，授课对象主要是面向财政学、税收学专业的博士生，财税学院每年授课人数固定在 30 人左右，但会有别的院系的博士生来旁听，所以实际人数一般都达到 40 人左右。

政府预算研究生课程依托中央财经大学研究生院立项资助的 2020 年课程思政教学改革项目，创建“政府预算课程思政”的“课堂教学案例库”，授课教师在教学过程中实现“学科专业知识点”与“德育知识点”的触点，顺其自然而不是牵强附会、生搬硬套，用学生喜闻乐见的方式，润物无声地开展德育教育。

税收理论与政策是税收学研究生的一门必修课程，旨在培养学生的税收理论素养，提升学生对税收前沿理论与政策的思考能力。为了深入贯彻习近平总书记关于课程思政的重要讲话精神，实现立德树人的根本教育目标，该课程跳出传统的教学套路，从“高、新、实、深”四个方面，实施“课程思政”教学工作，获得了同学们的认可，取得了良好的教学效果。

二、研究生课程思政教学内容设计情况

（一）设计目标

1. 知识教育同价值观教育相结合

如政府预算课程思政教学改革以“启发式教学”为抓手，解绑传统结论灌输式教学，让学生在主动思考中领悟人生真谛，树立家国情怀。推动“思政课程”向“课程思政”拓展，梳理政府预算课程的德育内涵，将其列为教学计划的关键条目和课堂讲授的重要内容，将知识教育同价值观教育结合起来，使财政学的专业课程与思政课程同向同行，形成协同效应。财税史课程试图帮助人生观、价值观以及家国情怀还未真正形成的青年学生树立一种求索的精神品格，帮助他们建立一种主动探求财政与国家治理历史真相的精神取向，实现国家“思政”教育的目标：使他们自觉承担起“强国富民”的责任；把历代财政与国家兴亡的重要关系潜移默化地变成一种自觉的认知，最终变成每一个财政人深入骨髓的警戒。

2. 在中西比较中树立“四个自信”

坚定中国特色社会主义的道路自信、理论自信、制度自信和文化自信，离不开与其他国家尤其是以美国为代表的西方国家进行全方位的比较。我们的自信，来源于改革开放40年来积累的雄厚的物质基础，来源于五千年的制度优势，以及对世界经济增长、国际减贫事业作出的巨大贡献；来源于我国财税支持科技教育等实力的显著增强；来源于我国的国家治理优势，来源于政党的伟大使命、长远战略定力、集中力量办大事的动员能力、民主的广泛性等方面所具有的优势。“四个自信”也来源于近年来中国和西方发展道路、发展模式在世界上影响力的此长彼消。因此，财税史课程从这个角度出发，旨在通过中西对比的角度开展“四个自信”的思政课堂教学。

（二）设计思路

1. 课程思政贯彻落实到教学每一环节

课程在教学实施中要注重把握课前、课中、课后等关键教学环节。例如，在政府预算课程教学过程中，在课前问题探究、课堂思想引导与学习指引、课后实践操作与能力培养三个关键环节中融入思政元素。课前问题分析注重对研究生问题研判、问题提出能力的培养；课堂引导注重辅导研究生在认识和分析党和国家大政方针政策时的思想正确性、政治

敏锐性、理论前沿性；课后实践操作注重培养研究生的理论分析与实践操作的有机联系，通过案例分析或政策推演使学生能够做到将理论与政策学习内化于心、外化于行。财政史课程除为学生设计财政史思政课堂教学环节及面授教学形式外，还设计了课外学习环节。为实现学院财政史思政课教学的多环节、多形式，学院与北京市税务局共建了北京税务博物馆，并将其作为财税学院教学科研实践基地。结合北京税务博物馆文物资源，开展课外实践教学活动，将现实财政理论与财政历史相结合教学，不仅增加了课堂教学吸引力，激发了学生探求知识的兴趣，还通过参观税务博物馆，为学生提供了自我投射到历史时空中产生共鸣的机会，拓展了他们的知识范围，加深了他们对历代财政制度设计过程的理解：体会到财政对人类历史发展的重要意义，在国家治理过程中的重要作用。在参观过程中，对学生开展爱国主义教育，培养他们主动探索的精神品格和创新精神等。

2. 坚持贯彻落实工作“新”

在教学工作中，围绕党和国家事业发展全局，以高度负责尽责的精神，在保障高质量专业知识教学的基础上，提高课程思政的质量和水平。如税收理论与政策课程开课前教学团队针对我国新时代新时期的重大、热点税收问题就现有教学提纲进行研讨，几易其稿，构建与我国新时代阶段相适应的税收理论与政策课程的教学框架体系。在教学过程中，教学团队不仅及时将税收理论与政策的最新动态都纳入课程教学，并且认真准备课程思政的切入点，在教授学生专业知识的同时，培养学生正确的价值观，将培养合格的社会主义建设者和接班人贯彻到每一个教学细节。

三、研究生课程思政教学实施过程

（一）实施方法

1. “三结合、一互动、一鼓励”

理论与现实结合。中国特色社会主义理论的最新成果与中国特色社会主义建设实践的最新成就相结合，用理论观照实践、用实践反观理论。教学内容与学生的专业结合。把本课程的教学内容与财税学生的专业相结合，用中国特色社会主义理论观照学生的专业实践，用学生的专业实践反观中国特色社会主义理论。教师与学生互动。采用“教师扼要介绍下一讲教学内容—学生课后研读文献、课堂汇报—教师学生共同点评、讨论—教师总结”四步教学流程。结合教学内容，鼓励专题教学和专题讨论，让学生积极参与课内教学过程。

2. 分类指导、落实践行

课程思政教学工作中，根据不同的板块内容和学生特点与偏好，因地制宜，加强分类指导和课程设计的落实践行。专业课程思政教学的关键在于将知识传授与价值引领相融合，将思政因素充分融入教学中。如税收理论与政策课程强化“税”必须自觉服从于“政”的大局意识，“政”中思“税”，以“税”辅“政”，充分发挥专业课程的思想教育作用，让学生在深度学习的同时树立正确的价值观，提升社会责任感。教学团队特别注重挖掘专业课程与思政二者的契合点，进行有机融合。税收理论与政策课程根据税收基本理论、税收法治研究、中外税制比较、税收征收管理、税制改革前沿热点五大板块的特点，确定教学重点，引导学生深度学习，坚持爱国和爱党爱社会主义相统一，培育和践行社会主义核心价值观。

3. 深入浅出阐释理论

在课堂教学中，加强理论概括和国际比较，引导学生增长见识、丰富学识，辩证看待发达国家税收制度和改革经验，指导学生沿着求真理、悟道理、明事理的方向前进，而不是盲目推崇国外的制度和做法。教师是专业课程思政教学的关键主体，只有教师具备育德的能力，熟练掌握与专业课程相关的思政理论和知识，才能在课程中应用自如、有的放矢。教学团队不仅注重提升教师自身的育德能力，树立正确的榜样，还特别注重坚持深入浅出阐释税收理论，充分利用现代技术，提升课程思政课堂教学的效果。教学团队通过定期组会和微信等线上工具，就国际国内前沿重点热点进行充分讨论，互相启发，教学资料互通有无；优化教学安排脉络，依托技术手段，将思政元素由“注入式”向“启发式”转变，提高课程思政的教学质量。

（二）实施案例

1. 财税史课程——参观北京税务博物馆

北京税务博物馆在中华人民共和国成立70周年之际完成了“中国当代税收历史陈列”的展陈调整，财税史课程组织学生进行了参观。学生们进入博物馆，不仅看到中国四千年来的赋税历史文物，感受到中华文明的源远流长和财税在中华文明形成中所起的巨大作用，还看到了1949年新中国成立以来的税收收入增长情况，感叹中国经济的高速发展及税收支持国家建设取得的巨大成就。他们走过北京“老字号”发展历史中的相关税务材料，看遍税务人员办公场所、办公用具和办公流程的历史变迁等相关的展品。大家纷纷感慨：财政再也不是书本中的那些概念和数字，而是实实在在展现在“眼前”，他们写出的论文和作业也不再干巴巴，而是越来越“鲜活”。

2. 中外财税史课程——设计课程专题

中外财税史课程设计课程专题——中国财政转型与国家治理，讲述中国的五千年的发展史、历朝历代财经改革与王朝兴衰、近代财经转型、中华人民共和国成立以来的财政经济变革和发展成就、未来中国的国家治理现代化路径方向。主要包括内容有：财税变革与封建王朝更替、近代财政经济转型、新中国成立以来主要的财政经济变革、现代财政制度与国家治理现代化。将中国财政从起源到当代的历史全视野、连续性地展示出来，使学生可以更清晰地把握：财政与国家相伴而生，互为因果的关系；用财政在国家政权构建、履职能力及兴衰过程中所起重要作用的史实印证中国共产党提出的“财政是国家治理的基础和重要支柱”是符合社会科学发展规律的结论；通过深刻揭示财、民与政之间“财散则民聚，财聚则民散”的辩证关系，探寻国家财政现代化的理论渊源与经验教训。

3. 政府预算课程——专业元素与思政元素的同向同行

<table>
<tr><th rowspan="2">教学周次</th><th rowspan="2">课时安排</th><th colspan="2">校内课堂教学</th><th colspan="3">知识点中的中国元素与思政元素</th></tr>
<tr><th>主讲教师</th><th>教学进度（章节讲/知识单元）</th><th>课前</th><th>课中</th><th>课后</th></tr>
<tr><td>第1周</td><td>3</td><td>李燕</td><td>第1章第1讲/什么是政府预算
第1章第2讲/政府预算制度的产生历程</td><td colspan="3" rowspan="2">1. 查找本年度“两会”预算报告，解读“两会”预算报告传递出来的财税改革信息
2. 配合在线开放课程线上学习，线下讲解，案例研讨互动，加深学生对政府预算基本概念、理论的理解
3. 案例：从预算报告看中国“民生财政”发展状况；“国家账本”中反映出来的政府施政蓝图</td></tr>
<tr><td>第2周</td><td>3</td><td>李燕</td><td>第1章第3讲/政府预算的原则
第1章第4讲/政府预算的职责功能</td></tr>
<tr><td>第3周</td><td>3</td><td>卢真</td><td>第2章第1讲/政府预算管理的内涵与要素
第2章第2讲/政府预算管理的周期与流程</td><td colspan="3" rowspan="2">1. 了解政府预算组织体系；熟悉政府预算收支范围；掌握政府预算的技术组织形式
2. 配合在线开放课程线上学习，线下讲解，案例研讨互动，加深学生政府预算管理制度框架理解
3. 案例：中国政府预算制度改革历程与评价</td></tr>
<tr><td>第4周</td><td>3</td><td>卢真</td><td>第2章第3讲/政府预算管理的组织体系
第2章第4讲/政府预算收支分类</td></tr>
<tr><td>第5周</td><td>3</td><td>肖鹏</td><td>第3章第1讲/政府预算管理体制
第3章第2讲/分税制财政体制</td><td colspan="3" rowspan="2">1. 了解新中国成立以来预算管理体制的发展演变；熟悉政府预算管理体制的相关理论；掌握分税制改革的内容与评价、政府间转移支付制度
2. 配合在线开放课程线上学习，线下讲解，案例研讨互动，加深学生对预算管理体制概念、理论的理解
3. 案例：中国分税制改革成效与评价；分税制改革如何促进中国经济腾飞</td></tr>
<tr><td>第6周</td><td>3</td><td>肖鹏</td><td>第3章第3讲/政府间转移支付制度</td></tr>
<tr><td>第7周</td><td>3</td><td>王淑杰</td><td>第4章第1讲/政府预算的编制依据
第4章第2讲/政府预算的编制模式</td><td colspan="3" rowspan="2">1. 了解政府预算编制的依据；熟悉政府预算的审批流程；掌握政府预算的编制定员定额管理、部门预算
2. 配合在线开放课程线上学习，线下讲解，案例研讨互动，加深学生对预算编制依据、模式的理解
3. 布置查找教育部直属72所高校部门预算排名的作业，做好讨论准备
4. 案例：从高校部门预算看“高校财富大比拼”</td></tr>
<tr><td>第8周</td><td>3</td><td>王淑杰</td><td>第4章第3讲/部门预算编制</td></tr>
</table>

续表

教学周次	课时安排	校内课堂教学		知识点中的中国元素与思政元素		
		主讲教师	教学进度（章节讲/知识单元）	课前	课中	课后
第9周	3	王淑杰	第5章第1讲/政府预算的审查批准 第5章第2讲/政府预算审查批准的内容与流程	1. 了解政府预算审查批准的意义；熟悉政府预算审查批准的内涵；掌握政府预算审查批准的操作流程 2. 配合在线开放课程线上学习，线下讲解，案例研讨互动，加深中国特色社会主义预算审查批准制度的认知，强化中国自信 3. 布置人大审查批准政府预算的作业 4. 案例：北京人大绩效成本预算引进历程与成效		
第10周	3	王淑杰	第6章第1讲/政府预算的执行 第6章第2讲政府预算执行的组织系统	1. 了解政府预算执行的流程；熟悉政府预算执行的调整；掌握国库集中收付制度 2. 配合在线开放课程线上学习，线下讲解，案例研讨互动，加深学生对政府预算执行基本概念、理论的理解 3. 案例："分散支付"到"集中支付"的中国特色		
第11周	3	肖鹏	第6章第3讲/政府收入预算的执行 第6章第4讲/政府支出预算的执行	1. 了解政府预算收入执行和支出执行的流程；熟悉政府预算执行的调整；掌握国库集中收付制度 2. 配合在线开放课程线上学习，线下讲解，案例研讨互动，加深学生对国家金库概念、理论的理解 3. 案例：中国国库改革如何给财政装上"千里眼"；中国国库改革为何被IMF推崇为"发展中国家国库改革最佳实践"		
第12周	3	肖鹏	第6章第5讲/政府预算执行中的调整			
第13周	3	卢真	第7章第1讲/政府决算 第7章第2讲/政府决算的审查批准	1. 了解政府决算的流程；熟悉政府决算的依据；掌握政府决算和政府财务报告的概念 2. 配合在线开放课程线上学习，线下讲解，案例研讨互动，加深学生对政府决算基本概念、理论的理解 3. 案例：决算报告中的中国特色；如何解读政府"决算报告"		
第14周	3	卢真	第7章第3讲/政府综合财务报告			
第15周	3	肖鹏	第8章第1讲/政府预算绩效管理概述 第8章第2讲/政府预算绩效管理的发展历程	1. 了解预算绩效评价的基本流程；熟悉政府预算绩效评价的意义；掌握绩效评价的内涵 2. 配合在线开放课程线上学习，线下讲解，案例研讨互动，加深学生对政府预算绩效管理基本概念、理论的理解 3. 案例：全面预算绩效管理的中国特色；预算绩效管理如何为助力国家经济高质量发展		
第16周	3	肖鹏	第8章第3讲/政府预算绩效管理的内容与流程 第8章第4讲/政府预算绩效管理案例			

续表

<table>
<tr><th rowspan="2">教学周次</th><th rowspan="2">课时安排</th><th colspan="2">校内课堂教学</th><th colspan="3">知识点中的中国元素与思政元素</th></tr>
<tr><th>主讲教师</th><th>教学进度
（章节讲/知识单元）</th><th>课前</th><th>课中</th><th>课后</th></tr>
<tr><td>第17周</td><td>3</td><td>王淑杰</td><td>第9章第1讲/政府预算监督</td><td colspan="3" rowspan="2">1. 了解政府预算监督的基本流程；熟悉政府预算法治化现状；掌握政府预算监督与法治化的概念
2. 配合在线开放课程线上学习，线下讲解，案例研讨互动，加深学生对政府预算监督基本概念、理论的理解
3. 案例：如何理解财政监督与人大监督、审计监督、司法监督的区别与联系？新时代中国“全覆盖、全流程、全员参与”的财政大监督体系构建</td></tr>
<tr><td>第18周</td><td>3</td><td>王淑杰</td><td>第9章第2讲/政府预算监督法治化</td></tr>
</table>

四、研究生课程思政教学改革成效

课程思政教学改革实施以来，由于教学过程中注重在学科专业知识体系中寻找与德育知识体系的“触点”，顺其自然而不是牵强附会、生搬硬套，用学生深度思考启示的方式，润物细无声地开展德育教育，得到学生的好评。

增强学生的四个自信，提升研究生的家国情怀。学院课程思政教学改革，以“树立全员、全课程育人理念”为导向，以“启发式教学、问题链教学”为抓手，解绑传统的结论灌输式教学，让学生在课程学习中主动思考领悟人生真谛，树立家国情怀，增强对我们国家的政治体制、经济体制、历史文化的制度自信、理论自信。

提高了专业课学习的趣味性。学院思政课程将德育内涵列为教学计划的关键条目和课堂讲授的重要内容，将知识教育同价值观教育结合起来，使课程的专业元素与思政元素同向同行，形成协同效应。用好课堂教学这个主渠道，增强学生对专业课程学习的主动性和趣味性，在课堂教学中潜移默化发挥思政教育效果，不断提升思想政治教育亲和力和针对性，满足学生成长发展需求和期待，实现培养合格的社会主义建设者和接班人这一根本目标。

五、研究生课程思政教学改革阻力及解决措施

（一）专业课程中思政元素的嵌入方式问题

课程思政最为关键、也是最难解决的是“课程”与“思政”如何一体化的问题，自然融入、浑然天成是一种极高的境界。如何在专业目标达成过程中实现思政润物细无声，是课程思政改革的重点与难点。

（二）如何提升导师对研究生的思政引领问题

导师是研究生培养的第一责任人，如何进一步提升导师的科研育人意识，将思政元素融入新型“导学关系”构建中，实现导师的科研育人，发挥研究生导师对学生科研成果的思想道德把关作用，强化导师职责，是值得进一步研究解决的问题。

（三）缺乏资金保障

课程思政实施过程中，无论是在课内实施环节还是在课外实践环节都需要充分发挥优势资源。但由于课题资金有限，立入教改项目的尚有少量的资金投入，其他课程只能自行寻找资源，或者从学院有限的经费中支出，这些都限制了课程思政教改的进行。

附录：财政税务学院——在税务博物馆的教育实践

第一节　教改目标与思路

一、教改目标

中国共产党第十九次代表大会指出：要全面贯彻党的教育方针，落实“立德树人”根本任务，培养德、智、体、美全面发展的社会主义建设者和接班人。“立德”的基础是了解国家的历史、传统和文化。习近平总书记强调：“新时代坚持和发展中国特色社会主义，更加需要系统研究中国历史和问题，更加需要深刻把握人类发展历史规律，在对历史的深入思考中汲取智慧、走向未来。”作为国家治理的基础和重要支柱，财政是各个历史时期支持和维护社会制度产生、巩固与发展的物质基础。立足在北京税务博物馆的实践，开展财政史课程教育，推进财政史课程思政改革，其目标在于：

其一，深化对中国财政历史发展规律及其特点的研究，增强学生专业理论认知及分析和解决现实财政问题的历史素养和专业能力；

其二，丰富财政学理论，完善财政学教学体系，优化财政学专业学生的培养；

其三，通过财政史教育丰富对国家和民族的历史传统、文化积淀、基本国情的了解以及对中国特色社会主义深厚历史渊源的认识。

二、基本思路

北京税务博物馆是由原北京市地方税务局、北京市国税局、朝阳区人民政府和中央财经大学共同于 2015 年兴建，是专门收藏中国古代、近现代税收文物和北京当代税收文物的博物馆。

中央财经大学财税史研究具有悠久的历史传承：建校伊始，崔敬伯副校长为财政史教学奠基；此后，孙翊刚教授邀请全国财政史专家来校，为实践基地揭牌，倾力为财政史教学科研培育人才；当前，财政史专业在马海涛校长、白彦锋院长的直接指导，形成了以王文素教授等国内财政史研究知名学者组成的研究团体，致力于弘扬和发展财政史的教学与研究事业。

为实现学校财政史教学、科研与实践的协同化发展，学校财税学院已经与北京市税务博物馆联合成立中国财税史研究院，并将北京市税务博物馆作为财税学院教学科研实践基地。马海涛校长指出：该实践基地，有助于传承财税历史、弘扬财税文化以及推动我国财税史研究的进一步发展。

现代教育理论认为：课堂教学只是教学过程的一个重要的和基本的环节，但仅止于此远远不够，还应包括课外教学环节。课外教学环节在整个教学过程中的作用非常重要，对于弥补课堂教学的不足，巩固和深化课堂教学成果，扩大学生知识面和拓宽视野都起着不可缺少的作用。结合当地文物资源，开展课外实践教学活动，将实际与历史相结合教学，以增加课堂吸引力，总目的是激发其探求知识的兴趣；参观税务博物馆的过程为学生提供了自我投射到历史时空中产生共鸣的机会，拓展了他们的知识范围与对历史财政制度设计过程的理解；在这过程中，还可以开展爱国主义教育，培养主动探索的精神品格和创新精神等。

第二节　实施方法与过程

一、成立财税史研究课题专项组

为更好地实现财税史系列课程的教学目标，在参观博物馆前成立专项课题小组，以确保课程所含内容和流程的严谨性。

该课题分多个小组，每小组由一名学生为课题负责人，其他同学为课题组成员。课题组成员在学习财税史的过程中结合具体的财政政策重点和博物馆实践，探讨财税史的变革历程。如新中国成立 70 年财政发展研究中，每个小组可以按兴趣选择包括对包干制、分税制、税费改革等问题的研究。

二、构建特色财税史课程体系

课程体系建设是学生培养的基本手段和途径之一，构建合理的课程体系应是指导教师教学、培养学生素养的重要保障。因此，课题组成员整理汇总往年与课题相关的课程活动资料，选出优质课程，再根据当前关键财政问题研发新课程，形成以“设计—参观—反馈”为主线的财政史课程体系。

课程分“知识学习”“参观思考”和“问题探究”三大模块。内容涉及财税历史、课题确立、文物参观、课题探究、成果展示等板块。首先，老师对财政史发展的基本脉络进行讲解；其次，各小组分别确定感兴趣的问题，并进行知识学习和文献阅读；再次，组织参观税收博物馆，了解财政改革实践；最后，各小组独立形成研究报告，并由全体师生共同讨论报告。

建党100周年是对学生进行思政教育的时机。以这样的思路进行操作可以简略用下图进行概括：

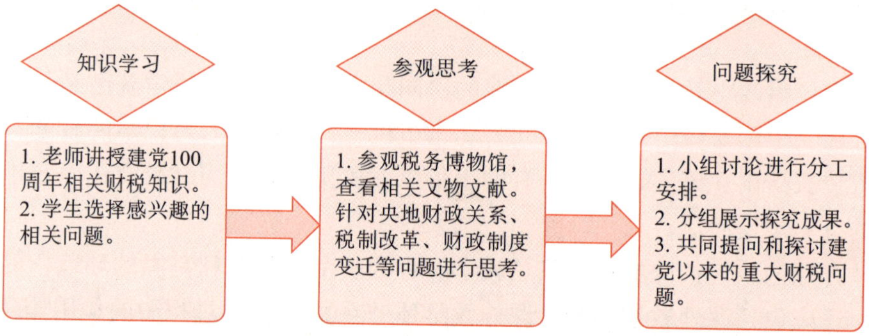

在学习尚未展开之前，学习者通过文物只是获得知觉的认知，在脑海中尚未对实物进行稳固的、有效的联系，并且此时并未与讲解员或是授课人员建立联系。但授课人员在教学活动开展前通过专业学习和准备教学，对于实物形成深刻的理性认识，建立了授课人员和实物之间的联系。而教学活动开始后，授课人员通过语言输入，将学习者对实物的认识不断地加深，建立起学习者和实物的联系，随着讲授过程的继续，学习者逐渐和教学者形成双向的互动，对学习内容提出疑问，进行反馈。课程设置既保证了学生对财税史的了解，又可以让学生根据兴趣选择课题。另外，参观税收博物馆的环节，目的是为了引导学生积极参与到课题探究的过程当中，培养学生热爱祖国、深刻理解财税本质的意识和能力，促进课程安排更加立体和多样，从而全面提升学生综合素质。

三、严格把关教学过程

1. 活动准备

教师首先需要根据知识内容和学员特征制作课程PPT，做好书写教案；其次，根据主题准备教具和材料，与博物馆工作人员对接，对相关老师进行分工：材料准备、任课教师、秩序维护、摄影摄像等；最后，向学生提前介绍流程，计算时间，评估各阶段可能存在的风险，采取适当措施对其进行规避。

2. 风险控制

活动过程中，教师和助教会对参与活动的学生进行安全知识培训，首先确保学生参与活动的人身安全。另外，教师和助教还会时刻与学生保持良好的沟通，并观察和注意学生状态，确保学生的安全。

3. 分享与评估

在课程完成后，教师将组织学生进行分享与交流学习内容，通过此环节既可以检验活动目标是否达到，也可以使学生通过交流进行知识巩固和反思，解决参观和课题研究过程中的困惑与矛盾，强化税收博物馆参观的体验和记忆。

评估过程是严格观察、衡量和监控与税收博物馆合作的课程从方案设计、执行到后期反馈总结的过程。科普教师通过调查问卷和访谈的形式对与税收博物馆对接的合作程度、学生参与活动的满意度及感受、活动整体课程、方法、效果等方面进行分析和评估，为之后开展的课程与博物馆相结合的活动提供改善的依据。

第三节 工作成效与经验

一、税务博物馆实践

2019年11月5日，在王文素老师的带领下，财税学院共组织18名博士研究生到北京税务博物馆开展实践教学活动。在展馆内，同学们参观了包括田赋、徭役、工商税和其他税收文物，还参观了发票、革命根据地和港澳台税史、北京当代税收历史等专题陈列，目睹了青铜器、陶器、铁器、票据、契约等3000余件文物史料错落排列。同学们在短时间内了解了税收历史的框架，在古与今的对比中感受税收与国运兴衰间的关系，感悟了我们国家在财政方面的历史积淀和文化渊源。通过参观，同学们对我们国家深厚的文化底蕴有了更直观的认识，加深了民族自豪感。

二、小组讨论与基本成果

回到学校后，同学们以小组的形式，结合参观过的文物对已经选定的问题进行更加深入的探讨。并进行课堂展示。在接下来的教学实践中，针对不同层次（硕士生和博士生）开展进阶性的研学内容，使学生学习具有连贯性。教师将采取多种形式和方法帮助学生进行拓展学习，如布置学生撰写“研学日记”“研学发现”“文物研究”等形式的论文，使学生打破原有学习模式，同时加大实践体验环节，最大限度地发挥学生的主观能动性。特别是针对博士研究生，可以鼓励他们组队，自己确立研究的课题，住馆进行研究，并争取在实践中有所收获。

三、经验总结

馆校双方有着共同的目的，通过前期的磨合及后期的沟通交流，对现有的研学课程进行深化改革，不能只停留在组织参观及简单填写学习单上面，更需要馆校双方加大合作力度，共同开发并促进博物馆研学实践课程体系化的发展。由博物馆和学校共同参与其中，强强联手，充分发挥各自的优势资源。通过对博物馆展品内涵的深度挖掘和引申，理解历史与现实的关系，从而实现在研学课程中增长学生学识和探索欲望的目的，积极汲取中华优秀传统文化的思想精华，培养学生的家国情怀和正确的世界观，实现教育目标。从不同角度、在不同程度上充实和完善学生的财税专业理论知识体系，使学生既能学习到必要的财税历史知识，又能巩固和掌握原有的财政税收基本理论，同时还有利于引导学生将中国财政税收发展的历史与当前的财税改革实践紧密结合，关注当前财税改革的最新动态，从而有助于学生拓宽视野，开阔思路，增强发现问题、分析问题和解决问题的能力。

因此，学习中国财税史类课程，与参观税收博物馆相结合，不仅是学生形成完整的财税理论体系的必备环节，而且有助于学生客观地理解和研究我国当今的财税改革，还将推动财税实务与教学、科研相结合，提高高校学生思想文化素质，促进我国财税文化事业的发展。

2. 金融学院研究生课程思政教学改革成果总结报告

在当前党和国家大力推进高校课程思政建设的大背景下，金融学院在校党委领导下，结合研究生院的相关工作办法，围绕着“怎样才能使专业课教学更好地帮助学生明辨是非，捍卫金融职业伦理?”和“如何立足中国特色社会主义金融体制，为党育人、为国育才?”两大问题，组织全院广大师生依托课程思政教改项目，深入挖掘金融类研究生专业课程的“课程思政”元素，形成了一些颇具特色的阶段性改革建设成果。

一、学院研究生课程思政教学改革总体情况

2018 年以来，为认真贯彻全国高校思想政治工作会议和学校思想政治理论课教师座谈会精神，进一步落实《关于加快新时代研究生教育改革发展的意见》（教研〔2020〕9 号），积极推进习近平新时代中国特色社会主义思想进教材、进课堂、进头脑等工作精神，学院党委以习近平新时代中国特色社会主义理论为指引，深入组织学习贯彻习近平总书记关于思政教育的重要论述，围绕“培养什么人、怎样培养人、为谁培养人”的根本问题，体现专业课程教学中的“德育”内涵，充分发挥课堂教学主渠道作用，多措并举，用具体鲜活的金融案例、史料解读、政策分析来增强专业课程思政的有效性和针对性，让学生在金融专业课程的学习中潜移默化地接受思想政治教育，全面推进研究生金融专业课程思政建设，切实提升了学院研究生层面的思想政治教育水平质量。

早在 2018 年，研究生院组织实施“研究生课程思政”教学改革试点项目，推动“思政课程”向“课程思政”拓展时，学院就积极组织讲授研究生课程经历丰富的教师申报项目。首批立项的 11 个试点项目中张学勇教授讲授量化投资课程思政教改项目“在量化投资中坚守金融伦理和道德操守”获得立项。

从 2019 年开始，金融学院在学院党委领导下迈开大力推进课程思政改革的有力步伐。学院出台了《金融学院金融专业课程思政建设方案》（征求意见稿），将课程思政开展情况列为评价和衡量各系人才培养工作的重要内容，纳入学院党建和思想政治工作督导评价体系中；学院启动院级专业思政建设项目申报，共有包括金融理论与政策、金融机构与金融市场、金融伦理等在内的 10 门研究生课程立项为 2019 年金融学院课程思政建设项目。为了更好地开展课程思政建设，学院党委在教改项目执行期间组织召开了三次课程思政教学研讨会，邀请了《中国高等教育》总编辑唐景莉、《中国教育报》副总编辑储召生、

《高等教育周刊》主编张滢和时任马克思主义学院院长冯秀军教授等校内外专家就金融专业推动课程思政建设的深远价值和重大意义、“专业思政”如何破题、如何将知识传授和价值引领有机融合等问题作了深入阐述和探讨的同时，还举办课程思政公开课，组织课程思政观摩课、示范课等，评选课程思政优秀案例，组织教师开展集体备课，凝聚不同学科方向、不同金融专业的思想观点，将学科资源、学术资源有效转化为育人资源。

10门研究生课程专业课程思政教改项目均于2020年顺利结项，相关项目建设成果收录于专著《新时代金融专业课程思政建设的探索与创新》（台海出版社，于2020年10月出版）。

二、研究生课程思政教学内容设计情况

（一）设计目标

1. 学生层面：基于“三全育人”理念，培养新时代社会主义事业接班人

以“立德树人”，培养“具有历史责任感和社会责任心，具有创新精神和实践能力的拔尖应用型创新金融人才”为目标，通过教学内容和模式创新，最大限度发挥课堂教学的育人主渠道作用，构建全员育人、全程育人、全方位育人的“三全育人”格局，助力学生全面发展、健康成长，为新时代社会主义事业提供高层次金融专业人才。

2. 教师层面：深入挖掘专业思政元素，不断提升课程建设质量，践行“为国育人、为党育才”的初心和使命

在推动“思政课程”向“课程思政”的拓展过程中，始终引导专业教师深入挖掘专业课程中的思政元素，不断提升课程质量：一是仔细梳理专业课程的德育内涵，将其列为教学计划的关键条目和课堂讲授的重要内容，将知识教育同价值观教育结合起来，使专业课程与思政课程同向同行，形成协同效应；二是创建“课程思政”的“课堂教学案例库”；三是在教学过程中，在学科专业知识体系中寻找与德育知识体系的“触点”，顺其自然而不是牵强附会、生搬硬套，用学生喜闻乐见的方式，润物细无声地开展思政教育。

（二）设计思路

1. 以党的十九大精神和习近平新时代中国特色社会主义思想为指导，充分发掘课程教学的“德育”内涵，突出专业课程教学的育人导向，将德育教育与专业教学充分融合，促使知识传授与价值观教育同频共振。

2. 专业课程思政建设从内容强调深入挖掘专业课程的思政元素，强调专业知识和思政元素的有机融合。“专业课课程思政”不是简单的说教，也不是对思想政治理论课的替代，更不是在专业课教育中或每一堂课中留出一定的时间进行专门的思想政治教学，而是通过专业课教师的言传身教将思想政治教育元素与专业知识有机融合，在专业课教学中用渗透性的方式使学生在耳濡目染中受教育。

3. 在思政课程教学模式上，鼓励差异化，也就是专业教师结合专业课程的内容特点，探索多元化模式创新。由于研究生课程差异较大，鼓励结合案例、论文研究等多种形式的教学模式。

4. 课程建设强调系统性，注重不同专业课程之间的互补。

三、研究生课程思政教学实施过程

（一）实施方法

学院立足实际，循着“建制度、立项目、广交流、促推广”的实施思路，充分发挥教师的积极性和主动性开展专业课程思政建设工作。

1. 建制度——暂行办法制定建设目标，明确建设内容，加大建设支持

为发动激励教师骨干深入挖掘金融专业课程的育人要素，完善课程育人机制，优化教学评价激励措施，强化课程思政工作保障，学院将课程思政开展情况列为各系教学质量评估考核的重要指标，作为评价和衡量各系人才培养工作的重要内容，纳入学院党建和思想政治工作督导评价体系。为推进课程思政教学改革，学院出台《金融学院金融专业课程思政建设方案》（征求意见稿），充分发挥2018—2022年教育部高等学校金融类专业教学指导委员会主任委员单位的优势，组织学科带头人、系主任、教工党支部书记、党员教师骨干、优秀青年教师等编写金融工程课程、金融科技课程、金融安全课程等专业课程的课程思政工作指南，充分挖掘学院开设的各门专业课程蕴含的思政元素和德育内涵，对照思想政治教育核心内容和政治过硬、作风优良、专业精深的高素质金融人才培养目标，全面修订金融学院本科硕士博士各专业的人才培养方案。

2. 立项目——“以点带面、逐步推开”地推进专业课程思政教学改革

根据《中央财经大学金融学院专业思政教改建设项目管理办法》和《关于启动金融学院专业思政建设项目申报的通知》的工作安排，学院在2019年5月28日启动了2019年课程思政建设项目申报的工作。经专家评审、学院教学委员会和党委会审定、学院党政联席会审议通过，决定将公司金融等21门（其中硕士7门和博士3门）课程立项为2019年金融学院课程思政建设项目。

其中，研究生课程思政建设项目包括了金融理论与政策、金融市场与金融机构、企业并购与重组、经济分析、金融伦理、国际经济学Ⅱ、学术论文写作、国际金融专题研究、高级宏观经济学、高级公司金融专题。

目前研究生课程思政项目均已结项，同时部分成果收录于学院课程思政专著《新时代金融专业课程思政建设的探索与创新》中推广。

3. 广交流——以教改研讨、专题学习、征求意见等形式广泛交流

学院党委组织召开中央财经大学金融专业课程思政教学改革研讨等三次课程思政专项工作会议，邀请来自高等教育出版社、中国教育报等多家权威媒体的专家学者解读课程思

政的教育意义和社会价值。在研讨会上，时任中央财经大学王瑶琪校长为学院课程思政建设指明了方向并提出具体要求，时任副校长史建平、马海涛进一步解读了金融专业课程思政建设的重难点内容。

学院组织全体教师开展多次课程思政专题集中学习，邀请马克思主义学院冯秀军教授、简臻锐老师等思想政治教育专业骨干教师围绕马克思主义理论的基本原理和方法论，详细解读课程思政与思政课程同向同行的重要意义，明确了协同效应的人才培养价值。

学院二级理论中心组在学习习近平总书记关于教育的重要论述的专题会议中，将深入推进金融专业课程思政建设作为全面学习把握习近平总书记关于教育的重要论述的科学内涵和精神实质的具体措施，明确列入党政领导班子的工作计划，列为党委书记与院长的工作考核内容之一。

在召开第四届第四次教职工代表大会之际，学院党委充分听取教师代表对课程思政的建议意见，广泛了解工作的难点矛盾点和创新点突破点，进一步找准了金融专业课程的思政元素。

4. 促推广——通过课程思政专著出版和中国教育报专题报道等扩大课程思政改革成果推广

学院组织编写的金融专业课程思政专著《新时代金融专业课程思政建设的探索与创新》（台海出版社，于2020年10月出版）涵盖了硕博研究生层面4门核心必修课和6门选修课的课程思政建设思路、思政元素挖掘和课程思政改革与实践经验，系全国首部金融专业课程思政专著。该著作在遵循专业和思政有机融合，设计金融专业课程的思政环节、嵌入思政元素，进而实现课程育人效果等方面给出了初步答案。在探索金融学类专业进行知识传授与价值引领相结合的有效路径，将价值观培育和塑造融入课程内容，将思政教育贯穿于教育教学全过程等方面，总结凝练了许多鲜活经验。

同时，《中国教育报》以“中央财经大学深入挖掘专业课思政元素，培养立足中国本土的金融人才”为题报道了学院的专业课程思政改革成效，以数字货币监管漏洞、投融资套利风险、实务课程社会实践等为切入点，在宣传学院教师在研究生课程思政建设领域的探索与应用基础上，在全院教师层面开展了广泛深入的探讨，积极引导学生了解中国经济制度优越性、树立牢固的思想意识防线、培养金融高级人才品德、激发爱国主义情怀，为党和国家、为新时代培养合格的金融人才。

（二）实施案例

1. 李建军：金融理论与金融政策课程

金融类专业研究生金融理论与政策课程是专业核心课程，在立德树人方面发挥着基础性作用。作为课程思政建设的重要课程，本研究基于课程教学目标，细化课程十讲内容，挖掘与各讲内容相匹配的思政元素，结合专题内容设计了思政教学的具体内容和教学模式，包含专题讲解、案例分析、专题研讨、事件剖析和虚拟仿真实验等，将思政教学目标融入专业教学当中，达到政治方向正确、价值观引领、人格素养塑造、金融责任意识培养、金融伦理认知、金融利益共同体理念形成等教育教学目标，开展了教师团队言行示范，研究生学习潜移默化，教学模式创新等课程思政教学实践探索，取得了良好的效果。

2. 魏旭：高级公司金融专题寓“思政”于专业，有融合乃通达

本研究在金融学专业的博士生课程中开展将专业教育和思政教育相结合的探索。金融学属于应用经济学，它的研究范畴中本来就包括了中国经济如何在共产党的领导下高速增长，以及共产党作为工人阶级政党如何能够保障工人福利等方面的内容。因此，我们可以在课程论文的讲授过程中，筛选出应用最前沿的经济学、金融学研究方法，讨论中国共产党在经济中发挥先进性作用的论文，和学生一起研读。同时，积极激发学生对于时政热点问题的探讨和思辨。课程的思政化不仅是将课程内容向思政理论的简单引申，而且更多的是帮助学生掌握和使用专业知识去理解经济发展中党的思想战略和领导决策。在这个过程中，学生一方面掌握了专业的研究方法，另一方面也能看到共产党的先进性得到了科学证明。并且，通过数据的观察、逻辑的推理、专业的分析得到的结论，相比于简单的陈述事实也更容易让学生信服。

3. 史英哲：金融伦理课程加强金融伦理教育，为新时代金融发展保驾护航

伦理学本身研究道德问题的科学。本项目主要以金融企业社会责任，金融伦理与经济、金融法，金融伦理案例讨论和习近平新时代中国特色社会主义金融理论思想为主要授课内容。以伦理视角审视国内外金融体系的运作，剖析金融与伦理的辩证关系，理解金融体系内部的伦理冲突及其相关利益者之间的伦理关系，全面把握金融伦理的核心范畴和基本价值规范，传播一种有利于金融稳健运作、公众福利提升和社会和谐发展的具有中国特色的社会主义金融伦理规则。课程对金融伦理的理论基础、金融市场和金融机构的伦理问题进行了多方位的探讨，对商业银行、投资银行、保险机构和资本市场的金融伦理规范进行了相应的理论和案例研究，利用理论推导、文献研读、案例研讨等教学方式促使学生发掘金融伦理的科学内涵。课程以探讨总结金融行业的道德规律，引导大学生坚定社会主义核心价值观，培养富于优良道德情操的新时代金融人才的授课目的贯穿于课程的始终。

四、研究生课程思政教学改革成效

（一）有效提升硕博研究生的专业思想政治素养

1. 结合新时代金融发展成就，深化对党的创新理论的认识

以习近平总书记关于金融工作的重要论述为指导，在金融专业课程中增加思政元素，强化了学生的政治意识。在大量案例讲解中让学生认识到：一个阶段以来，金融领域发生的风险事件和腐败案件，最主要的原因在于党的领导和党的建设严重弱化、缺失，特别是新时代以来拆除金融风险点、增强金融服务实体经济的功能等重要经验表明，加强党的领导是维护金融市场稳定最根本最有效的措施。

2. 从学理角度出发，帮助学生深入理解中国特色社会主义金融治理体系和治理能力

的显著优势

学院深入挖掘金融专业课程中的思想政治元素，把改革开放以来金融业波澜壮阔的发展历程作为最好的教材，以锻造中国未来金融人才为使命搭建师生交流对话机制，鼓励学生以服务实体经济、防控金融风险和深化金融改革为毕业论文研究方向，指导学生深刻理解金融治理的政治意义，整理完成《〈金融理论与政策〉课程思政建设研究》《中国特色社会主义经济理论引领下的金融市场与机构变迁》《加强金融伦理教育，培养新时代高素质金融人才》等重要课程思政成果。在学生的研究成果中，发现中国国内风险投资相比于外国资本能更好促进企业创新，从而提供了一个新的促进科研创新的金融因素；习近平总书记围绕供给侧结构性改革提出的“三去一降一补”五大任务为中国非金融企业去杠杆、稳杠杆提出了新思路；通过考察经济政策不确定性对跨境银行资本流出的影响，得出我国要扩大金融业对外开放必须高度警惕外部宏观经济变动风险，加强宏观审慎等政策建议。

3. 以增强新时代金融人才政治担当为理念，强化学生职业素养和职业品质

在金融伦理课程中，以新时代金融反腐为主线，讲清审批监管、金融信贷等反腐重点领域和关键环节，明确加大金融领域反腐力度和深化金融领域反腐败工作的政治意义，激发学生人民情怀和党性意识，鼓励学生紧密团结在以习近平同志为核心的党中央周围，增强专业知识、专业能力、专业素养、专业品质，矢志维护金融安全，促进金融业健康发展。

（二）在学院教师中形成了专业课程思政建设的共识，营造了良好的专业课程思政建设氛围，有效提升了专业课程建设质量

1. 专业课程的教学理念和目标得以拓展

通过广泛的专业课程思政改革建设，学院教师端正了对“专业课程思政建设”的认识和态度，形成了“专业课程思政建设”就是要挖掘、梳理各门专业课程所蕴含的思想政治教育元素和所承载的思想政治教育功能，优化课程设置，将思想政治教育有机融入教育教学内容中这样一个理念，进而将专业思政转化为授课的教学目标之一，进一步完善了教学理念。

2. 专业教学内容得以丰富

鉴于在当前的高校经济学教育中，部分专业课程介绍内容偏重西方市场经济理论，对中国特色社会主义市场经济理论关注不够充分，一定程度上导致部分学生对于我国经济金融制度的优越性缺乏深刻认识，因此，借助专业课程思政建设，学院多门研究生专业课程的内容得到了丰富，教师们开始将应用最前沿的经济学、金融学研究方法来讨论中国共产党在经济发展中发挥先进性作用、探讨中国经济金融制度独特性等论文纳入授课之中，以期增强学生对于中国特色社会主义理论，尤其是习近平新时代中国特色社会主义经济思想学习的自觉性和主动性。

3. 专业教学的模式得以创新

学院教师根据所授研究生课程特点，广泛采用了案例教学、论文讲授、历史梳理等多

种形式开展专业课程思政建设，教学模式在差异化基础上的创新得以实现，进一步提升了课程建设质量。

五、研究生课程思政教学改革阻力及解决措施

（一）改革阻力

1. 校院层面针对教师开展专业课程思政建设活动的激励约束机制仍不健全和完善。

2. 专业教师对于专业课程思政建设的重要性仍有不同理解，不同教师在课程思政建设领域的投入存在一定差异。

3. 目前专业课程思政建设大多仍停留于思政元素初步挖掘层面，建设深度和持续性有待提升和改进。

（二）解决措施

1. 有效组织学院层面的课程思政建设活动，邀请党建专家、思政课专家以及兄弟院校专业课程建设专家开展深入交流，进一步统一学院教师层面对于专业思政建设的共识，引导广大教师结合课程特点以及自身专长，深入、持续地开展专业课程思政建设活动。

2. 在学校层面出台专业课程思政建设相关办法基础上，进一步完善学院层面针对专业课程思政建设的规章制度，核心是加大支持力度，鼓励专业教师将思政建设做实做深，努力打造若干门研究生层面的专业课程思政建设示范课程，加大宣传和沟通力度，优化学院层面课程思政建设的氛围。

3. 会计学院研究生课程思政教学改革成果总结报告

一、会计学院研究生课程思政教学改革概况

为深入贯彻落实习近平总书记关于教育的重要论述和全国教育大会精神，贯彻落实中共中央办公厅、国务院办公厅《关于深化新时代学校思想政治理论课改革创新的若干意见》，教育部《高等学校课程思政建设指导纲要》精神，深入推进课程思政建设，有效发挥每门课程的育人作用，会计学院党委于 2020 年 6 月制定了“会计学院开展课程思政工作要点”，如下：

第一，围绕教育部《高等学校课程思政建设指导纲要》〔教高（2020）3 号〕、学校“双一流”建设目标、学校 2020 年工作要点、学院 2020 年工作要点的要求，为进一步落实立德树人根本任务，将价值塑造、知识传授和能力培养三者融为一体，发挥好会计专业课程的育人作用，提高人才培养质量，会计学院将大力开展专业课程思政建设，并将课程思政与行动学习相结合。

第二，围绕全面提高人才培养质量这一核心点，围绕政治认同、家国情怀、文化素养、宪法法治意识、道德修养等重点优化课程思政内容供给，提升教师开展课程思政建设的意识和能力，系统进行中国特色社会主义和中国梦教育、社会主义核心价值观教育、法治教育、劳动教育、心理健康教育、中华优秀传统文化教育，坚定学生理想信念，切实提升立德树人的成效。

第三，要根据会计专业的特色和优势，深入研究会计专业的育人目标，深度挖掘提炼专业知识体系中所蕴含的思想价值和精神内涵，科学合理拓展专业课程的广度、深度和温度，从课程所涉专业、行业、国家、国际、文化、历史等角度，增加课程的知识性、人文性，提升引领性、时代性和开放性。

第四，课程思政主要体现在三个方面：一是聚焦中国道路和讲述中国故事；二是将思政元素与职业道德和职业伦理相结合；三是帮助学生了解会计专业和行业的国家战略、法律法规和相关政策。

第五，课程思政要融入课堂教学建设，作为课程设置、教学大纲核准和教案评价的重要内容，落实到课程目标设计、教学大纲修订、教材编审选用、教案课件编写各方面，贯穿于课堂授课、教学研讨、实验实训、作业论文各环节。

第六，课程思政建设与行动学习、教学案例开发相结合，避免生搬硬套，保证在符合专业教学水准的前提下，在教学活动中自然融入思政元素，使价值塑造内生为课程教学中有机的、不可或缺的组成部分。

第七，满足会计专业各层次人才培养的课程思政成果展现的具体形式可以通过传统形式的教材、文字案例等媒介形式，还可以通过加强网络内容建设，广泛开展网上教育活动，制作推介体现课程思政内容、适合网络传播的音频、短视频、网络文章、纪录片、微电影等。创新传播载体手段，积极运用微博微信、社交媒体、视频网站、手机客户端等传播平台，运用虚拟现实、增强现实、混合现实等新技术新产品，生动活泼地开展网上课程思政。

第八，课程思政工作纳入学院绩效考核内容，每位老师在每学期的教学提升工作报告中对本人的课程思政工作作专项汇报，学院定期检查完成情况。

第九，学院每年针对课程思政工作进行评优表彰。

第十，2020—2021 年课程思政工作时间自 2020 年 7 月 1 日至 2021 年 6 月 30 日，每月 25 日前提交成果，分本科、硕士和博士三个层次分别报送至教务秘书。

半年来，学院各位研究生任课教师为深入贯彻全国研究生教育会议精神，进一步落实《关于加快新时代研究生教育改革发展的意见》，积极推进习近平新时代中国特色社会主义思想进教材、进课堂、进头脑，同时结合“会计学院课程思政工作要点”，在开展专业课程教学的同时积极挖掘课程思政的元素，竭力体现课程教学中的“德育”内涵，时刻秉承思想引领、立德树人的宗旨，取得了一定的成果。

为及时总结学院研究生课程思政教学改革的经验，检验半年来研究生任课教师开展课程思政工作的成效，学院于 2021 年 1 月 19 日通过线上的方式组织召开了“研究生课程思政研讨会”。

各位领导、老师从不同的角度结合具体课程对半年来开展课程思政的情况进行了梳理和总结。从各位老师的总结来看，课程不同，开展课程思政的方式方法略有不同，但核心理念皆紧扣“聚焦中国道路、讲述中国故事”，同时都将思政元素与职业道德和职业伦理相结合，并且着力帮助学生们了解会计专业和行业的国家战略、法律法规和相关政策。

二、会计学院研究生课程思政教学改革方式、方法

会计学院研究生教育有 5 门核心必修课，分别为：高级财务会计理论与实务、高级财务管理理论与实务、高级管理会计理论与实务、高级审理理论与实务、商业伦理与会计职业道德。研究生课程思政以 5 门核心必修课为载体具体展开，虽同属于会计类课程，但课程与课程之间仍存在较大差别，故开展课程思政的方式、方法略有不同。下文以高级财务会计理论与实务、高级管理会计理论与实务及商业伦理与会计职业道德课程为例，具体介绍会计学院研究生教育开展课程思政的方式、方法。

（一）高级财务会计课程组开展课程思政的方式、方法

1. 教学内容突出解决中国实践问题

高级财务会计课程以讲授企业实践中特殊、复杂会计问题为核心，课程教学内容包括企业合并、合并财务报表、租赁会计、外币业务会计、政府会计等专题，课程内容紧密围绕我国会计准则的制定和修订，全面反映国家的会计制度变化。会计制度建设是国家治理的重要组成部分，会计制度规范企业行为、保障资本市场的平稳运行、促进国际资本的健康流动。在教学内容的设计上，以会计反映经济实质、服务国家管理为导向，将会计核算具体业务与市场监管和企业行为规范紧密连接，让学生体会到会计服务国家经济建设的精髓。

例如，2018 年国家政府会计制度颁布执行后，课程组迅速在教学中调整了政府会计的知识点，随时将新发布的政府会计制度、政府会计准则在课堂上作为教学内容，让学生了解到最新的准则变化。

2. 教学方式突出案例教学、讲述中国故事

课程组在教学中围绕课程知识点，选择上市公司的案例提高学生的理解，将证监会编写的《上市公司监管案例》作为教学辅助材料，讲解会计准则和中国企业实践结合形成的“个性化”会计问题。

例如，在讲解企业长期股权投资核算时，课程组对长期股权投资和金融资产转换问题，以“雅戈尔”“海南矿业”等公司的案例为对象，分析企业进行会计政策选择的原因、影响，也进一步剖析会计制度与经济业务之间的关系。

课程组还在课后要求学生结合课程内容进行案例设计分析，学生们认真对我国上市公司的案例进行了分析，将课程内容较好地消化，提高了解决实际问题的能力。为了督促学生的学习，课程组在期末课程考核内容中也设计了案例分析，促使学生深入思考会计问题。

3. 课堂与课后教育结合、实现全方位育人

研究生教学的重要特点是培养学生的自学能力，在课堂之外，学生们通过课题写作、毕业论文设计和课后实习等途径全面实践课堂知识。课程组在课堂以外也注重培养学生的实务能力，将教育延伸到课堂之外，实现全过程和全方位的育人目标。

例如，学生在假期参加社会实践，在参与事务所的年度审计过程中，遇到了很多具体的实践问题，学生们会通过邮件、微信等方式联系课程组老师，老师们都会耐心地予以指导和解答，帮助学生提高解决问题的能力。甚至还有很多已经毕业的同学，在工作中遇到具体的问题时来请教老师，老师们都予以一一的答复，将教书育人融入课题之外。

（二）高级管理会计课程组开展课程思政的方式、方法

1. 聚焦中国道路和讲述中国故事

高级管理会计理论与实务课程非常注重理论与实务的紧密结合，教学团队集体研讨教

学方案及教学方法。例如，在案例教学中，课程组推荐学生用心研读和学习财政部和工信部编写的中国管理会计案例，充分了解中国企业的优秀实践经验和先进做法；在教材或者案例编写中，通过对中国优秀企业（如北汽集团等）的实地调研以及开展相关合作项目，将企业实践融入教材，编纂成教学案例，让学生切实体会到民族企业的先进性，增强文化自信和民族自信，培养家国情怀，提升政治认同感和民族自豪感。

2. 帮助学生了解会计专业和行业的国家战略、法律法规和相关政策

高级管理会计理论与实务课程中大量涉及企业发展战略以及国家相关经济政策等内容，教学团队能够及时跟进学习国家发展战略和法律法规等相关内容，并及时地将其融入课堂教学，使学生能够及时了解本课程内容与国家发展战略的关系，并在进行企业决策、预算管理以及绩效管理等实务工作中，更好地把握相关政策与法规，培养学生的法律道德意识，坚定学生的理想信念。

3. 通过正能量的言传身教感染学生，树立社会主义核心价值观

在备课和讲授的过程中，教学团队深度挖掘和提炼管理会计专业知识体系中所蕴含的思想价值和精神内涵，科学合理地拓展课程的广度、深度和温度，从课程所涉的行业、文化、历史等角度，增加课程的知识性、人文性，提升引领性、时代性和开放性。在实际授课过程中，通过正能量和积极向上的语言表达，感染和影响学生的价值观与世界观。例如，面对纷繁复杂的国际国内形势，当前国家强调国际国内双循环，并以国内循环为主，讲求高质量发展，而企业如何进行战略定位或战略转型，如何加强内部管理，通过管理会计工作提升企业整体管理水平，增强企业活力和在国际市场上的竞争力，这些重任都要靠各位同学未来的努力，以此激发学生的使命感和责任感。

4. 课程思政内容自然融入专业课

在符合专业教学水准的前提下，本教学团队倡导在教学活动中自然融入思政元素，使价值塑造内生为课程教学中有机的、不可或缺的组成部分，在课程目标设计、教学大纲修订、教材编审选用、教案课件编写等方面自然融入思政元素，使思政教育贯穿于课堂授课、教学研讨、实验实训、作业论文各环节。

（三）商业伦理与会计职业道德课程组开展课程思政的方式、方法

1. 结合“道德法制”制定课程目标

课程主要以专题的形式介绍不同的道德理论及其在企业和会计行业中的应用；本课程注重理论与案例的结合，突出实务性和操作性，强调道德教育应该联系实际、寓教于乐。课程目标是：开展商业伦理与会计职业道德教育，构建商业伦理与会计职业道德体系，加强会计职业道德建设，改进会计职业道德环境，促使包括会计人员在内的商务人员不断追求崇高的商业伦理与会计职业道德观念，培养高尚的道德情操，达到更高的商业伦理与会计职业道德境界、锻造出高尚的商业伦理与会计职业道德品质，以期在商务工作中，廉洁奉公、遵纪守法、忠于职守、勤俭理财，保证会计信息真实、可靠。

2. 围绕“道德困境”准备教学案例

为准备授课资料，课程组搜集、整理了国内外资本市场（特别是中国A股资本市场）中发生的近200个有代表性的经典案例，每次授课前再筛选、更新案例资料，试图提供丰富的案例素材，尝试根据会计从业者可能面临的各种道德困境，以案例教学为主，结合典型具体案例开展这一课程的教学，将商业伦理的基本理论、会计职业道德基本原则、会计职业道德概念框架、单位会计人员职业道德、注册会计师职业道德、伦理与道德风险治理植入课题案例教学中，通过详细讲解商业伦理的主要实践、数字时代商业伦理、会计职业道德基本理论、注册会计师独立性规则，引导学生应用商业伦理基本理论、会计职业道德基本原则与概念框架分析和解决现实情境中所面临的职业道德困境问题，提升其实务工作能力，强调将会计职业道德基本原则和概念框架全面一致地应用于单位会计人员和注册会计师的未来职业生涯之中，真正让学生学有所悟，学有所获；注重讲授面临道德困境时，如何自处，强调做人不能太自私；应将商业伦理和会计职业道德嵌入执业过程的每一个关键节点。面临道德困境，能够做到临危不乱，守住法律道德底线，以全面提升其识别、评价与应对各种不利影响的能力；围绕疫情期间线上授课发现的问题，在课程设计与授课安排上，充分利用面授的机会，着重从热爱本专业入手，启发学生积极投身会计学习，练就一身过硬的本领，为我国的现代化建设增砖添瓦、作出贡献；从财务报表信息的收集、制备、解读、质量要求入手，结合案例介绍会计核算的基本原理和逻辑，分析会计在维护经济社会良好运转方面所起的重要基础性作用。

3. 紧扣“立德树人”开展课堂教学

本课程主要采用课堂讲授的方法，引入多媒体与案例教学等手段，以提升教学效果，节约课堂教学时间。教学过程中根据需要布置思考与案例讨论题，由学员课下完成。强调道德判断应该根植于中国国情和中国市场经济实践，注重多学科的融合。在教学中始终坚持立德树人方向，在教材选用、案例选择、教学组织中，遵循伦理—道德—法律的逻辑三大模块（商业伦理、会计职业道德、伦理与道德风险治理），涵盖了商业伦理基本理论、会计职业道德基本原则与概念框架以及伦理道德风险综合治理系统的完整内容，试图以“理论思想—基本理论—基本原则—概念框架—规则应用—治理方法”为主线，涵盖会计职业道德所涉及的理论原理、基本原则，力图构建从抽象到具体、从理论到实践、从原则到规则的完整理论体系。

三、会计学院研究生课程思政教学改革的成效及展望

经过各位研究生任课教师的辛苦付出，会计学院研究生课程思政教学改革取得了一定的成效。目前，全院研究生任课教师对于开展课程思政教育已达成了广泛共识，部分任课教师开展课程思政建设的意识和能力有了大幅提升，立德树人的成效进一步提升。例如，高级财务会计理论与实务、高级财务管理理论与实务、高级管理会计理论与实务、高级审理理论与实务等核心课程被学生们评选为最受欢迎的课程。此外，高级审计理论课程组出

版了两本具有思政元素的教材，分别为：李晓慧、何玉润编著的《内部控制与风险管理：理论、实务与案例（第二版）》（中国人民大学出版社，2016 年 8 月出版）；李晓慧主编的《高级审计理论与实务》（北京大学出版社，2021 年 1 月出版）。

会计学院研究生课程思政教育虽取得了一定的成效，但目前仅处于起步阶段，尚未形成具有明显特色的课程思政品牌课程；尚未出现具有影响力的课程思政教学名师和团队；尚未形成可推广的课程思政教学改革典型经验和特色做法；尚未构建课程思政建设成效评价体系和有效的监督检查、激励约束机制。

2021 年，会计学院将科学规划与设计课程思政教学体系，大力推进课程思政教学改革与建设，力争全面提高立德树人的成效。学院将着力引导研究生任课教师进一步强化思想认识，深入挖掘课程内容和教学方式中蕴含的思想政治教育资源，探索和创新课程思政教育方法，不断提升课程思政育人能力。

此外，学院将坚持以学生为中心，有针对性地修订研究生培养方案，切实落实专业课程要根据学科专业特色和优势，结合专业育人目标的要求，深度挖掘提炼专业知识体系中所蕴含的思想价值和精神内涵，科学合理拓展专业课程的广度、深度和温度，增加课程的知识性、人文性、历史性，提升引领性、时代性和开放性。学院将具体结合会计、审计专业特点，在人才培养目标、毕业要求中落实课程思政要求，构建科学合理的课程思政教学体系。要求各课程组完善和修订课程教学大纲，在教学目标、教学内容、教学设计和课程考核等方面均要体现思政元素。

4. 保险学院研究生课程思政教学改革成果总结报告

一、研究生课程思政教学改革总体情况

（一）高度重视

保险学院党委、行政领导班子高度重视研究生课程思政教学工作，充分认识研究生课程思政教学改革意义，深刻把握研究生课程思政教学改革的基本规律，统筹规划，强化顶层设计。学院推动抓住关键，发掘课程思政元素，多元合一，注重把“立德树人”作为教育的根本任务。在研究生课程思政工作中，加强导师作为研究生培养第一责任人的落实工作，注重把核心价值观融入研究生课程教学全过程，把思想政治工作贯穿教育全过程，实现全程育人、全方位育人，确保课程思政的顺利开展。

（二）尽早启动

学院保险系社保系教师积极申报学校研究生院首批课程思政教改课题，并获批两个项目。在此项目下，两位教师带领相关团队为学院后期的课程思政工作的顺利开展开拓了道路，带来了重要的宝贵的经验。

在2019年年底，学院召开了以“着力构建课程思政的育人大格局”为主题的课程思政工作研讨会，校领导、学生处、教务处、研究生院、人事处等相关职能部门领导出席了会议并做精彩发言，学院全体教师参加了会议。在此次会议中，保险学院上下统一了思想认识：该会议解决了思想认识问题，更加明确了课程思政的重要性，教书育人是教师的核心职责，每一门课程都要加强课程思政建设；解决了方式方法问题，要在所有专业课程教学中、所有实践教学环节中，全面挖掘和梳理思政元素；解决了现实推进问题，要把立德树人作为根本任务，再下深功夫，不断探索和创新育人思路，练就课程育人硬本领，形成育人机制和成果。

（三）全方位支持课程思政教学改革

积极推进课程思政工作是保险学院加强“三全育人”工作体制机制建设的重要抓手，是落实“不忘初心、牢记使命”主题教育活动整改落实的重要举措，是学院加强党的建设

统领学院中心工作的重要任务，也是强化教书育人、加强师德师风建设的重要内容。课堂是教师的小舞台，也是成就学生梦想的大天地。保险学院以专业课程为基础，深入挖掘其中的思想政治教育资源，将课程思政贯穿于学科体系、专业体系、教材体系、管理机制体系中，推动“课程思政”与“思政课程”形成合力，推进高校人才培养体系的整体变革，帮助学生实现专业与精神的全面成长。在学院党建课题中，2019 年有 2 项课程思政课题立项，2020 年有 2 项课程思政课题立项为重点课题。学院党建工作开展“每日一课”活动，其中不乏对课程思政的深度讨论。

二、研究生课程思政教学内容设计情况

保险学院拥有保险学、劳动与社会保障，精算学 3 个专业，尽管学科特性不同，但都具有很强的社会属性与应用意义。3 个专业关系国计民生、关乎社会责任，课程体系与人才培养目标、与国家发展的现实目标都有非常丰富的契合点，为更好地把思想政治工作贯穿教育教学全过程提供了很好的基础。

（一）设计目标

1. 立德树人促发展

高校教育，育人为本；培育人才，德育为先。习近平总书记在哲学社会科学工作座谈会上指出：“高校哲学社会科学有重要的育人功能，要面向全体学生，帮助学生形成正确的世界观、人生观、价值观，提高道德修养和精神境界，养成科学思维习惯，促进身心和人格健康发展。”保险学院紧密围绕“立德树人”方针开展课程思政建设工作。

2. 专业教学回归初心

保险学院积极发挥好保险、劳动与社会保障和精算学科的经济价值与人文价值，在传授课程知识的基础上引导学生将所学到的知识和技能转化为内在德行和素养，注重将学生个人发展与社会发展、国家发展结合起来，从而以教学为纽带推动课程思政建设。

3. 讲逻辑有依据免标签

课程思政建设中授课教师应通过有原理和有逻辑的知识体系将态度与价值观呈现出来、引导学生。要学会生动地讲故事，使课堂充满生机，吸引学生，将思政影响润物无声。思政教育不能仅仅是在课堂上增加一些符号，而是要将一份事业的情怀传递给学生，教师和学生教学相长，共同在思想火花的碰撞与融合中绽放自己的价值。

（二）设计思路

习近平总书记指出：“要用好课堂教学这个主渠道，思想政治理论课要坚持在改进中加强，提升思想政治教育亲和力和针对性，满足学生成长发展需求和期待，其他各门课都要守好一段渠、种好责任田，使各类课程与思想政治理论课同向同行，形成协同效应。”

保险学院课程思政教学改革思路紧密围绕习总书记讲话精神，认真梳理课程内容中的思政元素，有针对性地设计教学内容，在课堂教学中不失时机地将思政教育融入课程讲解当中，在注重知识传播的同时强调价值引领，使大学生逐渐理解并深化课程思政的重要意义；通过“知识传授”与“价值引领”结合的形式，在传授专业知识的同时，围绕保险、社会保障学科的特点，启发学生思考保险与社会保障相关现实问题，在理论和实际联动的情况下，帮助学生更好地理解其中的社会价值，在潜移默化中培养学生的家国情怀。

1. 提高教师的师德修养

在专业课程中加入思想政治内容是现阶段教学设计和教学改革的重要目标和方向，使教师在课堂上除了传授知识和技能外，还能向学生输出正确的世界观、人生观和价值观，培养学生的家国情怀等。这也对任课教师提出了一定的要求。打造保险学专业课程思政金课，需要提高教师的师德修养，使教师对社会主义理论和党的创新理论有正确、深刻的认识，并认真学习保险领域的国家战略、政策变动和社会热点问题等。党员教师可以加强日常理论学习，在党员活动日上进行分享。针对非党员教师，学院、保险系也可以通过采取集体备课、组建教学团队等形式，使教师的政治理论水平同步提高，统一教师的思想认识。同时，集体备课制度还能充分发挥所有教师的优势和专长，丰富课程思政素材，深入挖掘专业课程中所蕴含的政治思想及相关教育资源，组建相关资料库、案例库等，从而在统一认识的基础上，进一步丰富和充实教师手中的教学工具。

2. 精心设计教学内容

在教学内容的设计上，避免出现专业教育和思政教育“两张皮”的问题。在结合本专业学生培养目标的基础上，构建层次递进、相互支撑的课程思政体系。为了使课堂教学效果得到提升，课程思政内容的引入和展开所采取的形式至关重要。在课程内容中加入思政元素的目标是使思想教育的理论知识和价值理念和专业课程融合在一起，潜移默化地影响学生的思想意识和行为举止。为了使学生更好地参与到学习过程中来，在课程中更多地加入了关于时政热点或行业发展政策的讨论，增加了课程的人文性，拓展课程内容所涉及的专业、历史、文化等不同角度，增强学生在学习过程中的代入感，激发学习热情。例如，结合国家鼓励保险行业进一步开放的政策，讨论外资的进入对于国内保险公司的影响，并进一步引申探讨民族产业的发展机遇与困境，分析国有保险公司在面临外资公司挑战时所具有的优势或不足，突出强调社会主义市场经济相较于资本主义市场经济的优越性。根据专业课程内容的不同，教学中引入与之相适应的优秀案例，通过情景代入来更好地完成课程思政的目标。

3. 以学生发展为中心

学生为课堂教学的主体对象，课程思政教育应坚持以学生发展为中心。加强教学活动中学生的参与性，并引导学生对知识或案例进行反思。具体来说，就是要避免说教式的课堂宣讲，降低对知识点的简单背诵和记忆的要求，提高学生课堂讨论或对课程论文的自我审阅和同伴审阅的占比。教师培养学生通过讨论、论文评阅等形式对问题进行分析和归因，使学生能力在对整个教学活动的体验和反思中得到综合性的提高，最终引导学生主动参与社会实践，关心国家现实发展问题，帮助学生树立经世济民的职业和人生理想。

4. 思政教育纳入学生培养的全过程

在授课的过程中，在适当的节点引入思政元素的同时，在其他培养环节也要注重思政内容的融合：(1) 开展课题研讨。根据课程教学内容，鼓励学生积极开展课题讨论。在课堂传授专业知识之余，鼓励学生放眼社会，悉心发现社会生活中的保险、社保资讯，学以致用，通过了解当下保险在实际生活中的运作情况，培养学生的社会责任感。(2) 举办学术讲座。通过定期邀请保险业内人士来为保险专业学子开展讲座，帮助校内学生更好地了解行业的运作情况，调动学生学习的积极性，激发学生“家事国事天下事，事事关心”的家国情怀，通过理论联系实际，更全面地看待保险行业与社会保障事业的发展。(3) 开展社会实践。利用学生深入企业机关进行社会实践的机会，体会国家目前的发展状况，从而鼓励学生未来以国家繁荣发展为己任，肩负起时代赋予自己的责任。

三、研究生课程思政教学实施过程

(一) 实施方法

1. 深刻认识“课程思政”的重要性

(1) 思想政治教育事关高校“立德树人”根本任务的完成。培养德智体美全面发展的社会主义事业建设者和接班人是高校的根本任务，思想政治工作关系到高校培养什么样的人、如何培养人以及为谁培养人这个根本问题，必须把“立德树人”作为中心环节，把思想政治工作贯穿教育教学全过程，实现全程育人、全方位育人。现实中，一些大学生存在理想信念淡化、道德选择偏差、道德行为欠缺等问题，以及社会诟病的“精致的利己主义者”等现象，其原因是多方面的，最深层的还在于高校思政教育格局不够大、资源不够多、力量不够强。长期以来，我国高校思政教育存在“孤岛”困境，主要依赖思政教育课程，思政教育与专业教学“两张皮”现象未能根本改变，不能正确认识知识传授与价值引领之间的关系，各个学科思政教育资源没有得到充分挖掘，多部门合力推进思政教育的机制体制需要完善。

(2) 从“思政课程”向“课程思政”转变，是我国高校思政教育改革的必然选择。思想政治教育理论与实践是人类社会普遍存在的教育实践活动，目的在于维护国家主流意识形态。以隐形方法开展思想政治教育，即在专业课程中渗透思想政治教育的内容，是西方国家的一大特点，值得我们借鉴。“思政课程”是思想政治教育课程及相关教育活动的总称。而“课程思政”是指所有课程的知识体系都体现思政教育元素，所有教学活动都肩负起立德树人的职能，全体教师都承担起立德树人的职责。“课程思政”不是新增一门课，也不是新设一项活动，而是把“课程思政”作为加强大学生思政教育的重要渠道，寻找专业课与思政课同频共振的契合点，构建全员、全课程的“大思政”教育体系。

高校 80% 的教师是专业教师、80% 的课程是专业课程、学生 80% 的学习时间用于专业学习。对大学生思想言行和成长影响最大的因素是专业课教师。因此，推进“课程思政”，发挥专业课程、专业课教师的思政教育作用，从专人开展思政教育转变为人人参与思政工作，从人才培养方案的顶层设计到教师每堂课的具体实施都贯穿思政教育主线，努力让每门课程都育人、每位教师都承担育人责任，让专业课上出“思政味”，合力打造课程思政与思政课程同向同行、协同发声的课堂教育体系，构建全员、全过程、全方位“三全育人”大格局，努力培养优秀人才，具有重要的现实意义。

（3）习近平总书记发表了关于思想政治教育的重要论述。2016 年 12 月习近平总书记在全国高校思政工作会议上强调，要用好课堂教学这个主渠道，思想政治理论课要坚持在改进中加强，提升思想政治教育亲和力和针对性，满足学生成长发展需求和期待，其他各门课都要守好一段渠、种好责任田，使各类课程与思想政治理论课同向同行，形成协同效应。在 2019 年 3 月 18 日召开的学校思想政治理论课教师座谈会上，习总书记再次强调，要坚持显性教育和隐性教育相统一，挖掘其他课程和教学方式中蕴含的思想政治教育资源，实现全员全程全方位育人。

（4）课程思政理论研究深入发展。2019 年以来，各高校党委书记纷纷撰文阐述全面加强思想政治教育，并具体论及课程思政问题。董奇提出，发挥多学科优势，创新性推进马克思主义理论学科建设，以学科建设成果支撑和服务课程教学，促进提升思想政治理论课教学实效性。何秀超、邓光玉、熊四皓、王洪元等均认为，要注重挖掘其他专业类课程的思想政治教育资源，打造全课程育人体系，实现各类课程与思政课有效对接。关于“课程思政”工作评价与效果评价，韩宪洲认为，推进“课程思政”建设的关键在教师，教师党支部是推进“课程思政”建设的重要组织者，要谨慎开展以育人效果为指向的“课程思政”效果评价。

2. 积极学习开展课程思政的具体做法

（1）上海市先行先试，形成了实施“课程思政”的宝贵经验。上海市基于在基础教育阶段推行“学科德育”的成功实践，近年来开始在高校探索实施“课程思政”，深入发掘各类课程的思想政治教育资源，构建以思想政治理论课为核心、以综合素养课程为支撑、以专业教育课程为辐射的“三位一体”思想政治教育课程体系，从内容建设、教学方法、师资团队乃至互联网手段载体运用等途径推进改革，着力实现全课程育人，形成了有价值、可推广的“上海经验”，并获得教育部高度认可。

（2）学校经济学院、金融学院开展课程思政的先行探索。2018 年 7 月，经济学院就组织召开了课程思政工作研讨会，时任校党委副书记、纪委书记陈明在开幕词中指出，应从“思政课程”到“课程思政”，探索构建全员、全课程的大思政教育体系，经济学院要依托经济学学科优势，发掘经济学学科中的思想政治理论教育资源，从中国特色社会主义经济的历史、规律出发，在一线课堂传播中国历史文化，解读中国经济发展，在为学生授业的过程中，帮助其树立正确的历史观、世界观、价值观、人生观，让专业教师成为教书与育人相统一的重要力量。经济学院重点推进宏观经济学、政治经济学、中外经济关系史等专业课程，以学院强大的师资力量为依托，稳步推进课程思政建设。经济学院推进课程思政工作的经验可以总结为：加强教师思想政治工作建设，厚植学院课程思政的土壤；发挥第一课堂的主体作用，将第二课堂优势平台纳入课程思政建设当中；注意思政要素挖掘、讲义教案修订、知识点考核、育人效果评价等。

金融学院自2019年6月启动专业思政教改建设项目，拟在2—3年内实现专业思政教改建设项目全覆盖，课程涉及本科、硕士和博士三个层次，2020年对21门课程的专业思政建设予以立项。张礼卿教授对如何开展课程思政发表了真知灼见，首先，要求专业课老师思想政治要过关过硬，要加强日常学习，自己先理清吃透；其次，要把党的新政策、新理念与专业课教学有机结合起来，将国家和平崛起、相互尊重、不搞霸权的理念渗透到专业课教学中，注意引导学生更好地理解国家的方针政策，了解建国70周年、改革开放40周年的国家发展历程；再次，专业课教师要认真思考在国际舞台上如何更好地代表发展中国家发声，面对国内外热点问题时自己要先认识清楚，然后再讲给学生；最后，他建议可以从诚信教育、国际视野和认真严谨的学术态度3个方面加强对学生的道德引导和核心价值引导。

（二）实施案例

1. 针对社会保障理论研究课程开展课程思政

学院劳动与社会保障系张建伟副教授主持了学校课程思政教改课题，并针对社会保障理论研究课程，开展了课程思政的一系列教学改革活动。

（1）高举马克思主义伟大旗帜，以中国社会保障事业的骄人成就，传播马克思主义科学真理。繁荣和发展中国特色哲学社会科学，必须坚持马克思主义的指导地位，自觉抵制新自由主义的侵蚀和误导。以社会保障为例，伴随全球化进程的加快和互联网的发达，也面临着新自由主义泛滥所带来的负面影响，经济发展与社会保障的关系被曲解，如何抑制新自由主义的泛滥，并在效率与公平之间寻找到新的平衡点，是摆在各国政府面前的重大挑战，也是社会保障专业教育的重要任务。新中国成立以来尤其是改革开放以来，我国社会保障制度建设和社会保障事业发展坚持马克思主义的指导地位，取得举世瞩目的成就，为我国经济社会协调发展保驾护航，为世界贡献中国社会保障方案，雄辩地证明了马克思主义的科学性。我们必须坚持马克思主义的指导地位，防止错误观点和言论进课堂讲坛，确保社会保障学科教学、科研和学术交流活动的政治方向。

（2）科学解答当代大学生关注的民生与社会保障等时代问题，弘扬社会主义核心价值观。社会保障是社会公众长期关注的热点话题，也是引发社会矛盾的主要原因。深化社会保障制度改革，保障和改善民生，有助于保护广大民众最关心、最直接、最现实的利益。社会保障制度与社会主义核心价值观紧密相关，学习社会保障专业课程有助于深化对社会主义核心价值观的理解和认同。比如，“和谐”是中国传统文化的基本理念，集中体现了学有所教、劳有所得、病有所医、老有所养、住有所居的生动局面，构建更加公平、可持续的社会保障制度就是要实现上述奋斗目标。又如，“公正”强调社会公平和正义，以人的解放、人的自由平等权利的获得为前提，是国家、社会应然的根本价值理念。公平、正义、共享正是社会保障制度应该坚持的基本理念。再如“友善”，强调公民之间应互相尊重、互相关心、互相帮助，和睦友好，努力形成社会主义的新型人际关系。我国历来就有乐善好施的优秀传统，《慈善法》则为之提供法治轨道。

（3）继承和发展中国传统社会保障事业的宝贵经验，弘扬中华优秀传统文化。国际社会保障学界几乎为西方话语所垄断，无视中国社会保障历史与经验的学术语境，既不利于世界社会保障学术的繁荣，也不利于中国社会保障制度的改革与健康发展。中国社会保障发展的本土特征是家国一体、突出国家负责与家国一体秉承等级差序与中庸之道，依靠传统文化柔性传承，与社会安定和政权兴亡密切关联，维护家庭保障的特殊地位。因此，加强学习中国社会保障史，有助于坚定文化自信。

（4）交流汇报，提高开展课程思政的能力。将党支部建在系上，专任教师积极学习习近平新时代中国特色社会主义思想，通过“每日微党课”等微信平台加强政治理论学习和交流，提高政治觉悟，以科学的理论引领教学科研工作。参加教育部主办的马克思主义理论研究和建设工程重点编写教材《社会保障概论》师资培训班并顺利结业。参加研究生院组织召开的研究生“课程思政”教学改革项目交流研讨会，学习思政教育技能。撰写阶段性研究成果《发挥专业课程的隐性思想政治教育功能》并在全国社会保障教学研讨会上交流、汇报。

（5）按照“德才兼备、以德为先”的原则重新修订人才培养方案。在 2019 级社会保障专业硕士研究生培养方案修订时，增加了“社会保障创新与实践”作为暑期小学期的选修课，计划组织学生开展社会实践活动，深入了解新中国成立以来特别是党的十八大以来我国社会保障事业发生的巨大变化、社会保障制度建设取得的重大突破，以增强学生对中国特色社会主义道路、理论、制度和文化的自信。

（6）以社会保障事业发展的生动事实充实课堂教学。褚福灵教授在教学中注重将民生问题、时政热点与课程学习结合，将社会保障与党的宗旨联系，将经济规律与社会规律相区分，将经济发展与社会稳定紧密结合。吸收研究生同学参加研究课题“‘一带一路’国家的劳动力成本及劳动保障水平研究”的研究工作，全面了解中国的发展和对建立人类命运共同体的贡献。

（7）在教学内容上突出脱贫攻坚这一关键任务。消除贫困、改善民生、逐步实现共同富裕，是社会主义的本质要求，是我们党的重要使命。党的十九大报告开宗明义指出，中国共产党人的初心和使命，就是为中国人民谋幸福，为中华民族谋复兴。消除绝对贫困和区域性整体贫困是全面建成小康社会的底线目标和标志性指标，备受关注，也是目前社会保障教学的重点内容。周渭兵教授结合在兰州财经大学挂职的经历，讲解甘肃省脱贫攻坚的主要措施和突出成效。张建伟副教授为保险学院党委理论中心组就学习贯彻习近平总书记关于扶贫工作的重要论述进行重点发言。

（8）充分利用现代信息技术开展教育教学活动，创新教学方式方法。“千禧一代”大学生成长在思想舆论相对多元化、网络和社交媒体异常发达的环境中，新时代的教育教学事业必须适应互联网时代，借助现代信息技术推进教育教学活动，创新教学方法，采取课堂主讲、现场回答、网络互动、课堂反馈等多种方式，引人入胜、潜移默化地实现思政教育目标。刘钧教授重视信息技术的应用，在中国大学慕课网站上线人人都该知道的社会保障课程，采取线上线下相结合的方式进行教学，提高教学效果。

（9）开展实践教学，增进研究生对社情民意的了解。2019 年 4 月、11 月，先后组织“社会保障基金管理研究”和“社会保障理论研究”课题组研究生赴北京市银龄老年公寓、爱地颐养中心开展实践教学，了解人口老龄化和养老服务发展情况。

（10）编写社会保障专业课程思想政治教育案例，开展案例教学。编写教学案例《中国政府获得“国际社会保障协会社会保障杰出成就奖”》和《建立大病保险制度破解家庭灾难性医疗支出难题，缓解因病致贫、返贫》。

2. 针对高级风险管理课程开展课程思政的实践

学院保险系陈华教授主持了学校研究生院课程思政教学改革课题，并进行了课程思政改革实践。

（1）高级风险管理课程思政教改的目标。高级风险管理课程的教学对象为即将步入社会的研究生群体，此阶段的学生群体心理年龄趋于成熟，对社会有了一定程度上的接触。在实际社会和虚拟网络世界交融的当下，这批学生群体逐渐开始形成独立的人生观、价值观和世界观，他们对于自身、国家、社会的看法和认知也是信息接收和主动思考共同作用的结果。因此，对其三观形成和稳定过程中的引导尤为重要。

课程思政作为一种广泛意义上的德育教育方式，打破原有的单一化专门化的思政课程教育方式，把思政教育融入专业课程的教学，构建全方位的综合思想政治教育体系。通过引导课程受众树立正确的三观，课程思政将更加契合把高校毕业生培养为社会主义事业接班人的目标。

（2）高级风险管理课程思政教改的思路。在专业课程教学中融入思想政治教育早已成为高校教育改革的重点内容，但是要想用好课堂教学的主渠道，充分发挥高校立德树人的作用，就必须深入研究专业知识与“思政内容”的契合点。结合高级风险管理课程的相关特点，该教研团队提出以下教学改革思路：

第一，充分认识课程的思政元素。高级风险管理作为保险学院为研究生开设的特色精品课程，主要目的是提高研究生的专业技能和全局风险意识，培养其风险管理控制的能力，从而更好地服务于保险行业的整体发展。例如，通过“风险度量”章节的教学，让学生认识到理性决策的重要性，以及如何从不同的角度看待问题；通过“期望效用理论”章节中圣彼德堡悖论、Allais 悖论等内容的介绍，培养学生辨证思考的能力；而“风险偏好”章节中也体现了“利益权衡”“得失取舍”等思政元素；在“风险行为决策”章节的学习过程中，学生可以通过保险市场上的逆选择和道德风险问题对信息不对称情况下的“利己主义”“利他主义”等行为作出深入分析。

第二，高级风险管理思政元素与课堂教学的有机结合。该课程具有理论与实务紧密融合的特点，将识别出来的思政元素更好地融入日常教学中定能取得令人满意的教学效果。结合前几年的教学探索和经验总结，该团队认为思政教育的技巧主要是寓教于乐。因而在教学改革中，摒弃原有的单一化教学模式，通过组织开展教学研究和学术探讨，积极参加国内外的各种教学和学术交流活动，及时了解和引入国内外新的教学和科研成果，从而融入“见贤思齐”的思政元素，培养学生虚心求学、不断进取的精神。在日常教学中，创新教学方法，在启发式教学的基础上探索研究式教学、案例教学和参与式教学等教学方法，从风险管理的角度融入“利益权衡”“大局意识”等思政元素，培养学生的自学能力和独立思考能力。

第三，规范思政教学成果的考核标准。对于具有一定创新性的教学理念来说，最困难的地方就是如何衡量其效果作用。课程思政成果的考核不能通过传统的方式进行判定，因为闭卷考试、教师评定等考核方式较为死板，难免陷入传统思政课程的僵局。同时如果没有合理规范的考核标准，教师也会失去将思政元素融入日常教学的动力。团队综合学科特点，并参考德育教育成果的考核方式，尝试用一套新的指标体系评判该课程学习成果。

（3）高级风险管理课程思政教改的实施方案。陈教授任研究生高级风险管理课程的授课教师已有数余年，对课程改革具有较为深入的思考和研究。在与团队成员研讨后，按照以下方案进行课程思政教改：

第一，多样化教学方式的实施。教学方式改革是高级风险管理课程思政改革的重点内容。针对新的教学目的和教学重点，在传统教学方式的基础上，推进工具式教学、研究式教学和参与式教学等教学方法。在充分调动学生积极性的前提下，提高学生风险管理意识，培养学生在习近平新时代中国特色社会主义思想下辩证思考和处理问题的能力。

具体而言，本课程教学中主要运用了以下教学方法：

首先是工具式教学。所谓工具式教学，即在理论教育之余穿插对实用工具的学习。在高级风险管理课程中，大多数教学内容都涉及风险管理的理论模型，因此，在教学中结合EXCEL的VBA或者MATLAB等软件编制相应的程序，鼓励学生对风险管理的主要模型进行数值模拟分析，让学生全过程体会从模型建立到分析结果的过程，增强程序编写和逻辑思考的能力，培养学生严谨创新的科学精神素养。

其次是研究式教学。在保险学甚至是整个经济学领域内，风险管理是一个极具研究性的前沿课题。团队在教学中加大了实证分析教学的力度，注重结合国内外相关科研工作对风险管理的理论和实证模型进行介绍。同时还指导学生进行数据收集、数据整理、数据分析和结论做出等各环节的训练，掌握实证研究的基本套路。通过国内外数据信息的整理和分析，教师和学生一同见证我国保险业的迅速发展，并启发学生对国内外风险管理与保险发展水平差异的思考，进一步建立学生对保险行业的专业自信、职业自信，对中国特色社会主义的道路自信、理论自信、制度自信和文化自信。

最后是参与式教学。把实验经济学的分析方法引入课程教学是本次思政教改的一大特色。在风险厌恶测度以及后续的风险管理手段的采用上，通过引入实验经济学的方法，引导学生掌握风险厌恶测度的具体步骤。学生在设计实验、进行实验的过程中，充分运用到课堂所学的风险管理知识，从实验中更加透彻地理解本课程的基本原理以及“利益权衡”“得失取舍”等思政元素。

第二，课程教材建设的完善。由于国内所编的教材兼顾各层次教学的需要，定位相对不清晰，且教材中缺少对思政元素的融入，不能达到思政教学的目的。因此，团队借鉴国外教材，结合本次教学改革的目标，对国内研究生《高级风险管理》教材进行了完善。

首先，教材参考高校思政教改专家的建议，结合学科自身特点深入挖掘思政元素，形成了较为完整的框架体系。在理论知识方面，教材中数学推导严密详细，理论框架逻辑清晰，且都来源于国内外成熟的研究成果以及前沿的研究领域。学生在掌握理论体系的同时还能及时了解国内外风险管理现状，进一步启发学生对科学研究、行业发展和大国崛起的深入思考。

其次，教材结合了与理论相关的实证分析，通过对实证的学习与研讨，有助于理论知识的实际应用。在网站附上实证研究所需的数据及相应的代码，希望能够落实理论与实践相结合的教学要求。

最后，与课堂教学方式相对应，该课程教材结合国内外发展情况，选取贴合时代热点的典型案例附在相应章节之后。这些案例不仅阐释了在实证中如何开展风险分析，同时也提供了一种能够充分理解风险分析的动机和原因的方式。通过对典型案例的讨论和学习，学生能够理解巩固所学知识，感悟时代发展特点，体会自身肩负责任，最终实现理论和思政全方位教育的目标。

第三，课程考核方式的设计。课程思政教学成果的考核关键点是看学生运用专业知识解决社会问题的能力。高级风险管理课程分别从基础理论掌握、程序编写等动手能力和综合应用与创新能力三方面考核学生本门课程的综合素质。例如以无领导小组讨论的形式解决一个与风险管理密切相关的社会热点问题，通过讨论过程中每个人的表现来判断学生对专业知识和思政元素的掌握程度，从而达到思想教育和理论教育并抓的目的。

（4）高级风险管理课程思政教改的工作成效与经验思考。思政教改的工作成效有多种反映维度，包括课堂主体双方的接受程度和课程最终的教学成果。首先，从学生角度来说，高级风险管理的课程思政改革使其第一次跳脱传统受教方式，在学习专业课的同时也习得了课程中包含的思政元素。这种思维突破让学生的创新潜力得到挖掘，具体表现为，课程教改的一年多时间里，该课程中的多名同学运用课程所学知识进行与课程相关的学术论文创作，并在《保险研究》等核心期刊上发表。其次，从教师角度来说，在进行课程设计的同时，其对课程思政的思考让原本已经框架式的教学方法被打破。这种对传统教学的挑战使课程焕发出新的活力，激发了教师的工作热情，同时也使师生关系更加紧密。最后，从课程整体角度来说，思政教改后的课堂更加活跃，同学之间的功利性围墙渐渐被打破，“合作共赢”的思政元素得到体现。总体来说，在本课程的思政教改中学业与成长并重得到了印证。

四、研究生课程思政教学改革成效

经过近 3 年的课程思政建设，学院在课程思政教学改革上有一定的成效。

第一，课程思政建设的制度健全。学院党委与行政班子高度重视课程思政建设，从制度层面保障了课程思政教学改革的持续深入推进，并形成了学院对课程思政教学改革的持续投入长效机制。

从学院党委角度来讲，每年有党建课题支持课程思政教学改革；从行政角度，对进行课程思政教学改革的教师在评优评选方面给予适当倾斜，在经费方面给予一定支持；在思政相关教材建设等环节给予优先考虑。

第二，学院带头课程标杆课程已逐步形成。学院许飞琼教授、郭丽军教授、陈华教授、张建伟副教授在社会保障概论、保险学原理、高级风险管理等课程思政方面有深入的思考，并积极推进课程思政教学改革，在课程设计、内容建设、教材建设、教学效果等方面均取得了很好的成绩，学院推动这四位教师的成果精品化、标杆化，并通过课程分享、经验交流等方式向全院教师推广。

第三，通过课程思政建设，各项效应已经逐步显现。通过近年的课程思政改革推动，各项效应逐步显现：课程思政专项会议的召开在学院中形成了凝心聚力的效果，各位老师在自己的课程中主动使用课程思政的方法论指导授课；各位老师积极申报学校学院各项党建及思政课题，积极主动探索课程思政的深层次运用；在各类社会实践中，教师指导学生充分了解我国国情，为国家建设献计献策；在抗疫过程中，保险学院师生积极投入社区服务、网上指导、正面宣传等各项工作中，深刻体会国家治理的巨大成就；毕业季教师为学生打包，师生情在实践中得到提高，教师和学生的精神世界都得到了升华；海归教师在课程思政教学改革中，通过对党的宗旨、中国历史的学习，思想得到洗礼，并积极申请加入中国共产党。

五、研究生课程思政教学改革阻力及解决措施

（一）改革阻力

第一，研究生课程思政教学改革需要所有专业课教师的内在努力，需要专业课教师大量的时间投入，目前暂时缺乏对专业课授课教师的激励措施，比如中青年教师的职称评定中，仍以论文、专业科研为导向，故在实施中，激励牵引力仍有所缺乏。

第二，专业课教师思想政治素养和思想政治教育能力有待加强。思政问题不是贴标签的说教，要达到其效果，不是一日之功，是需要长期的学习、深入的思考和日积月累的钻研。把学习到的、融会贯通的思政思想和思政元素高超地结合到专业课授课中，要求我们的专业课教师高超的政治能力和政治水准，目前仍存差距。

第三，绝大多数教师非常认可课程思政的重要性，但是在目前评价体系下，教师的时间投入到科研上明显可以获得最大回报。高水平课程思政的建设需要教师的大量投入，而这种投入暂时回报激励较小，需要老师自身的政治觉悟和一定程度的个人利益牺牲，这也对课程思政向更深层次推进起到了一定的阻碍作用。

（二）解决办法

首先，思政建设必须加强，不论从国家建设的要求，还是从学校人才培养的要求上，思政教育一定需要加强、加强、再加强。课程思政建设要提高到相当的高度，从顶层完善制度构架，并自上而下，步调一致地进行全面推动。

其次，如何解决低投入表面的应付式的口号式思政与高投入深层次的明理性的融入式思政的矛盾，需要顶层有深入的思考和果决的意志，要让有付出的老师有回报，让踏实钻研的老师有回报。制度设计需考虑激励相容机制，真正使得教师们愿意投入到这场教学改革之中，并能使改革成果固化，使其不仅是一次动员活动，活动时大张旗鼓，活动后烟消云散。

最后，措施上如下一些方法是必需的：加强顶层设计，激励教师在课程思政上的真投入；加强课程思政改革组织和制度保障；提供条件，提升专业课教师思想政治素养和思想政治教育能力；成立课程思政指导小组，专业课教师可以在任何时间、任何地点，以多种方式向课程思政指导小组提出具体问题，并获得指导和解答；多开讲座，介绍经验，寻找优秀的课程思政案例，引导专业课教师进行合理的课程思政设计；“立德树人、协同育人”的课程思政改革质量评价体系的构建。

5. 统计与数学学院研究生课程思政教学改革成果总结报告

一、研究生课程思政教学改革总体情况

中央财经大学统计与数学学院拥有统计学、数学两个一级学科和应用经济学下的数量经济学二级学科，在经济与商务统计、金融统计与风险管理、应用统计、数量经济、数理统计、应用数学、计算数学等学科方向基础扎实，学科建设工作稳步发展。统计学科是中央财经大学传统优势学科，已形成“从本科、学术型硕士、专业型硕士、博士到博士后”的完备培养体系，在2016年教育部全国第四轮高校学科评估中，中央财经大学统计学科为B+。数量经济学科是中央财经大学国家级重点一级学科应用经济学的重要组成部分，于2009年获批国家级重点学科。2017年，数学学科新增一级学科硕士点，下设计算数学、应用数学、概率论与数理统计三个二级学科。2020年学院在校硕士生217人，博士生35人，生源质量稳步提高，硕士生来自“211”“985”院校的生源比例有较大增长。毕业生总体就业率保持在97%左右。

学院高度重视研究生课程思政教学工作，在充分认识研究生课程思政教学改革意义的基础上，深刻把握研究生课程思政教学改革的基本规律，统筹规划强化高校顶层设计，抓住关键发掘课程思政元素，多元合一，注重把“立德树人”作为教育的根本任务，加强导师作为研究生培养第一责任人的落实工作，注重把核心价值观融入研究生课程教学全过程，把思想政治工作贯穿教育全过程，实现全程育人、全方位育人，确保课程思政的顺利开展。

学院多次召开会议针对学科特色开展课程思政研讨，邀请国内相关专家进行针对性的讨论，深入分析统计、数学、数量经济学专业课教师开展课程思政教育的必要性和可行性，从培养方案制定、任务分解、课程教学大纲撰写到教案设计等方面对专业课开展思政教育的路径和具体举措进行了深入研究，提升研究生课程思政建设的针对性、特色性、思想性、引领性，实现从“思政课程”向“课程思政”转变，让“各门课程都有育人功能，所有教师都有育人责任”。

到目前为止，学院开设的所有研究生课程都做到了“门门有思政，课课有特色”，学院老师紧跟时代步伐，更新观念，积极参与到“将思政元素融入专业课教学”的课堂改革中。在统计、数学、数量经济学课堂教学中进行课程思政改革，结合课程本身的学科特点，深入挖掘其中的思政元素，充分发挥课堂教学的德育功能，使学生学习统计、数学知

识的同时接受德育熏陶，培养学生的文化自信，提高学生的社会责任感和使命感。

二、研究生课程思政教学内容设计情况

（一）设计目标

1. 仔细梳理统计、数学、数量经济学课程的德育内涵，将其列为教学计划的关键条目和课堂讲授的重要内容，将知识教育同价值观教育结合起来，使课程建设与思政课程建设同向同行，形成协同效应。

2. 创建“课程思政”的“课堂教学案例库”。

3. 在统计、数学、数量经济专业知识体系中寻找与德育知识体系的“触点”，顺其自然而不是牵强附会、生搬硬套，用学生喜闻乐见的方式，润物细无声地开展德育教育。

（二）设计思路

1. 要充分遵循教育教学的基本规律

第一，课程学习或者说认识的主要任务是学习间接经验。如果在课程学习过程中加入能够让研究生产生共鸣和共情的思政元素，可以促进他们对知识学习和科学研究的兴趣；如果课堂学习不仅有直接的知识传授，还有一定的实践锻炼，使理性与感性相结合，理论与实践相统一，课程思政的知识传授和能力训练的效果就会更好。

第二，研究生的创新能力是在掌握知识的过程中形成、发展和表现出来的。这些知识不仅有专业知识，还有文化、价值、精神方面的知识，文化、价值和精神方面的知识通过课程思政与专业学科知识融合，研究生的研究与创新能力通过思维的辩证运动得到进一步提升，从而促进研究生课程教学质量和效果的提升。

第三，科学研究和学科专业知识本身就具有一定的思想品德教育因素。研究生思想品德的形成是以一定知识为基础的，而知识的增加、能力的提升必然会从格局、视野、情怀、情感上影响研究生思想品德的养成。这就要求研究生课程思政要在达成本身教学目标的过程中对学生产生价值、情感和道德影响。

第四，教师引导研究生开展创新研究和科学探索，有选择教学内容、教学方法、教学案例的主动权。在课程思政的实施过程中，教师要充分利用这种主动权，去辨识、寻找和运用有助于知识传授和能力训练的思政元素，在调动研究生学习主体积极性、主动性和创造性的同时，实现核心价值观浸润和专业知识传授同频共振。

2. 遵循研究生成长成才的基本规律

第一，要通过理想信念教育，推动研究生世界观、人生观和价值观的进一步定型。强化理想信念教育，就是要用习近平新时代中国特色社会主义思想铸魂育人，帮助研究生确立共产主义理想、中国特色社会主义信念，坚定跟党走的决心、信心和恒心，就是要补足研究生精神上的“钙”。

第二，抓住研究生在学校期间的每一个环节、每一次课堂、每一个时段，用社会主义核心价值观教育帮助他们“扣好每一粒扣子”，让他们成为社会主义核心价值观的坚定信仰者、积极传播者、模范践行者。

第三，要通过课程思政教育砥砺研究生的意志品质。习近平总书记在2020年9月11日举行的科学家座谈会上强调，科学成就离不开精神支撑。精神支撑是人才特别是高素质人才的“脊柱”，要强化这种精神支撑，需要研究生在日常的学习中磨砺自己、锻造自己、夯实自己，不懈努力，乐观豁达，艰苦奋斗，为中华民族伟大复兴的中国梦作出自己的贡献。

三、研究生课程思政教学实施过程

（一）实施方法

1. 挖掘思政教育元素充实教学内容

统计、数学、数量经济学课程的开展需要有明确的课程大纲进行指导，任课老师需要根据课程要求的知识目标、能力目标和素质目标进行教学内容和课件的制作。因此探索思政教育融入教学内容的方法，必须在前期充分挖掘专业课程中潜在的思政教育要素，设定课程计划达到的思政教育目标，比如：在教学内容上，与国家现实结合，注重培养学生的家国情怀，提升民族自豪感。

2. 案例教学与思政教育项结合，完善教学方法

传统的专业课教学中，案例介绍是非常普遍的一种教学方式，这是由于理论知识的专业性较强，为了帮助学生更好地进行学习理解，辅以教学案例进行解释说明，能够取得很好的效果。授课教师在原有案例的基础上进行挖掘和讲解，可以达到专业课和思政教育相辅相成的效果。在统计、数学、数量经济学课程教授中，有各种经济问题的案例，以现实问题为线索，讲好经济发展的故事，不但可以对学生进行专业知识的传授，还可以通过案例完成思政的教育，提高了学生的国家与专业自豪感。专业课程的讲解过程中生硬地加入思政教育会显得突兀，但是只要任课老师从思想上重视，进一步提高政治站位，用积极的态度去挖掘，类似的教学案例中的思政元素不胜枚举，通过不断的尝试积累，会建立起非常丰富宝贵的思政教育案例集，如此反复渗透，能够达到非常好的思政教育效果。

3. 增加师生互动环节，拓宽教学范围，引导学生多边互动

目前中国的大学课堂已经积累了很多成功的师生互动模式，比如“课堂答疑”“学生讲课”“案例分析”，调动了学生的积极主动性。对于理论课学习，增强“中国元素”，增强学生的民族自豪感和文化自信，高级计量经济学课程具有很强的实际应用背景课程，涉及很多热点经济问题，教师可以积极引导学生将这些素材和专业知识结合，鼓励学生进行多边互动，创造轻松和谐的课堂氛围，在互动中普及学科前沿知识，提升民族自豪感。

引导学生由教材向学科拓展。专业课程的学习帮助学生掌握基本内容，为复杂的学科学习和开展科研提供理论基础。但是单纯的教材学习，往往导致教学内容是孤立的，学生

意识不到对学科和自己研究方向的重要性。教师应该增加学科间的互动，引导学生借助已有的知识去思考发现探索，培养科学的思维方法，帮助学生构建学科知识体系，增强研究生对专业的认同感和成就感。

课堂内互动向课堂外互动延伸。受到班级人数和课时的限制，师生互动的范围是有限的，教师很难通过短短的课堂时间掌握每个学生的情况，而学生也很难在短时间内将教学内容消化吸收，这就要求课堂内互动向课堂外互动延伸。随着网络技术的发展，师生获取信息的渠道多样化，慕课、知乎、论坛成为传统线下课堂的重要补充。老师也可以构建网络师生互动平台，借助微信、邮箱、钉钉等软件和学生保持信息交流，及时掌握学生的思想动态，寻找思政教育的切入点，做到有的放矢，为课堂教学的开展做准备。

（二）实施案例

1. 挖掘思政教育元素充实教学内容的具体案例

除了指导性大纲外，其他内容由授课教师根据教学需要自行拓展。在拓展的时候，教师选择哪些内容，哪些内容是学生所需要的，要用全面的、辩证的、长远的眼光去分析当前学生所要具备的知识和素质，还要契合中国目前的实际，要有家国情怀，要有为中国经济发展尽一份力的斗志，就像习总书记在“两会”中所说，“要坚持用全面、辩证、长远的眼光分析当前经济形势，努力在危机中育新机、于变局中开新局，发挥我国作为世界最大市场的潜力和作用，明确供给侧结构性改革战略方向，巩固我国经济稳中向好、长期向好的基本趋势，巩固农业基础性地位，落实‘六稳’‘六保’任务，确保各项决策部署落地生根，确保完成决胜全面建成小康社会、决战脱贫攻坚目标任务，推动我国经济乘风破浪、行稳致远。”

2. 案例教学与思政教育项结合的具体例子

在选取和分析案例时，主要以我国经济发展中亟须解决的问题为研究对象。包括本学期期末的作业中，要求以我国继续解决的经济、金融、民生等领域的问题为切入点。这就要求对我国当前的形势有一个很好的把握。可以学习习总书记在“两会”中对当前形势的判断。习近平总书记指出，我国经济潜力足、韧性强、回旋空间大、政策工具多的基本特点没有变。面向未来，我们要把满足国内需求作为发展的出发点和落脚点，加快构建完整的内需体系，大力推进科技创新及其他各方面创新，加快推进数字经济、智能制造、生命健康、新材料等战略性新兴产业，形成更多新的增长点、增长极，着力打通生产、分配、流通、消费各个环节，逐步形成以国内大循环为主体、国内国际双循环相互促进的新发展格局，培育新形势下我国参与国际合作和竞争新优势。

第一，引入思政教育考核机制、丰富教学手段的具体案例。思政教育融入教学内容意味着成果应当是可测评的，通过引入完善思政教育考核机制，在课程的考核中加大思政教育考核的比例，增加开放性题目的方式，同时也能达到丰富教学手段的目的。在教学的过程中，针对课堂内容，通过分组，让学生通过查找资料调研、完成一个小课题并且制作PPT 进行团队汇报。比如近些年以热点经济问题为背景完成研究报告以及研究生学位论文的学生逐渐增多，因此可以在课程考核中鼓励学生搜集相关资料完成结课论文与报告，利用课堂展示、作业成果展示、科研创新项目的成果展示等方式来综合衡量课程成绩，增加学生主动参与的积极性，可以获得更加显著的课程思政效果。

第二，统计学案例。虽然是理科课程，但是我们在教学过程中非常强调立德树人，通过多种方式来渗透和实现对学生的价值引领。主要的做法包括：

一是引入社会热点话题，引导学生关注统计学的实践应用价值。比如，将“第一例新冠疫情的上报”作为假设检验课程的导入案例，将“淘宝网正品率低估”作为区间估计的课堂讨论案例，组织学生参与“疫情之下，统计学可以发挥哪些作用”的专题互动，推荐学生阅读关于卫健委网站数据体系建设的网络文章，等等。

二是介绍统计学发展史，引导学生体会科学家不懈探索的精神。比如，Fisher 在提出假设检验思想时，设计了女士品茶的实验，这种“大胆假设、小心求证”的科学精神值得学生学习。又如，对区间估计概念和方法的探索，历经了一个多世纪，多位数学家、统计学家为之付出努力。

三是使用财经问题案例，引导学生运用统计数据展示国情国力、运用唯物主义视角认识事物发展规律。使用反映现实经济问题的教学案例和课程作业，引导学生运用统计数据展示中国经济发展成就。

第三，数学案例。思政教育与专业教育的核心都在“育人”上，我们在课程教学中，隐思政教育理念于知识细节中，多方位多角度，努力推动学生以下五个方面素质的养成。

一是家国的情怀。“数学分析”系列课程其主题内容是西方数学家发展的微积分理论，但其中也不乏中国数学家的身影，譬如《庄子・天下篇》中“一尺之锤，日取其半，万世不竭”就隐藏了朴素的无穷与极限的思想，对无穷的认识是整个微积分理论的精髓，而极限是微积分理论严谨化的有力工具。先人在此处的哲思，我们在教学中都会向学生传递，既加深了对相关概念的理解，也增强了民族自信。另外，譬如唐代李淳风注的《九章算术》中记载的祖暅开立圆术，是其在求球体积时提出的一个原理：“幂势既同，则积不容异。”这是定积分应用于三维立体体积计算及重积分性质中的重要原理，早于西方同内容的卡瓦列里原理足足 1100 多年。我们在讲授这些内容时都会给学生介绍这些情况，让学生了解中国古代数学的发展。

数学文化课程专门辟出一个章节介绍中国数学发展，从筹算到中国剩余定理，从天元术到哥德巴赫猜想，从刘徽祖冲之到陈省身苏步青，再到现在活跃于国际数学界的北大黄金一代。

习近平总书记指出，文化是一个国家、一个民族的灵魂。在当代中国，文化自信是具有科学性的时代命题，是中华民族生生不息、走向复兴的精神源泉，是中国特色社会主义破浪前行、繁荣发展的精神武器，是中华民族屹立世界、面向未来的精神脊梁。我们在课程中传播的中国数学文化，正是中华文化中瑰丽的部分，课程的学习促进了大学生建立文化自信、进而民族自信。

二是坚韧的品质。2020 年突如其来的新冠肺炎疫情打乱了大家的工作与生活，甚至有许多的人离开了我们，但疫情下的世界，人们挣扎着坚韧地生存着，这也包括在“停课不停学”的号召下，按部就班授课的教师们和按点上课的学生们，教学工作井然有序。

坚韧的品质，是系列课程中培养学生最主要的方面。所谓“坚韧”，包含两层意思，坚和韧。坚者，牢固，结实。韧者，即使受外力变形亦不折断。

美国前总统柯立芝在其晚年的人生回忆录中写道：“世界上没有一样东西可以取代顽强和坚韧。才能不可以——怀才不遇者比比皆是，一事无成的天才也到处可见；教育也不可以——世界上充斥着学而无用、学非所用的人；只有顽强和坚韧，才能无往不胜。”

“数学分析”系列课程是全院唯一一门持续 3 个学期的课程，内容丰富、结构庞大：涉及 17—18 世纪微积分理论的主要成果，以及之前的相关结论和之后的发展，理论性强，且灵活套路少，就开始的 $\varepsilon-\delta$ 语言，学生能在一两个月内真正理解透语言中的动静结合就是很不错的了。课程给跨入大学校门的本科一年级学生的初印象，基本都是“高冷”“不易亲近”的。

我们在教学中也做了很多尝试。比如，把数学文化课程中的思想融入数学分析课程的教学中。让学生了解数学知识后面隐藏的数学故事、数学人物和数学思想，给学生以动力，引导学生更深入理解问题本源，进而更乐于探究问题的发展，从而让学生们在课堂上都愿意“把头抬起来”。又如，课堂以学生为主、教师引导的教学模式，每节课预留讨论时间，培养学生自主学习、独立思考、理论联系实际的能力。我们欢迎学生指出教师在教学中的缺点和不足。课堂是师生共同成长的课堂。学生为老师纠错，也是学生进入角色，跟上教师思路的表现。这样引导的结果将使同学们的学习积极性高涨，上课聚精会神，发现问题或当堂发言或课下咨询，勇敢问问题，或活跃了课堂气氛，或增加了师生交流，常常谈笑间把一个个问题弄明白了。再如，通过三种翻转模式，构建数学分析 SPOC 翻转课堂。从构建学生的结构化思维模型的角度出发，从章节选取、问题设计、评价机制各方面设计教学环节。

这些教学思路手法的尝试，在教学效果上成效是显见的，但课程组老师们在课上课下对学生的课业要求是很高的，因为我们都清楚作为数学专业基础课程，扎实的基本功训练即使不会是那么美好快乐，也是必须必要必不可少的。3 个学期，256 学时的磨砺，成百上千道题的历练，要沉稳的是学生的心性，静得下心沉得住气，打牢根基，方能高屋建瓴。

疫情期间，“数学分析”系列课程从传统的粉笔 + 黑板模式转战线上，电脑 + 连麦耳机 + 手写板录制了一课又一课。这学期仅数学分析 2 课程，录制了 168 段教学视频，时长 4711.9 分钟，合计 78.5 小时（不是学时，是小时）。学生的章节视频平均完成率 93%（这里含自修的学生）。最长观看时长达到 6099.7 分钟，合计 101.66 小时。不少学生会把视频反复琢磨，尤其在难点的位置，多次观看视频，学习理解。目前，课程打开次数达到 921064 次，排名仅次于全校公共课。单日章节学习总次数多次超过 1500 次，最高达到 1986 次。这是一个 162 人次的班级，在线上教学模式下，能坚持教学，完成这么大量的学习任务，这是一份怎样的自律、执着与坚韧，作为老师，能教授这样的学生，倍感欣喜与荣幸。

数学大问题的解决常常伴随着大量数学工作者几十年如一日的艰辛努力，甚至有的是几百年几代人的共同奋斗，如费马大定理的最终解决，就历时 385 年。我们在数学文化课程中有一个章节就是介绍费马大定理证明的漫长历程。学生在学习这些内容时，将感悟坚韧和毅力是学习工作中必不可少的优良品德。英国数学家安德鲁·怀尔斯是费马大定理的终结者。而这个解决过程不光耗费了他的大半生，还几乎使他名誉扫地。这是因为他最初发表的解决问题的文章中间有纰漏。在巨大舆论压力下，怀尔斯“闭关修炼”一年多，最终攻克了理论上的难关。这种面对“泰山压于顶而面不改色”的淡定从容与对问题的执着追求，都是学生们，也是老师的榜样。

三是正直的品性。研究过程中出现问题是常有的事，但是愿意承认错误甚至改正错误，却是考验一个人的品性的。我们在课程教学中也会引导学生培养这一认知。如在介绍数学史上三次危机时，介绍到法国大数学家庞加莱，会提到他晚年的故事。他晚年经历过这样的事情，连论文都发出来了，但是他毅然发表声明，承认错误。通过对这个故事的学习，引导学生摆正正确的处事态度，做有道德修养、人格健全的人。又如，在介绍微积分创立之初的历史时，会引导学生正确认识牛顿与莱布尼兹的纷争。

四是科学的素养。印度科学家拉奥指出：“一个国家的科学水平可以用它消耗的数学来度量。”数学是人类文化的重要组成部分，是人类社会进步的产物，也是推动社会发展的动力。提升科学素养的紧要一环即是提升数学素养。孙宏安教授在《数学素质界定我见》一文中指出：“从 21 世纪我国公民的数学修养的角度看，它包括数学知识、数学方法、数学思想和数学能力、数学意识和数学语言、科学精神和科学价值观以及使用计算机的技巧和能力。”由此可以看出，要培养数学素质，光靠传统的机械教育模式是不可能的，只把数学当作一门学科来教也是不可能的，要想达到素质教育的目的，提高数学素养，必须把数学当作一种文化，以文化的角度进行数学教育，这才是关键之举，同样也是必不可少的途径之一。而提高学生的数学素养也是数学分析与数学文化系列课程教学的专业教育目标。

教学过程充斥着大大小小无数个数学问题，而每个数学问题的解决都是理性思维的不断完善过程，考验的是数学人的创新精神和不断探索的坚持。课上了解这些问题的破解过程，培养了学生创新能力和实践能力，提升其数学素养和综合科学素养。同时，我们还会介绍一些未解决的公开问题，引导学生去摸索发现，培养学生探索未知的胆量和兴趣。

另外，教学中，我们也将数学与其他学科结合，挖掘数学在其他学科中的应用，以及其他学科对数学发展的推动，以帮助学生理解“数学是什么”以及“数学有什么用”等问题，进而增强学生应用数学的意识，体会数学与自然及人类社会的密切联系，了解数学的价值，增进对数学的理解和学好数学的信心。

五是简单的纯粹。数学是严谨而简洁的。如数学家陈省身所说：“把奥妙变为常识，复杂变为简单，数学是一种奇妙有力不可缺少的科学工具。”人生亦需要简单。陈省身一再强调，人要简单，你越是一个单纯的人，就越容易成功。数学中的简洁美还是优化解题思路的内驱动力因素之一。学生在学习古今方程求解过程中也能感受到这种美。数学中还讲究对称美、和谐美，都与我们提倡的社会价值观契合。

第四，高级计量经济学案例。高级计量经济学课程是学校绝大多数硕士研究生的必修课，也是全校博士研究生的必修课，在研究生的课程教学中起着非常重要的作用，因此课程思政教育的受益面非常广。

目前，承担本课程教学任务的教师 9 人（教授 3 人、副教授 4 人、讲师 2 人），大多数成员处于 30—40 岁，在科研和教学非常活跃。具有良好的学缘结构，所有教师都经过严格的系统的数学和经济学训练。每位教师除了讲授计量经济学课程外，还同时讲授研究生其他多门相关课程，包括：经济统计学、投入产出分析、金融计量经济学、时间序列计量经济学、数理经济学等。

高级计量经济学课程获 2009 年中央财经大学研究生教学改革基金项目立项（精品课程）和多次教学改革项目的资助。

从 2019—2020 学年开始实施课程思政教学改革，本课程从隐含德育目标的自发阶段走向明确德育目标的自觉阶段。目前只进行了 3 个学期的时间，离成熟的教学还较远，但从课堂学生表现和课程考核过程来看，学生对课程思政不再抗拒，学习热情有所提高，能够树立正确的学习态度和价值观，思政教学改革的效果已明显显现。初步在各专业研究生间树立了良好的口碑和稳定的思政教育效果。后续，课程负责人在原有课程的基础上，继续按照上述改革思路进行设计和实施，同时建设有关线上课程项目，形成课内课外，线上线下全方位的专业教育和思政教育。

四、研究生课程思政教学改革成效

研究生课程思政教育以课程为载体，以立德树人为根本，充分挖掘蕴含在专业知识中的德育元素，将专业课内容与德育教育相融合，将德育渗透、贯穿到教学的全过程，助力研究生的全面发展。推进课程思政教育改革是对学生的价值观进行培育和塑造，通过“基因式”教育将德育教育融入课程中，利用课堂教学主渠道，让课程都体现出“思政味道”，突出育人价值，让立德树人“润物无声”。

学院研究生课程思政的主要建设目标是根据研究生专业课程的特点，将中国特色社会主义、理想信念教育、中华优秀传统文化和美德教育等有机融入研究生课程教学中，实现了知识传授、能力培养和价值塑造的有机统一，构建研究生思想政治理论课、综合素养课程、专业教育课程三位一体的研究生思想政治教育课程体系，实现思政教育从专人向全员的创造性转化。

以“研究生课程思政示范课”为载体，探索和实践“知识传授与价值观塑造相结合”的有效路径，将思想政治教育高水准地融入研究生课堂教学的方式和方法。

以“研究生课程思政示范课”为标杆，建设若干门研究生课程思政示范课程，探索形成一套可推广的研究生课程思政教育教学改革典型经验和特色做法，以点带面，稳步推进学院研究生课程思政教学模式转变。

以“研究生课程思政示范课建设”为纽带，培养一批有亲和力和影响力的研究生课程思政教学名师和教学团队，全面提升学院研究生任课教师的育人能力和水平。

五、研究生课程思政教学改革阻力及解决措施

（一）改革阻力

课程思政教学改革的整体规划设计缺乏；对专业课程思政认识不清；专业课教师思想政治素养和思想政治教育能力有待加强；课程思政设计的整体水平有待提高；课程思政教育的评价体系不完善甚至缺乏。

（二）解决办法

加强课程思政改革组织和制度保障；提升专业课教师思想政治素养和思想政治教育能力；引导专业课教师进行合理的课程思政设计；“立德树人、协同育人”的课程思政改革质量评价体系的构建。

6. 国际经济与贸易学院研究生课程思政教学改革成果总结报告

一、研究生课程思政教学改革总体情况

紧密结合学习贯彻习近平新时代中国特色社会主义思想和党的十九大精神，重点抓好全国教育大会和全国高校思想政治工作会议精神的贯彻落实，在学校研究生院和教务处的指导和支持下，国际经济与贸易学院紧紧围绕“立德树人”这一根本任务，遵循“全面推动、突出典型、以点带面、百花齐放”的发展思路，积极探索，充分发挥课堂教学的育人主渠道作用，为培养德智体美劳全面发展的社会主义事业建设者和接班人而不懈努力。

1. 制度先行，明确导向，营造氛围，充分发挥学院的引领功能。为了贯彻落实中央及教育部会议精神及基本要求，并结合“破四唯”政策的推进和实施，进一步强化课程教学育人的重要性，全面推动课程思政建设，国际经济与贸易学院及时调整了学院教学有关支持办法和制度，形成了鲜明导向，营造了重视课程思政建设良好氛围，提高了广大教师课程思政建设的积极性，引导广大教师积极投身于课程思政建设。

2. 资源保障，推动学院教师开展全员课程思政教育教学改革。课程思政建设对多数教师而言尚属新鲜事物，由于缺乏经验，难免有畏难情绪，为了克服这一点，学院 2018 年开展以“课程思政”为主题的专项教育教学改革立项，从学院发展经费中列出专项资金，设立 40 项院级教学教改研究项课题，包括专业课程和通识课程，引导教师以科学研究的严谨和勇于创新精神将课程思政元素融于学院的每一门课程，形成学院“全”思政育人的格局。在学院一年持续的引导、推动下，目前课程思政项目取得良好效果，学生反响良好，部分教学成果公开发表，开拓了很多值得推广的课程思政建设思路，积累了典型经验，课程思政育人效果逐渐显现。

3. 重视留学生教育课程思政建设，讲好中国故事，传播中国经验，弘扬中国模式。留学生群体是国际经济与贸易学院学生群体的重要组成部分，包括国际贸易学全英文博士留学生、国际商务全英文硕士留学生和“汉语 +”中文留学生等，共 83 人。当前世界处于百年之未有之大变局，国际经济社会环境复杂，中国发展内外部不确定性因素增加，国际社会仍不时萦绕各种故意歪曲、抹黑、误解中国的声音，学院以留学生教育为契机，要求任课教师将中国改革开放的伟大成就、“一带一路”倡议、中美贸易摩擦、中国新冠肺

炎疫情期间对外援助等主题融入有关课程，讲述真实的中国故事，很好地传播了中国经验、弘扬了中国模式。

4. 核心课程树立标杆，发挥思政课程建设的示范作用。在全面推动课程思政建设的同时，学院结合专业特点和课程体系，重点鼓励核心课程先行先试，发挥示范作用、探索模式、积累经验。典型之一是硕士研究生核心课程国际直接投资与跨国公司管理探索的“思政教育嵌入专业内容”的模式，主要包括：第一，“理论纵深”。梳理与课程相关的经典理论与文献，立体构建了课程理论框架，对理论体系既有“横切面”上的“解释”“阐明”“应用”“洞察”“自知”和“神入”六个侧面，又在“纵切面”将“理论”的基础分为“需要熟悉的知识”“需要掌握和完成的重要内容”“大概念和核心任务”等层面，不仅有利于学生实现理论理解的进阶，拓展理论认知的广度和深度，而且使核心理论、本质问题、深度学习、核心素养培养有了可循方向与路径。第二，“实践智慧”。课程所涉及的是中国经济发展最快、最活跃的领域，“一带一路”倡议、国际产能合作、中国企业“走出去”等重大命题的提出，加快了中国全方位对外开放的步伐，推进了国内国际两个大局的统筹，为中国深度参与全球治理开辟了新的国际视野、搭建了新的国际舞台。“立足中国、借鉴国外、挖掘历史、把握当代”是这门课程实践智慧设计中一个重要的理念，把与课程相关的最新实践融入课程，引导学生关注、学习与讨论。第三，“思政嵌入”。课程思政最为关键、也是最难解决的是“课程”与“思政”如何一体化的问题，自然融入、浑然天成是一种极高的境界。如何在专业目标达成过程中实现思政润物细无声，是课程思政重点与难点。该课程把习近平总书记关于社会主义经济建设、关于科技创新、全面开放新格局、大国外交思想等论述融入相应专题之中，作为课程内容的拓展与延伸，实现思政有机地嵌入专业教学。比如在“主流的国际直接投资理论与应用分析”专题教学中，通过课件引入、材料阅读及讨论的方式，使学生全面领会习近平总书记科技创新思想的精髓。

5. 重视经验交流，以点带面，提高学院课程思政整体建设水平。在学校和学院前期的推动下，国际贸易学和国际直接投资领域的多门课程形成丰富的课程思政建设经验，课程思政工作推进得有条不紊。为了带动学院其他课程齐头并进，结合教学教改项目研究成果，学院通过课程思政教学经验分享会、微信公众号、微信群等各类方式宣传课程思政建设经验，并派出主管教学的副院长去兄弟院校交流学习，做好经验分享和经验交流，取得明显效果。

二、研究生课程思政教学内容设计情况

（一）设计目标

1. 积极挖掘各门课程的思政元素，将思政教育融于和贯穿于每门专业课程，推动课程思政与思政课程建设同向同行，形成协同效应。

2. 切实提高课程思政的育人效果，用学生喜闻乐见的方式，润物细无声地开展课程

思政，避免牵强附会、生搬硬套现象。

（二）设计思路

1. 明确目标、体现差异，充分遵循课程教学的基本规律

在研究生培养方案中，每门课程存在较大差异，如基础课与专业课、方法论课程与其他课程之间等，课程思政建设需要遵循各门课程的教学规律和基本特点，不能一刀切，鼓励教师在遵循课程思政教育的总体目标和整体框架下，去积极辨识、寻找和运用有助于知识传授和能力训练的思政元素，在调动研究生学习主体积极性、主动性和创造性的同时，实现核心价值观浸润和专业知识传授同频共振。

2. 制度引导，资源保障，切实发挥引领和推动作用

为了全面推动课程思政建设，国际经济与贸易学院及时调整了学院教学有关支持办法和制度，形成了鲜明导向，营造了重视课程思政建设良好氛围，引导广大教师积极投身于课程思政建设。学院 2019 年和 2020 年从学院发展经费中列出专项资金，设立近 60 项院级教学教改研究项课题，积极推动学院“全”思政育人格局的形成。通过制度引导和资源保障，以实际行动来表达学院对课程思政的重视，切实发挥引领和推动作用。

3. 群策群力、集体挖掘、精心布置，提高课程思政育人效果

学院针对每一门研究生课程，鼓励和推动课程组建设，推动课程组集中备课，共同挖掘课程思政元素，形成课程思政案例库。在此基础上，按照教学环节，精心提炼和融入思政元素，进行集体备课。

三、研究生课程思政教学实施过程

（一）实施方法

1. 切实发挥党委和党支部的引导和推动作用

教师是课程思政的直接实践者，是推进课程思政建设的关键环节。学院党委着力提升教师执教能力，普遍对教师进行思想发动，开展研讨交流，使教师理解课程育人是“传道授业解惑”的大学教育所应有的题中之意，从而能够自觉开展课程思政育人，把科学的思维方法、做人做事的基本道理、社会主义核心价值观的要求、服务国家的理想和责任充分融入各类课程教学中。鼓励一部分教师摸索经验先行动起来，起到模范带头作用，将教师党支部与课程思政建设相结合，让教师党支部成为课程思政的直接推动者，切实发挥学院党委的引导和推动作用。

2. 激活学系、课程组等教学组织

要加强教学基层组织建设，通过集中研讨提问题，强化教学中的问题意识，帮助学生养成独立思考的习惯、磨砺坚强的意志、勇于担当责任，将思想政治教育、创新创业教育与知识传授有机融合；通过集中备课提质量，统一教学目标，创新教学载体和教学方式，

着力提升教学效果。在总结课程思政教学改革实践的基础上，及时增补、修订教材和讲义中的相关内容。

3. 挖掘育人元素

在提升思想政治素质、教书育人能力的前提下，教师要结合学科特点充分挖掘各类课程蕴涵的育人元素，善于用润物细无声的方法体现价值引领，引导学生用正确的立场观点方法去看待事物、分析问题、认识社会。通过课堂教学，在吸收和借鉴人类社会创造的一切文明成果的同时，教师要注重引导学生把握四个“正确认识”，即正确认识世界和中国发展大势、中国特色和国际比较、时代责任和历史使命、远大抱负和脚踏实地，树立中国特色社会主义道路自信、理论自信、制度自信、文化自信。

4. 发挥示范作用

课程思政是一种教育思想、教育责任、教育方针和教育体系，其使命在于价值引领、人格塑造和政治素质的养成与提升。学院将课程思政示范课程建设作为重点内容，明确改革目标、实施步骤和任务要求。核心课程树立标杆，发挥思政课程建设的示范作用。在全面推动课程思政建设的同时，学院结合专业特点和课程体系，重点鼓励核心课程先行先试，发挥示范作用、探索模式、积累经验。

5. 建设思政案例库

传统的专业课教学中，案例介绍是非常普遍的一种教学方式，这是由于理论知识的专业性较强，为了帮助学生更好地进行学习理解，辅以教学案例进行解释说明，能够取得很好的效果。授课教师在原有案例的基础上进行挖掘和讲解，可以达到专业课和思政教育相辅相成的效果。课程教授中，有各种经济问题的案例，以现实问题为线索，讲好经济发展的故事，不但可以对学生进行专业知识的传授，也通过案例完成了思政的教育，提高了学生的国家与专业自豪感。正如习总书记所指出，“大思政课”要善用鲜活的思政课素材，一定要跟现实结合起来，上思政课不能拿着文件宣读，没有生命、干巴巴的。

（二）实施案例

1. 国际直接投资与跨国公司管理课程的教学实践

该课程不断将习近平治国理政思想嵌入教学内容，开展课程思政建设。嵌入教学内容的课程思政模式设计如下：

（1）理论纵深。梳理与课程相关的经典理论与文献，立体构建了课程理论框架，对理论体系既有“横切面”上的“解释”“阐明”“应用”“洞察”“自知”和“神入”6个侧面，又在“纵切面”将“理论”的基础分为“需要熟悉的知识”“需要掌握和完成的重要内容”“大概念和核心任务”三个层面，主要包括：洞悉理论发展、演进的脉络，理论与产生时代的关系，理论用于指导现实的意义与启示；进一步提升正确运用知识分析与解决实际经济问题的能力；培养跨文化思考与决策能力、创新与思辨能力。这样立体的理论学习构架有利于学生实现理论理解的进阶，拓展理论认知的广度和深度，使核心理论、本质问题、深度学习、核心素养培养有了可循的方向与路径。

（2）实践智慧。课程所涉及的领域是中国经济发展最快、最活跃的领域，“一带一路”倡议、国际产能合作、中国企业“走出去”等重大命题的提出，加快了中国全方位对外开放的步伐，推进了国内国际两个大局的统筹，为中国深度参与全球治理开辟了新的国际视野、搭建了新的国际舞台。这一趋势带来的挑战无疑是多方面的，但首先要解决的是，我们多大程度上了解扑面而来的未知世界？如何把这些实践发展与制度变迁逻辑设计到课程内容中去？“立足中国、借鉴国外、挖掘历史、把握当代”是这门课程实践智慧设计中一个重要的理念，把与课程相关的最新实践融入课程，引导学生关注、学习与讨论，比如2020年开始实施的《中国外商投资法》、习近平主席2018年4月博鳌亚洲论坛讲话等，同时把教师撰写的有关开放新格局的文章和评论分享给学生。

（3）思政嵌入。课程思政最为关键、也是最难解决的是“课程”与“思政”如何一体化的问题，自然融入、浑然天成是一种极高的境界。如果勉强为之，难免出现“两张皮”“两层皮”的现象，不但不能取得好的效果，还可能“尬聊”，甚至成为噱头，南辕北辙，适得其反。

如何在专业目标达成过程中实现思政润物细无声，是课程思政的重点与难点。根据课程内容，把习近平总书记关于社会主义经济建设，十八大以来习近平关于科技创新、全面开放新格局、大国外交思想等论述融入相应专题之中，作为课程内容的拓展与延伸，实现思政有机地嵌入专业教学（见下图）。

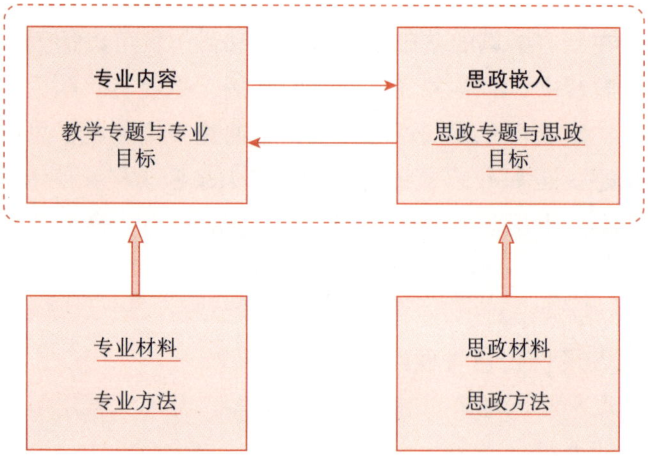

在课程教学方案设计中需要明确每个课程专题需要嵌入的思政目标，准备相应的材料，并考虑以何种方式展开思政教育。本课程共包含了“习近平关于社会主义经济建设的重要论述”“习近平科技创新思想”“习近平关于对外开放的若干讲话和论述”“习近平关于大国外交的重要论述”四个思政专题，下面以“专题二：主流的国际直接投资理论与应用分析”这一部分教学为例说明思政融入教学的方案设计基本思路（见下表）：每个教学专题中设计思政专题，明确达成的思政目标，对应习近平总书记治国理政的具体领域，准备有关材料，采用课件展示、材料阅读及讨论等方法融入教学。

课程内容	专题二：主流的国际直接投资理论与应用分析
思政专题	习近平科技创新思想
思政目标	全面领会习近平总书记的科技创新思想的精髓
思政材料	习近平关于科技创新的若干讲话和论述
思政方法	课件展示、材料阅读及讨论

授课时要考虑引入思政相关内容时机与切入点。比如："专题二"在阐释"具有一定垄断地位的企业借助其各种垄断优势实现优势扩张型海外投资"这一理论框架和基本内容以后，引出两个延伸思考问题"企业层面：从哪些方面入手可以提升跨国经营的特有优势""政府层面：如何创造有利于企业增强垄断优势的环境"，进一步引导同学们讨论"一个国家如何建立鼓励原始创新的社会制度与环境"。学生通过阅读与观看视频资料，思考美国的创新体系的系统性：自由的创新文化、发明创造的转化机制、风险投资及其华尔街的金融体系等。主要比较美国、日本、中国等国家创新特征，引入习近平有关创新的重要论述和历年政府工作报告，结合新冠肺炎疫情以来国内关于"SCI"论文评价标准转变的有关讨论分析破除"五唯"的逻辑。

2. 高级计量经济学课程思政建设

高级计量经济学课程思政的基本内涵为在计量经济学课程的整个教学过程中，从课程内容设计到教学组织再到教学评价，都要时时处处体现社会主义核心价值观、基本社会道德规范的价值取向，涵盖品德、审美、创新、公民责任感等多维度的价值标准，在完成课程教学的过程中，同时能够做到以正面案例和积极的数据变量引导人，以积极的分析结论鼓舞人，体现计量模型的数据分析长处，以数据事实提供的经验论据为正向价值导向提供支持，从而将价值引领隐含在课程教学进程中。具体而言，高级计量经济学课程思政建设主要包括以下几个环节：

（1）服务科学决策、精准施策，促进经济高质量发展是学习计量模型的出发点，在高级计量经济学课程的一开始就使学生深深地认识到这一点。

在高级计量经济学导论部分，首先会为同学们介绍计量经济模型的功能，计量经济模型功能的分类可以分为结构分析、经济预测、政策评估、经济理论的检验，但究其本质，计量经济模型的主要功能只有两种：一种是因果效应推断，一种是预测。近年来中央明确强调科学决策、精准调控，党的十九大报告也明确提出"构建市场机制有效、微观主体有活力、宏观调控有度的经济体制"，而要做到这一点，就需要了解政策变量与宏观经济变量之间的量化关系，了解宏观经济政策的真实因果效应。与此同时，要提高宏观经济政策调控的前瞻性，要保持政策适当的提前量，就应做好经济预测，凡事预则立、不预则废，这也是坚持新发展理念、推动高质量发展的要义所在。为此，告诉学生学习高级计量经济学课程的目的是服务于国家科学决策、精准施策与经济高质量发展。

（2）鼓励学生发挥先锋模范带头作用，培养迎难而上的精神和啃硬骨头的精神。相对于其他经济学课程，高级计量经济学课程内容与数学联系更加紧密，很多研究生对此有畏难情绪，特别是在与模型推导有关的内容面前，更是如此。在课程中，引导学生党员从身边一点一滴做起，积极发挥先锋模范带头作用，积极实践日常理论学习成果。同时借助一些现实生活中的励志故事引导广大同学培养迎难而上、知难而上的精神，在困难面前不能退却。

（3）为学生灌输科学精神与职业道德。学生学习高级计量经济学课程的目的是服务于国家的科学决策，推动经济高质量发展。具体而言，学生要学会运用计量经济模型来推断因果效应和预测，这必然涉及数据采集、数据处理和数据分析，以得出科学、合理的结果及政策启示。

然而，目前国内应用计量领域的研究存在很多问题，主要包括：第一，模型运用不准确，致使研究结论错误，经不起推敲；第二，学生在论文写作过程中，为了得到一个理想的结果，存在篡改数据和模型结果的现象；第三，为了得到自己倾向的结果，存在选择样本或挑选样本的现象；第四，在分析或研究过程中，存在论证不充分的现象，致使研究结论不稳健。

针对以上现象，一方面，在课堂上应给学生灌输科学精神、职业道德与实事求是的观念，举一些现实中的反面案例，使学生清楚了解数据造假、结果造假是多么的令人不齿，让他们深刻认识到：全社会对这一学术不端持零容忍态度；另一方面，鼓励学生学好计量经济学理论与方法，掌握本领更好识别这些学术不端行为，弘扬正能量。

（4）挖掘高级计量经济学课程思政元素，融入日常教学内容和环节。本课程根据每一讲的授课内容来挖掘和设计思政元素，并将相关思政内容或案例融入教学课件和大纲中。以第一讲（导言部分）为例（限于篇幅，其他章节略），思政点主要包括：第一，回顾我国数量经济学科发展的历程，从最初的颐和园讲习班到今天学科的蓬勃发展，使同学们了解到老一辈经济学家为国家、为人民所付出的努力，充分体现老一辈经济学家的朴素生活与大公无私的情怀，让同学们珍惜今天来之不易的学习机会和学习环境。第二，通过四个案例讲授计量经济学模型的功能和学习计量经济学课程的目的，保证四个案例能够体现中国经济发展伟大成就和社会主义制度优越性。第三，本部分内容涉及诺贝尔经济学奖得主的介绍，在这里会讲几个人物的故事和名人名言，以宣扬一种吃苦耐劳、勤奋刻苦、不求名利的理念和思想。第四，在建模步骤的讲授中，在变量选择部分，会以中国经济增长为例，讲授哪些因素会影响经济增长；在数据类型部分，会给出中国与世界各国的经济增长数据，使学生了解中国经济增长奇迹和社会主义制度的优越性。第五，在政策评估功能和因果效应的含义部分，以及运用随机对照实验方法推断因果效应的举例中，讲授精准扶贫政策、农业保险补贴政策、限购政策、减税降费政策等评估，在这过程中，让学生充分体会到中央或地方政策为了改善民生而作出的巨大努力。

（5）着手编写《高级计量经济学》教材，使各部分内容的思政点充分体现到教材当中。目前关于《计量经济学》的教材有很多，有国外原版教材，也有从国外引进并翻译成中文的教材，还有国内学者自编的教材。究竟应该选择什么教材呢？是不是国外教材一定比国内教材好？并不尽然。计量经济学虽然是一门经济学课程，但它与数学、统计学是紧密联系在一起的，从课程性质讲，它是数学、统计学与经济学的有机统一或紧密结合。从学术研究层面看，计量经济学更多的是充当了方法论或工具的角色（理论计量除外）。既然它是方法论和工具，它本身就是中性的，不含有价值判断。所以课程组在选择教材的时候有几个非常重要的标准：第一，内容应与时俱进和不断更新，我们应该把最新的、最有用的计量经济学模型与方法教给学生，而不是把陈旧的、过时的内容进行传授，从这个方面讲，《基本无害的计量经济学》、斯托克和沃森的《计量经济学》都是非常经典的，而且教材内容能够反映最新的计量经济学建模思想。第二，教材正文内容或课后习题及推荐读物中要含有一定的实例或案例，这些案例应具有正面的价值导向，体现社会主义核心价值观，不能含有过于西化、有悖于社会主义核心价值观的内容或案例，更不能有歪曲中国发展事实的内容。第三，是不是一定要选择英文原版教材或中文教材呢？要鼓励学生讲好中国故事，且尽量能够让全世界人民听到或看到，所以这就要求学生学会用国际语言讲好中国故事，或者做国际化、规范化、本土化的研究，从这一角度讲，学好外语是一个基本前提。第四，最好的方式是不拘泥于一本教材，而是吸收多本教材的精华内容，在讲解的过程中附以自创的案例。

本课程组计划开始着手编制研究生层次的《高级计量经济学》教材，不仅吸收关于计量经济学模型研究的最新成果，还将体现我国经济发展伟大成就等案例融入教材，使各章节内容的思政点变得更加丰富、可行，将做人做事的基本道理、社会主义核心价值观的要求、实现民族复兴的理想和责任等思政元素有机融入教材内容，做到潜移默化、润物无声。

四、研究生课程思政教学改革成效

如前所述，在学校研究生院和教务处的指导和支持下，国际经济与贸易学院紧紧围绕“立德树人”这一根本任务，遵循“全面推动、突出典型、以点带面、百花齐放”的发展思路，积极探索，充分发挥课堂教学的育人主渠道作用，取得了较明显的成效。

1. 已形成了鲜明导向，营造了重视课程思政建设良好氛围，提高了广大教师课程思政建设的积极性，引导广大教师积极投身于课程思政建设，显著提升了学院课程思政整体建设水平。

2. 形成丰富的课程思政教改成果，课程思政育人效果渐显现。目前学院设立的 40 项课程思政建设教改项目均已结项，基本已涵盖所有专业课程和通识课程，并通过再次设立近 20 项教改课题推动部分课程思政建设纵深发展，形成特色、品牌和标杆，取得丰富的课程思政建设成果供学院内部交流使用，且部分教师公开发表课程思政教改论文。目前已积累较丰富的课程思政建设经验，开拓了很多值得推广的课程思政建设思路，形成学院“全”思政育人的格局，课程思政育人效果渐显现。

3. 已形成多门核心标杆课程，发挥思政课程建设的示范作用。在全面推动课程思政建设的同时，学院结合专业特点和课程体系，重点鼓励核心课程先行先试，发挥示范作用、探索模式、积累经验。目前已形成多门核心标杆课程，如国际直接投资与跨国公司管理、高级计量经济学、国际经济学等。

课程思政建设永远在路上，国际经济与贸易学院的全体教师时刻不敢忘记初心和使命，在教育部、学校党委的正确领导下，紧紧围绕为党育人、为国育才，紧扣立德树人根本任务，坚持不懈地努力健全全员全过程全方位育人的体制机制。

五、研究生课程思政教学改革阻力及解决措施

（一）改革阻力

第一，仍有部分教师对课程思政重视不够，致使思政元素植入比较生硬，难以达到思政育人效果；第二，课程思政建设的评价标准不清，难以把握；第三，学校对课程思政建设的支持力度不够。

（二）解决措施

第一，继续加大学校、学院投入力度，强化党委组织引导，提高教师的重视程度，使教师能够主动投入课程思政建设；第二，厘清课程思政建设的评价标准，可以邀请兄弟院校介绍典型经验，强化对教师课程思政建设的培训。

7. 经济学院研究生课程思政教学改革成果总结报告

一、经济学院研究生课程思政教学改革总体情况

经济学院是中央财经大学实行学院制以来建立的第一批学院之一，是学校理论经济学学科建设的主要单位，也是应用经济学学科建设的重要单位。学院教师承担了全校经济学基础课程的教学任务和理论经济学、应用经济学的所有主干课程，2017—2018 学年学院教师共开设 26 门专业课程，同时学院也是我校“双一流”建设的主要承接单位之一，10 个学科点的建设工作，多样性的开课设置和高质量的学术研究为学院研究生课程思政工作建设提供了广阔的空间和扎实的基础。

党的十八大以来，从召开全国高校思想政治工作会议、全国教育大会，到多次赴学校考察和交流谈心，习近平总书记就思政课和课程思政建设作出一系列重要指示批示。学院响应国家、教育部、北京市党委、学校党委的要求和部署，建立起以党建工作会、“课程思政”推进会、集体备课等为依托，以经济学专业课程、“财经说事”和“耕读学堂”品牌项目为支撑，学院整体推进、各系（党支部）主导、教师为主体的工作模式，逐步推动形成“学院有氛围、团队有特色、课程有品牌、成果有固化、教师有榜样”的“五有”课程思政新局面。

“学院有氛围”：学院有非常雄厚的师资和课程基础。学院教师承担了全校经济学基础课程的教学任务和理论经济学、应用经济学的所有主干课程，同时学院也是我校“双一流”建设的主要承接单位之一，11 个学科点的建设工作，围绕着课程思政，学院党组织活动、各系务会都有设立专门的主题结合课程思政进行研究和讨论，以经济学专业课教学为试点，立足中国经济社会的重要问题，站在时代前列，从历史纵深和国际比较的视角，将思政元素贯穿学生的培养。立足专业、贴近现实的多样化课程设置和高质量的学术研究为学院课程思政工作建设提供了广阔的空间和扎实的深度。

“团队有特色”：学院拥有专业教师 71 人，教授 29 人，副教授 28 人，教师组成结构合理，曾获得“北京高校德育工作先进集体”称号。形成了政治经济学、宏观经济学，经济史等基础课以及特色专业课的多支教学团队，学院教学团队依托系（党支部）定期组织开展团队备课、教学研讨和交流活动，立足学院专业人才培养目标，充分挖掘“课程思政”的德育元素，研究制定本团队课程思政教育教学改革方案，逐步形成了强化思政元素

与专业课程有机融合立足于历史、立足于本土、立足于实践“三足齐立”的特色教学团队。2018 年经济学院经济史学系党支部入选教育部“首批全国高校‘双带头人’教师党支部书记工作室”，在学院党委的支持下，以“引航工程”“润泽工程”和“磐石工程”创新工作方法，已领团队建设和人才培养。

“课程有品牌”：学院重点打造“经世济民”系列专题思政示范课程，通过分专题阐释财经课程育人的初心和思政引领的使命感。同时结合各类课程特色深挖思政元素，其中：经济史类课程秉承历史与现实的融合，强调借古鉴今，从历史维度思考今天的问题；宏微观经济学类课程秉承国际与本土的融合，强调以全球化的视角分析问题，但更要立足本土实际问题；政治经济学课程秉承思政和实践融通，强调以科学理论指导实践，以创新实践来发展理论。在二课堂创设“财经说事儿”课程思政品牌栏目，领航青年学子研习创新理论，传导主流价值。此外，经济学院一直以来注重一二课堂的有机融合，实现“干中学”和“学中悟”，不断加强学生对社会的认识、对专业的了解和对其他领域的见解，从而丰富研究生的知识面，开阔眼界，理论学习与实践体悟有机结合。已经建成包括“经济学家梦工场”“耕读学堂”“润园对话”“经英人才培养计划”“财经说事”等课程思政品牌项目，受到包括《中国教育报》、《大学生》杂志、人民网等媒体的报道。

“成果有固化”：2020 年学院共设立 12 项“课程思政”教学改革项目，组织教师申报教务处时雨微课课程思政项目 8 项，组织教师申报研究生院课程思政项目并获得 6 项立项。以政治经济学、中外经济关系史、宏观经济学、高级宏观经济学为课程思政重点课程，并在此基础上，带动辐射所有经济学专业课程，编制课程思政教学大纲，做好课程育人教学设计，修订课程育人教案，创新教育教学方式方法把课程育人理念贯穿教案修订全过程，形成了《经济学院课程思政实施方案》和经济学主干课程的《课程思政教案汇编》，形成了一套可供参考和借鉴的课程思政建设模式和方法。注重中国经济发展中的实际问题和本土现实经济发展案例，推出《把〈政治经济学〉教出党味来》《1500 年以来的经济社会变迁》等 18 个典型课程思政案例和教材教案，其中正式出版研究生《国民经济管理理论和政策》教材，进一步固化课程思政成果、加快创新发展。

“教师有榜样”：围绕着立德树人的根本任务，学院在教学、科研、人才培养上涌现出一批精心耕耘、无私奉献的师德模范，蒋选老师“长技以安身，尝艺可立命”是北京市师德先锋，韩金华老师政治经济党支部书记在学院带头做课程思政，兰日旭老师教育部“首批全国高校‘双带头人’教师党支部书记工作室书记，张苏老师北京市师德先锋。

后续学院党委认真学习贯彻习近平总书记重要讲话精神，认识落实教育部、北京市、学校党委的要求和部署，勇担使命，创新进取，会同全院所有老师，继续努力做好课程思政，“润物细无声”，致力于培养具备优秀的科学素质和人文涵养、扎实的经济学理论基础和良好实践能力、开阔的国际视野和浓厚的本土意识，具有强烈社会责任感、批判性思维能力和创新精神的社会主义建设者和接班人。

二、研究生课程思政教学内容设计情况

（一）设计目标

经济学院在课程思政教学试点的改革中，结合自身学院课程特色，深入挖掘拓展学院试点课程思想政治元素，充分发挥试点课程的思想政治教育功能，切实把思想政治工作贯穿于教育教学全过程，提升思想政治教育亲和力和针对性，形成全员育人、全程育人、全方位育人格局，全面加强思政工作。

经济学院课程思政教学试点的改革，在前期“全员育人、全程育人、全方位育人格局”的基础上，强调在课程建设、团队培养和凝练经验的过程中注重“三个融合”，“润物细无声”：（1）历史与现实的融合，强调借古鉴今，从历史维度思考今天的问题；（2）国际与本土的融合，强调以全球化分析问题，但更要立足本土实际问题；（3）理论与实践的融合，强调以科学理论指导实践，以创新实践来发展理论。

从研究生课程思政教学改革的设计目标来讲，经济学院努力做到“三个一批”：即培育一批充满思政元素、发挥思政功能的示范专业课程；培养一批具有较强专业教育和思想政治教育能力的优秀教学团队；总结凝练一批课程思政教学改革的成功经验，逐步形成经济学院研究生课程思政的品牌特色、实践特色、育人特色、成果特色和创新特色，具体来说：

1. 培育课程思政的示范专业课

深入挖掘各类课程蕴含的德育内涵和元素，切实将课程思政教学目标融入教学设计，编制课程思政教学大纲，做好课程育人教学设计，创新教育教学方式方法。按照示范课程思政的教学大纲，将思想政治教育与课程知识有机融合，更新和丰富教学内容，设计编写示范课程的教学方案、教学课件，形成示范课程的讲义，探索推进试点课程的教育教学改革教材建设。同时，注重对不同的试点课程教学方法的总结和比较，根据专业课的不同，设计带有相应专业课特色的思政示范课堂，提升课程思政的教学效果和吸引力。

2. 培养课程思政的教学团队

培养专业课教师的思想政治素养，并不断提升教师团队的专业教学水平，促进专业课程育人和思想政治教育有机结合。通过不断加强师德师风建设、充分发挥先锋模范人物的引领和示范作用等手段，进一步激发专业课教师参与思想政治教育的积极性。同时，依托学校“双一流”建设，通过思政进课堂的教学实践，组织开展试点课程教学改革集体备课和教学攻关等相关工作，不断提升教师团队科研水平和教学能力，努力做到教书和育人相统一，切实履行教书育人职责。加强思政类课程与试点课程的交流，采取措施促进思政课教师与专业课教师的相互学习，相互促进，形成多元化的课程思政教学团队。

3. 凝练课程思政成功经验

在试点课程思政推进和建设过程中，经济学院将组织示范课程进行课程展示。在试点

课程的基础上，从教学资料、教学设计、教学组织和教学评估等方面提出带有相关建设意见的方案，并从中提炼出一系列可推广的课程思政教育教学改革典型经验和特色做法。试点课程思政工作推进的过程中，还将建成课程思政的教辅材料库和教学成果库，具体包括课前阅读资料库、视频音频资料库、学生展示作品、课堂作业、课后反馈、考试题库等，这些资料库不但为当前的教学工作提供有力支撑，更为未来思政课程的进一步提升提供资料保障。在此基础上，提炼课程思政的科学方法，形成一套可推广的专业课思政教学经验，供多个学科参考和借鉴，并在不断的交流和教学实践中进一步完善。

（二）设计思路

学院依托北京高等学校教育教学改革立项、中央财经大学教学改革立项、中央财经大学课程思政教学改革试点立项，陆续孵化和培养了“经济学家梦工场”“耕读学堂”“润园对话”“经英人才培养计划”“一颗糯米”等育人品牌项目，建立起了以政治经济学、高级政治经济学、中外经济关系史、1500 年以来的经济社会变迁、宏观经济学和高级宏观经济学等一批经济学类的课程思政主干课程，围绕这些课程，经济学院在教学过程中注重实践和理论的结合，在育人过程中注重思政元素的融入，取得了不错的成果，初步形成了经济学院课程思政的品牌特色、实践特色、育人特色、成果特色和创新特色。经济学院的教师们以精益求精的工匠精神，努力探索实现“五有”课程思政新局面，形成经济学拔尖创新人才培养路径。

1. 品牌特色

在课程品牌的建设方面，经过两年来的培育，学院目前已经建立起了以政治经济学、高级政治经济学、中外经济关系史、1500 年以来的经济社会变迁、宏观经济学和高级宏观经济学等一批经济学类的课程思政品牌课程，在专业课程的授课过程，积极融入思政元素，从学生选课量和教学评价来看，得到了同学们的热烈反响，已近初步形成了课程品牌特色。

在第二课堂建设方面，学院重视第二课堂在育人过程中的重要作用，强调第二课堂对思政元素发挥的关键作用。在二课堂创设“财经说事儿”课程思政品牌栏目，领航青年学子研习创新理论，传导主流价值。从 2014 年以来，学院陆续孵化出“微信课堂”“经济学家梦工场”“一颗糯米”“耕读学堂”“润园对话”“经英人才培养计划”等品牌产品，在广泛吸引大学生注意力的同时，注重思政元素的融入，帮助全校本科生提升经济学专业素质、栽培经济学英才的造梦基地。其中，“经济学家梦工场”“耕读学堂”“经英人才培养计划”等项目多次被《中国教育报》、人民网报道，已经形成品牌优势。

2. 实践特色

“实践出真知”，积极开辟第二课堂，立足中国问题，走出教室走出校园，讲大国故事、寻历史根脉、树强国自信，在实践中体验和感悟新中国成立以来，尤其是改革开放以来所取得的历史成就。经济学院课程思政以教学为试点，探索中国本土经济学人才培养方案的改革，将思政元素融入经济学主干课程之中，同时也促使思政工作逐步由灌输型向引导型、由说教型向渗透型转变。一方面采用实践、参观等贴近学生的方式，使学生更积极地去思考教师对认识社会经济制度及其发展规律提出的立场、观点和方法；另一方面，通过实地走访和老师的言传身教，加强学生理想信念教育和思政教育，帮助学生正确认识和理解我国改革开放和社会主义现代化建设所面临的实际问题，同步提升学生的人生观、价值观、世界观与专业素养和解决问题的能力，在更好地学习国内外经济学的理论和知识的同时，建立起“四个自信”。

3. 育人特色

课程思政于高校人才培养而言，意味着理想信念的浸润，意味着专业素养的引领，学术底蕴的滋养；意味着创新精神的培育，意味着人文素养的关怀。经济学院围绕“培养什么样的人”“怎么培养人”这两个核心问题，陆续推出了“workshop 重读经典”“经英人才培养计划”“暑期调研——大国行”等育人特色产品，其中“workshop 重读经典”带领同学们深入理解和学习马列著作，感悟伟大思想；“经营人才培养计划”注重理论学习和科研实践的结合，依托专业培养优势，致力于培养具有优秀意志品质、厚重专业素养，既有国际视野又有本土情怀，可以引领经济社会向前向上发展的经济学拔尖创新人才；“暑期调研——大国行”着重中国经济发展的专题教育，讲中国故事，树立大国自信；“暑期调研——宕昌行”着重中国脱贫攻坚的专题教育，贡献中国力量，影响世界。

4. 成果特色

学院教师多样性的开课设置和高质量的学术研究为学院课程思政工作建设提供了广阔的空间和扎实的基础。从目前学校课程思政教学改革试点工作的立项来看，经济学院已经有政治经济学、高级政治经济学、中外经济关系史、高级宏观经济学、高级政治经济学等多门课程获得学校级别课程思政改革立项，经济学院课程思政项目精品项目的各项工作也正在深入推进。学院何召鹏、田子方等多位老师的相关课程在学校和北京市的教学基本功比赛中获奖。政治经济学和高级政治经济学课程思政项目分别活得学校教改课题项目资助，1500 年以来的经济社会变迁、中外经济关系史等课程获得学校在线课程建设的资助，分别于 2020 年年底和 2021 年年初以慕课的形式上线，覆盖更多的大学生。

5. 创新特色

创新是项目提高品质，更好落实课程思政的有力保障。学院自培育课程思政项目以来，不断在创新上下功夫。在形式上，强调新技术的应用，实现线上和线下的创新，2013 年以来，学院陆续建成了“一颗糯米”微信公众平台、“微信课堂”、喜马拉雅 FM 公众授课平台，正在建设两个课程的慕课；在内容上，强调思政元素融入方面的创新，立足经济史素材，在中外经济关系史和 1500 年以来的经济社会变迁课程中将思政元素与课程内容融合创新，打造“中国经济增长”等特色章节，在政治经济学课程中开发案例，注重理论与实践的结合，将思政元素自然融入其中。

三、研究生课程思政教学实施过程

经济学院教师承担了全校经济学基础课程的教学任务和理论经济学、应用经济学的所有主干课程，多样性的开课设置和高质量的学术研究为学院课程思政工作建设提供了广阔的空间和扎实的基础。在前期的教育教学工作中，初步形成了优质的教学师资团队，在课程深度开发、团队协调、教学改革方面都取得了一定的成绩。

为了更好地推进课程思政工作，学院的课程思政通过改革体制机制，向体制机制要效率，努力作出改革的尝试。学院目前已经建立了由院长书记牵头，专业基础课程、专业主干课程和通识课程授课老师为主体，辅导员团队为辅助的课程思政推进和建设团队，积极推进经济学院关于课程思政工作的各项工作，建立起以党建工作会、“课程思政”推进会、集体备课等为依托，以经济学专业课程、“一颗糯米”公众号和“耕读学堂”品牌项目为支撑，学院整体推进、各系（党支部）主导、教师为主体的工作模式，逐步推动形成“学院有氛围、团队有特色、课程有品牌、成果有固化、教师有榜样”的“五有”课程思政新局面。

（一）实施方法

1. 强调体制机制建设，强化党组织对团组织的引领和指导

在经济学院“三全育人”的过程中，努力做到党有号召，团有行动，加强对团组织“推优”工作指引，指导制定《经济学院“推优入党”细则》；加强对团干部的教育和任命，开展谈心谈话、座谈会等活动，提升团干部思想意识；2018 年 9 月，作为经济史学系教工党支部书记工作室特色项目之一，成功入选“首批全国高校‘双带头人’教师党支部书记工作室建设名单”。学院连续举办五届中富青年领袖大赛，大赛秉承弘扬社会主义核心价值观，以培育富有青年领袖素养的学生为宗旨，至今吸引了 2000 余名学生参与大赛，形成了校园文化品牌。

2. 重视学院文化建设，激发教师育人的“内生动力”，实现专业教育和德育工作相融互促

学院努力打造“润园对话”项目，截至目前共开展青年学者“润园对话”20 余场，青年学者与青年学子就“做人做事”“学习学术”等不同主题进行的递进式探讨，以师生间思想的碰撞、学术的共享、情感的流动以及行动的支撑，激发教师育人的“内生动力”，实现专业教育和德育工作相融互促；科学设计教育内容、途径和方法，依托班级和党支部开展主题班会、“我为核心价值观代言”活动；依托团组织，面向全体团员开展社会主义核心价值观学习践行活动，以喜闻乐见的形式开展了年代秀、主题配音、少数民族文化节、知识竞赛、红歌会、微电影展示等活动，开展中华优秀传统文化和革命文化、社会主义先进文化教育、爱国主义教育。健康向上的文化生活对学生的政治思想、组织纪律和道

德情操起着潜移默化的影响作用，对于培养人才至关重要。学院基于以上认识，高度重视文化育人，丰富文化育人内容，加大内容供给，提供了丰富而多样的文化盛宴。

3. 积极尝试在师生之间搭建课堂外“教书育人”和互动交流的实践平台，将思想引领与专业教育相融合

长期以来，经济学院在教学过程中，践行实践育人理念，积极尝试在师生之间搭建课堂外“教书育人”和互动交流的实践平台，将思想引领与专业教育相融合，以支部建设和学科建设互促共进为出发点，由教工党支部牵头，经济史系教工党员带头示范，最终调动全院师资队伍，开展“耕读学堂”专项教育活动。2017 年 1 月，《大学生》杂志以“行进中的 workshop”为题专题报道了“耕读学堂”活动。目前，经济学院的“耕读学堂”项目已经成为学院实践育人的重要载体，并在学校层面进行了推广。

4. 以“精益求精”的工匠精神建设品牌项目

“经济学家梦工场”是中央财经大学的德育示范基地，曾被《中国教育报》头版头条报道，真正实现了第一、二课堂联动，其中的“耕读学堂”“微信课堂”等栏目已经初具品牌效应，经济学院公众号“一颗糯米”已经初具规模，成为发布学校、学院活动信息和资源共享的重要平台。学院以精益求精的工匠精神，积极探索互联网背景下经济学拔尖创新人才培养路径，这些品牌项目已经成为构建“五有课程思政”新局面的重要抓手和创新手段，对于课程思政教学改革和加强学生理想信念教育，帮助学生正确认识和理解我国改革开放和社会主义现代化建设所面临的实际问题，提升学生的人生观、价值观、世界观与专业素养和解决问题的能力起到了积极的作用。

（二）实施案例

1. 新冠肺炎疫情期间的“课程思政微课堂”（详见附录 1）

2020 年新冠肺炎疫情防控期间（1 月至 7 月），经济学院积极发挥自身优势，教师党支部书记带头，紧紧抓住开展线上“课程思政”的重要时机，依托学院德育示范基地“经济学家梦工场”的平台，将经济学院“课程思政”的三大优势有机结合，即“课程思政”的先行先试优势、线上“经济学家梦工场——微信课堂”的平台优势和经济学学科特点的专业优势。“经济学家梦工场——微信课堂”切实对接学生需求、关注学生思想动态，从经济学的角度解读和升华全国人民抗击疫情斗争中的典型案例，在应用专业知识解读和升华的过程中，积极引导青年学生，传递正能量，“润物细无声”实现对青年学生学业指导和思想启发的“云”服务。

经济学院的“经济学家梦工场——微信课堂”发挥经济学的理论专业优势，积极融入“课程思政”元素，以期做到“雕琢细节以得专业之精，博览群籍以求视野之广，去伪存真以检学识厚薄，忧国忧民以表济民情怀”。截至 2020 年 7 月，累计录制并上线 7 次课程思政微课堂。在经济学院官方公众号“一颗糯米”上的阅读量总计超过了 1.1 万次；喜马拉雅 FM 经济学家梦工场专辑收获 135 人订阅，听课次数达 2234 次。青年学生反响强烈，“经济学不是冷冰冰的，它是有温度的”，“相信有党中央的坚强领导，有全国人民的齐心

协力，有最透明的公开信息，有最细致的防护准备，有最科学的预防治疗，有最强有力的合力保障，伟大的、英雄的中国人民在防疫的赛场上，一定能赢!"，"这次疫情过后，我国对于紧急事件的反应速度、处理能力、执行手段等方方面面都将得到提高和改善，中国的路也会走得更稳"。

2. 知行合一的"耕读学堂"（详见附录 2）

"耕读学堂"以经济史的教学为试点，立足中国问题，探索中国本土经济学人才培养方案的课程思政改革。经济史是经济学专业学习的基础，以史明鉴，才可以更好地学习国内外经济学的理论和知识。要培养站在时代前列、引领中国经济社会向前向上发展的高素质复合型拔尖创新的经济学人才，尤其要立足中国本土，将马克思主义经济理论贯穿学生的培养环节。

"耕读学堂"主要面对以学生党员为主的学生群体，在精心设计的户外情境教学中，将互动体验和一课堂专业教学相结合，以学生喜闻乐见的形式厚重历史积淀、加强思想政治教育、加强学生对中国经济发展的历史、现状国情的认知。"耕读学堂"一方面采用实践、参观等贴近学生的方式，使学生更积极地去思考教师对认识社会经济制度及其发展规律提出的立场、观点和方法。另一方面，通过实地走访和老师的言传身教，加强学生理想信念教育，帮助学生正确认识和理解我国改革开放和社会主义现代化建设所面临的实际问题，同步提升学生的人生观、价值观、世界观与专业素养和解决问题的能力。"耕读学堂"以新颖的课程设计、开放的授课方式，寓教于观、寓教于行，受到学生的认可和关注，已连续两次得到了学校教学实践经费的立项资助。

3. 政治经济学课程思政教学改革试点

（1）课堂教学方面。第一，理论讲解透彻，教学方式创新。一方面，努力推动政治经济学教学方法创新。已经开展了针对政治经济学教学方法的项目：如基于大学生认知能力的动态情景教学法（何召鹏）等；用动态图形生动地表达抽象的理论关系。另一方面，开展翻转课堂等新方式，如课下看视频，课上展开更多讨论，加入思政教育内容等。

第二，政治经济学与思政结合。一方面，选择典型章节，重新设计课件、大纲，加入思政元素。章节如第 8 章"资本主义生产"，第 9 章"资本主义分配"，第 13 章"资本主义历史趋势"，第三篇"社会主义部分"等。另一方面，加入思政元素的思路和方法，主要有四种：一是在基本理论讲解中，引入思政元素。比如分析生产资料所有制——私有制和公有制时，通过比较，提出公有制的优越性，引申到共产党（为什么叫共产党）、共产党的使命为什么是消灭私有制、《共产党宣言》等；二是设计一些课堂或课下的思政类讨论话题，引导学生运用政治经济学来解释；比如资本积累的两大后果，让学生讨论 2009 年危机产生的原因；三是在考试中加入思政元素；四是编写一本政治经济学课程的思政教材和教案。

（2）实践课堂方面。第一，积极开展实践课堂，带领学生参观"真理的力量——纪念马克思诞辰 200 周年主题展览"等红色活动，组织观看马克思、社会主义相关电影视频。

第二，根据政治经济学课程内容，设计专题思政课、党课等，为全校学生、学生党员讲授。

4. 宏观经济学课程思政教学改革试点

宏观经济学是西方经济学的主流课程，是研究一国经济总量、供需情况、国民收入、货币与财政、人口与就业、要素与禀赋、经济周期与经济增长、经济预期与经济政策、国际贸易与国际经济等宏观经济现象的学科。在教学过程中，不能盲目照搬西方经济学的教材，要理解宏观经济学各项理论的适用性，做到与时俱进。为培养学生新自由主义的思维，针对宏观经济学的课程思政作出如下设计：

（1）课堂教学方面。第一，理论接轨实践，积极挖掘思政元素。宏观经济学主要分为三大部分的理论：长期的古典理论、超长期的经济增长理论和短期的经济波动理论。理论介绍时，不能一味推崇西方理论，应将我国的经济发展奇迹的实践贯彻到宏观经济学的课程思政中。改革开放40年，我国的经济总量从1978年的3645亿元跃升至2017年的82.7万亿元，增长226倍，成为全球第二大经济体；我国经济总量占世界经济总量的比重从1978年的不足2%到2016年的高达15%左右。中国用一代人的时间，取得了其他国家几个世纪才能取得的成就，这40年来中国取得的奇迹不是任何一个西方经济学的理论可以解释的，因此强调理论接轨实践的必要性，注重宏观经济学与思政的结合。

选择典型专题，重新设计大纲、课件、教学方法，加入思政元素。课程专题可选择中国经济增长专题，加入思政元素。在深入理解西方经济增长有关理论的同时，结合中国经济增长奇迹的实践经验，完美融合理论与实践，使学生们在了解中国经济增长奇迹的同时，加强理论自信、道路自信、制度自信、文化自信。

加入思政元素的思路和方法。一是在基本理论讲解中，引入思政元素。比如分析索罗模型、内生增长模型等，讨论西方理论模型在中国经济奇迹的适应性和应用性，西方经济增长经验是否符合中国经济发展的实际。二是设计课上或课下的思政类讨论话题，引导学生运用宏观经济学来解释。比如中国经济增长奇迹、供给侧结构性改革，让学生讨论其原因。三是在考试中加入思政元素。

第二，创新教案设计，发挥课上、课下合力作用。课程思政的宗旨应该是挖掘专业课中的思政元素，通过老师课上讲授，学生课下深入思考，为其提供正确的价值导向。而价值观不是一朝一夕能形成的，也不是54个课时学习就能形成的，发挥课上、课下的合力作用尤为重要。不仅要将课程思政融入教学课程改革的各个环节、各个方面，还应该润物细无声。围绕“知识传授与价值观引导相结合”的课程目标，将课堂讲授和课下引导结合起来，同步进行、相得益彰。

努力推动宏观经济学教学方法创新。开展小组讨论，阅读讲解文献，提出学生自己的看法观点，并作详细具体深刻的分析；用图形、数据动态表达抽象的理论及应用。

开展翻转课堂等新方式。课下看相关文件、视频，课上展开更多讨论，加入思政教育元素等。

第三，协调育才、育德关系，加强德才兼备教育。《左传》中提到：人生三不朽在于立德、立功、立言。这也就是说，人生最重要的就是以德为先、为人类进步做出贡献、传承文明。而经济学的最高宗旨也就是为天地立心，为生民立命，为往圣继绝学，为万世开太平。虽然经济学基本假设是理性人假说，但是每一个经济学人不应该是精致的利己主义者，而应该常怀经世济民、经邦济世的家国情怀。也唯有如此，学生们才能够加强德才兼备教育，真正推动我国改革事业进程的质的飞跃。

（2）实践教学方面。第一，积极开展实践课堂。带领学生参观中国国家博物馆，观看“复兴之路”“中国崛起”的专题陈列，聆听《国博讲堂》。组织观看中国改革开放的纪录片，如《中国 1978》《大国崛起》等，以及观看相关电影视频。

第二，根据宏观经济学课程内容，设计专题思政课，也可以适时邀请国内外知名学者开展相关讲座，增长见识、陶冶情操。

5.《中外经济关系史》课程思政教学改革试点

（1）课堂教学方面。第一，理论内容翔实、教学方式创新。一是课程安排明晰，课堂内容翔实、理论讲解透彻。首先，由兰日旭老师主讲中外经济关系史演进的一个理论框架，阐明了中国古代在特殊的地缘政治格局等因素下曾构建了一个“德治”维系的经贸交往圈、近代则在西方军政主导的世界经济秩序下被边缘化和中国重塑自我的长期探索、现代则在长期探索和积累下开始重构更加公平合理的国际经济秩序。其次，由伏霖老师讲授大分流前中国的政治、经济、文化背景；以阐明中国古代创造的辉煌成就，通过对外经贸关系传播到海外，深深影响世界的发展进程。最后，由路乾老师讲授大分流的背景、过程以及对西方世界的影响；由金星晔老师讲授大分流后中国的经济发展和中国经济发展后对大分流后形成的世界格局的影响。二是教学方式创新，开展翻转课堂、行走课程等新方式。在伏霖老师讲授中国古代对外经贸关系的课程期间，我们计划组织学生进行一次行走课堂活动，以增强他们对中华经贸文化的认知、感受中国古代对外经贸对世界发展进程的重大影响。

在日常课程中，开展翻转课程，突出学生的主动思考和主动实践，鼓励学生课下通过小组合作进行探究、课上展开更多讨论和互动、结合思政内容进行小组展示。

第二，融入思政内容、发挥思政功能。一是在基本理论讲解中，加入思政元素。比如，由兰日旭老师主讲中外经济关系史演进的理论框架，阐明中国古代、近代、现代的中外经济关系。通过这一理论的阐述，让学生们明白了中华民族伟大复兴和中国道路的深刻历史内涵，增强了对中国文化的自信。二是设计一些课堂或课下的思政类讨论话题，引导学生将中外经济关系与思政内容相结合。比如，让学生讨论改革开放对中国对外贸易的影响、中国经济发展对世界格局的影响。三是在课程考核中，加入思政元素。

第三，演绎逻辑清晰、课程大纲严密。中外经济关系史课程按照思政进课堂的要求，严格按照中国梦—中国道路—构建人类命运共同体的演绎逻辑，从理论与史实的角度阐明中外经济关系史的史实。兰日旭、伏霖、路乾、金星晔四位老师组成的教学团队，设计了一个严密的课程大纲，与教育部“双带头人”经济史党支部工作室建设结合起来。

第四，中西方相结合、拓宽国际视野。按照课程设计，我们邀请了来自伦敦政治经济学院的国际著名经济史学家 Kent Gang · Deng（邓钢）教授给我们课程讲授了“经济制度与经济增长——中西方历史回顾”，以增强学生们对中外经济关系史课程的国际视野的认知，增强理论自信。

（2）实践课堂方面。第一，举办行走课堂活动、走进专业性博物馆。带领学生参观中国钱币博物馆、北京古代钱币博物馆等专业性博物馆，请博物馆老师、本课程的老师进行现场教学。通过走出教室、走进博物馆，在实践课堂实现师师互动、师生互动、生生互动的多元互动模式，打造充满活力的实践课堂氛围。

第二，积极开展实践课堂、观看相关电影视频。组织学生观看中外经济关系史演进相关的电影视频，并在观影后鼓励学生展开讨论和互动，以生动有趣的教学形式，激发学生的学习热情和主动性。

四、研究生课程思政教学改革成效

（一）课程思政改革的师生满意度

在项目实施过程中，项目团队对开展课程思政建设的部分课程受众同学进行了问卷调查回访，从问卷调查结果来看，项目得到了绝大多数同学的认可和赞同。政治经济学的课程反馈结果显示，42.59%的学生觉得思政教育可以与专业课相结合，51.85%的学生认为某些方面可以结合；18.52%的同学认为思政内容进入专业课程非常必要，64.81%的同学认为有必要，总体占比83.33%；宏观经济学的课程反馈显示，27.4%的学生觉得思政教育可以与专业课相结合，58.9%的学生认为某些方面可以结合；6.85%的同学认为思政内容进入专业课程非常必要，54.79%的同学认为有必要，总体占比61.64%；97.26%的学生喜欢任课老师在专业课程中讲授的思政内容。

在问卷中，部分同学对项目的进一步推进留下了自己的建议，“应当将育人寓于育才”，“应该是循循善诱不突兀的，给学生讲故事而不是讲大道理”，“融入案例，不要让同学反感”，“与课程结合，结合案例生动有趣，在课程沉闷时也能提升同学们的热情”，“上课的时候言传身教，潜移默化”，“以培养良好道德品质为主要目的”，“结合时事”。

学院的课程思政项目获得了多位家长的认可和支持，2017级本科某位家长这样评价中外经济关系史这门课程，“比起其他充满‘财经气息’的课程，像会计学、金融学等，中外经济关系史听上去就充满人文气息，在功利气息浓厚的财经类院校，这一课程更显格局。在简单了解了课程的内容和授课形式后，我们觉得这门课的外延比我们一开始所想更加宽泛，在传授基础知识之外，更注重视野的开拓，孩子聊到这门课程，既能和我们深聊历史上中外经济关系的发展变迁，一些我们大众都既熟悉又陌生的历史大分流时间能被他系统地阐述出来，同时也能对某些经济现象提出自己的见解，这让我们很欣喜。进一步了解到，这门课有四位老师进行授课教学，并且形式多样化，包括讲课、实践、辩论等形式，孩子也很喜欢，效果也很好。希望经济学院能将这样好的课程继续完善、推广下去！”

疫情期间的课程思政微课堂，青年学生反响强烈，“经济学不是冷冰冰的，它是有温度的”，“相信有党中央的坚强领导，有全国人民的齐心协力，有最透明的公开信息，有最细致的防护准备，有最科学的预防治疗，有最强有力的合力保障，伟大的、英雄般的中国人民在防疫的赛场上，一定能赢！”，“这次疫情过后，我国对于紧急事件的反应速度、处理能力、执行手段等方方面面都将得到提高和改善，中国的路也会走得更稳”。

（二）项目参与度

1. 项目辐射面广，受众参与度高

课程思政的第一课堂板块自实施以来，稳扎稳打，本着由内而外的发展逻辑，首先面向院内本科生开展课程改革试点。2017—2018 学年开设试点课程 1500 年以来的经济社会变迁。2018—2019 学年，在先期试点基础上，面向我院 2016 级、2017 级、2018 级本科生开设课程思政试点课程，同时面向其他学院本科生开设相关课程。课程思政试点课程覆盖了学院 80% 的本科生，惠及 600 余名外院本科生。

课程思政项目中的“经济学家梦工场”自 2013 年运行至今，累计举办各类活动 400 余次，组织校内外教师参与梦工场活动 500 余人次，惠及校内外师生、校友 6000 余人（慕课的社会影响力未计入），成为在京高校中具有影响力的教育品牌，受到了社会的广泛关注，2015 年 1 月 3 日，《中国教育报》头版头条报道“中央财大有个经济学家梦工场”，8 月《大学生》杂志深入宣传微信课堂，进一步提升了品牌的知名度和学校的影响力。2017 年 1 月，《大学生》杂志以“行进中的 workshop”为题专题报道了“耕读学堂”活动。疫情期间的课程思政微课堂项目，在经济学院官方公众号“一颗糯米”上的阅读量总计超过了 1.1 万次；喜马拉雅 FM 经济学家梦工场专辑收获 135 人订阅，听课次数达 2234 次（数据截止到项目上线后 2 个月，即 2020 年 3 月份）。

2. 项目底蕴丰厚，教师参与度高

全员育人，一直是经济学院秉持的育人原则，在课程思政试点课程开展之初，学院便制定了全员参与的方阵政策。课程思政试点课程从最初的一门通识课程到目前覆盖多门专业基础课程和专业主干课程，深度参与人数从最初的 3 名教师发展到现在的 15 名教师，离不开学院教师的热情参与和悉心支持。梦工场教学探索的成功运转更是得益于学院教师的支持，五年中学院 70 余名专业教师、10 余名行政人员全部、多次地利用业余时间参与到活动的各个板块中，辅导时长近 2000 个小时。在项目实施期间，每一名教师“教书育人”的内驱动力，精益求精的工匠精神，以及教育兴邦的家国情怀，是学院推动课程思政改革的不竭动力。

（三）同行评价

2018 年 7 月 10 日，经济学院召开了课程思政研讨会，邀请了南开大学经济学院教授、博士生导师何自力，北京大学经济学院社会史研究所所长、教授、博士生导师周建波，中国人民大学经济学院副教授刘凯。研讨会上，何自力教授首先对经济学院课程思政的开展情况和工作方案给予了充分肯定，接着他对政治经济学课程思政的要点进行了深入阐述，他认为政治经济学要让学生学会马克思主义的思维方式，只要“原汁原味”上好课，就能讲出课程思政的“味道”，同时他提出可以采用小论文的教学方式，让学生就一个专题去动笔写文章，进一步加深学生对知识的理解与应用，进而增强课程思政的效果。周建波教授主要从经济学学科的特点、经济史的研究、对中国道路、中国自信的认识、中西方文化差异等方面进行了发言，以生动的历史事件、纷繁的世情国情为切入点，深入浅出地讲述了经济史课程思政的开展思路。刘凯副教授以宏观经济学为例，谈到开展课程思政工作教材非常重要，需要结合当下中国经济特点，理论联系实际，同时要注重课程的科学性。

五、研究生课程思政教学改革阻力及解决措施

（一）强化队伍保障，建设课程思政队伍

课程思政的开展和推进，离不开队伍保障。学院课程思政项目启动时，遇到了教师参与度不高的问题。为了鼓励教师积极加入课程思政建设团队，学院领导班子通过个别谈话、集体座谈、开会表彰等形式，激发教师们参与课程思政建设的内生动力，课程思政项目团队随之逐渐壮大。

（二）提高专业教师队伍的育德能力

大学的教学课程，是国家意识和专业知识的结合体。要让课程发挥育人功能，要让课程思政有效开展起来，务必要让专业课教师在内心里认同课程思政，熟悉思想政治教育的内容和特点。为了让老师们认识课程思政，认同课程思政的做法，学院专门召开课程思政研讨会，请校内外专家问诊把脉，为老师们解决参与课程思政的思想困惑。

（三）构建课程思政组织体系，落实建设责任

学院课程思政试点初期，以一门课程 3 名教师为主的教学团队，摸着石头过河，可谓势单力薄。课程思政的试点课程为学院推进相关工作，积累了经验，扩展了思路，但是因为组织体系不完善，也有一些遗憾之处。为了进一步推进课程思政建设，学院领导高度重视，注重顶层设计，加强资源倾斜，用最优秀的师资，保证课程再开发和授课质量；在每学期初，召开课程思政推进研讨会，通过头脑风暴的形式共同挖掘课程思政元素。建立课程思政团队，配备最优质的后勤资源，做好老师的保障和授课进度支持；制度层面，保障授课教师和支持团队的权益。

附录1：疫情期间的“课程思政微课堂”

疫情防控期间，经济学院积极发挥自身优势，教师党支部书记带头，紧紧抓住开展线上课程思政的重要时机，依托学院德育示范基地“经济学家梦工场”的平台，将经济学院课程思政的三大优势有机结合，即课程思政的先行先试优势、线上“经济学家梦工场——微信课堂”的平台优势和经济学学科特点的专业优势。“经济学家梦工场——微信课堂”切实对接学生需求、关注学生思想动态，从经济学的角度解读和升华全国人民抗击疫情斗争中的典型案例，在应用专业知识解读和升华的过程中，积极引导青年学生，传递正能量，润物细无声地实现对青年学生学业指导和思想启发的“云”服务。

疫情暴发至今，经济学院的“经济学家梦工场——微信课堂”发挥经济学的理论专业优势，积极融入课程思政元素，以期做到“雕琢细节以得专业之精，博览群籍以求视野之广，去伪存真以检学识厚薄，忧国忧民以表济民情怀”。截至目前，累计录制并上线七次课程思政微课堂，分别为《博学为基，情怀为本——疫情期间的居家学习的建议和思考》，从经济学角度介绍个人遵守防控要求的必要性、疫情对宏观的可能影响等问题，号召青年学生们要做有温度的经济学研究、要做经世济民的社会主义事业接班人和建设者；《历史上的瘟疫与长期经济发展》和《学者对疫情的思考与守望》，从经济史和理论研究方法等角度，更深入地认识疫情和人类社会经济发展的关系，强调人类和病毒的斗争从未停止，也将继续，而科学和制度的进步和完善是人类在斗争中立于不败之地的利器；基于当下抗疫形势，立足于我国国情，《新时代社会主义初级阶段基本经济制度》和《收入分配制度的重要创新》深入探讨了以社会主义初级阶段为基础的经济制度和分配制度，让青年学生深化理解政治经济学专业知识的基础上，更认识到自己肩上的任务和使命；《本科生毕业论文写作与指导》对经济学专业本科生毕业论文的写作进行了指导；《自然读书法》的微课堂上，向青年学生分享了“家里蹲”的读书心得，希望同学们养成好的读书习惯，多读书、读好书。截至目前[①]，以上七次微课堂，在经济学院官方公众号“一颗糯米”上的阅读量总计超过了1.1万次[②]；喜马拉雅FM经济学家梦工场专辑收获135人订阅，听课次数达2234次。青年学生反响强烈，“经济学不是冷冰冰的，它是有温度的”[③]，“相信有党中央的坚强领导，有全国人民的齐心协力，有最透明的公开信息，有最细致的防护准备，有最科学的预防治疗，有最强有力的合力保障，伟大的、英雄般的中国人民在防疫的赛场

① 考虑到新上线的阅读数字仍在增长，后续阅读量数字将会进一步增长，以下数据均截至2020年3月15日。

② 其中，陈斌开教授的微信课堂获得了5505次阅读，伏霖副教授的“历史上的瘟疫与长期经济发展”阅读量1324次，蒋选教授的“学者对疫情的思考与守望”阅读量1304次，杨运杰教授的“新时代社会主义初级阶段基本经济制度”阅读量1063，俞剑副教授的“本科生毕业论文写作与指导”阅读量1235次，韩金华教授的“收入分配制度的重要创新”阅读量749次，徐华副教授的“自然读书法”阅读量303次。

③ 经济18－2魏孟婷。

上，一定能赢！”①，“这次疫情过后，我国对于紧急事件的反应速度、处理能力、执行手段等方方面面都将得到提高和改善，中国的路也会走得更稳”②。

经济学院“双带头人”工作室——经济史学系教工党支部联合2019级博士生党支部于2月22日上午开展“战‘疫’进行时”主题党日活动，师生党支部党员以网络为媒介，学习习近平总书记对疫情防控的重要讲话和相关文件，观看李文亮、钟南山、金银潭医院院长等优秀共产党员事迹。支部党员纷纷表示，共产党员先锋敢担当、勇作为的精神是我们学习的表率。

2020年2月10日北京市学生联合会官方微信公众号“北京学联”推送文章“团学战‘疫’系列报道之五：众志成城，各展所长”中，经济学院课程思政课堂代表中央财经大学作为抗“疫”特色工作位列其中。

附录2：知行合一的“耕读学堂”

经济学院将思想引领与专业教育相融合，以支部建设和学科建设互促共进为出发点，由教工党支部牵头，经济史系教工党员带头示范，最终调动以经济史系为主的师资队伍，开展“耕读学堂”专项教育活动，以“行进中的workshop”的形式，鼓励师生在完成学校教学任务的“校内课堂”外，探索校外的“实践课堂”，行万里路，读万卷书。

“耕读学堂”为教师搭建课堂外“教书育人”的平台，进一步增进师生间的互动交流，帮助教师在有效的沟通中传道授业解惑，以教师的思想影响学生的思想，以教师的人格塑造学生的人格，以教师的生命影响学生的生命。

同时，“耕读学堂”以经济史的教学为试点，立足中国问题，探索中国本土经济学人才培养方案的改革。经济史是经济学专业学习的基础，以史明鉴，才可以更好地学习国内外经济学的理论和知识。要培养站在时代前列、引领中国经济社会向前向上发展的高素质复合型拔尖创新的经济学人才，尤其要立足中国本土，将马克思主义经济理论贯穿学生的培养环节。

“耕读学堂”主要面对以学生党员为主的学生群体，在精心设计的户外情境教学中，将互动体验和一课堂专业教学相结合，以学生喜闻乐见的形式厚重历史积淀、加强思想政治教育、加强学生对中国经济发展的历史、现状国情的认知。“耕读学堂”一方面采用实践、参观等贴近学生的方式，使学生更积极地去思考教师对认识社会经济制度及其发展规律提出的立场、观点和方法。另一方面，通过实地走访和老师的言传身教，加强学生理想信念教育，帮助学生正确认识和理解我国改革开放和社会主义现代化建设所面临的实际问题，同步提升学生的人生观、价值观、世界观与专业素养和解决问题的能力。“耕读学堂”

① 研究生许继文。
② 研究生王瑞。

以新颖的课程设计、开放的授课方式，寓教于观、寓教于行，受到学生的认可和关注，已连续两次得到了学校教学实践经费的立项资助。

一、第一站：郑各庄

2015—2016 学年，经济学院党总支紧紧围绕学院人才培养工作，与经济学一课堂教学紧密结合，依托学院学科特色和师资优势，策划开设“行进中的 workshop——耕读学堂”，鼓励学院教师在完成学校教学任务的“校内课堂”外，带领学生在校外的“实践课堂”中行万里路，读万卷书。“耕读学堂”第一季活动以经济史专业教学为试点，专业教师与行政人员联合，共同开启培养“通晓经济理论、精通计量方法、熟知经济历史”的“国际视野、本土情怀”的经济学人才的探索。

2015 年 11 月 18 日下午，“耕读学堂”第一季活动正式启动。经济学院教师、毕业于美国马里兰大学经济系的路乾博士，与经济学院辅导员、毕业于中国社会科学院研究生院社会工作专业的梁延东老师一起，带领以学生党员为主体的经济学院 20 名本科生、研究生前往昌平区郑各庄参观走访，开展实地教学。郑各庄隶属昌平区北七家镇，有 568 户，1500 人，村域面积 4432 亩。该村在积极推进城镇化道路上创建了以村为基础、宏福集团为经营实体的“以企带村”的经济制度。依托土地资产的盘活运用，实现了由传统农业向二、三产业的跨越。按照“依法、自愿、有偿”，以及“确权、确利、保收益”的原则，创新了土地流转机制。奋发进取的郑各庄人追逐强村富民之梦，主动投身新型城镇化建设，在郑各庄的发展史上谱写了壮丽篇章。

随着大巴缓缓停车，金碧辉煌的温都水城国际大酒店映入眼帘。路乾老师在酒店正门向大家介绍了郑各庄的情况：这座被誉为“北京最美乡村”的郑各庄是一座不通过政府征地，由村庄自发建立起来的城市，这里拥有宽阔亮丽的社区大道、碧波荡漾的环村水系、金碧辉煌的仿古建筑，坐落有序的住宅楼、养老院、孵化器、酒店、水族馆，还有中央戏剧学院、北京电影学院入住。

在路乾老师的带领下，同学们来到了郑各庄展览馆，映入眼帘的郑各庄沙盘将整个村庄的布局与规划细致地展现在大家面前：教育板块、旅游板块、科技板块和居住区，每一部分都有郑各庄人独特的规划与安排。在工作人员细致耐心讲解下，一幅跨越时间和空间的郑各庄发展画卷逐渐由模糊变得清晰。改革开放之前的郑各庄和大多数农村一样，农舍前堆满了柴垛和垃圾，猪圈、厕所紧挨住房；改革开放之后，黄福水成立了“宏福集团”，带领村民走上了致富的道路。

从奥运接力到文化创意，从资产运营到产权改革，每一方面都显现出郑各庄翻天覆地的变化。玻璃橱窗里摆放着黄福水与村委会签订的个人承担公司风险的“生死协议书”和他创业初期使用的“大哥大”，展示了以村庄为基础的，创业初期的困难与艰辛。村庄不是企业，公共决策的性质决定了村庄不具备企业运营的灵活性和企业家的绝对权威，集体经济制度和村庄内复杂的关系也制约了农村的发展。黄福水签订的集资合约正说明了企业家带领一个村庄发展的困难。

同学们在参观展览的过程中，结合自己所学的知识和对现状的思考，向在场的老师和工作人员提出了问题。有同学问，“黄福水和大家签署的‘生死契约’，假如发展失败，他怎么办?”工作人员回答，“最初与黄福水签订契约的只是一部分有胆识、相信能发展起来的村民。黄福水用个人信誉和财产作为担保。在早期成功的基础上，其他村民才随后又逐渐加入的。中间有退出的村民，后来后悔了又重新加入。“路老师补充道，“在中国农村改革发展史上，农村的企业家发挥了重要作用。企业家是决定一个村庄能否发展起来的核心要素。但是农村的经济制度不利于企业家发挥其才能，如果不能通过创新克服制度困境，一个村庄就很难发展起来”。有同学对郑各庄村的居民分红制度产生兴趣，问道，“村里的分红制度是否会激励大家多生育?”工作人员解释，“村里的分红以人口为基础，在实行独生子女政策时期，不存在多生育以占有更多分红的可能。虽然现在即将放开二胎，但是现在中青年都追求自由的生活，养孩子成本太高，许多人都不愿意生二胎。”对于这一点，梁延东老师补充道，“现代社会的生育意愿主要变现为：倾向少生，重视子女教育质量，性别偏好减少等。分红制度可能对生育期望有影响，但其影响效果是否显著，有待考察。“在问题的互动与解答中真正实现了师生专业思想的碰撞和理论实践的交融，师生教学相长，同学受益匪浅。

行进在郑各庄，我们看到昔日的田野阡陌变为如今的梦幻水空间、金色大厅、滑雪场，看到昔日低矮的平房变为如今的知名院校。走进这里，有宽阔明亮的宏福大道，有鳞次栉比的商业店铺，有安全时尚的交通环岛，村民生有所依、病有所偿，老有所养，所有的一切都诠释了一个村庄发展新型城镇化的意义。而这块宝地，也一直以自己独特的方式续写着辉煌，勾勒更美好的蓝图。郑各庄之行，让同学们收获颇丰：有对农村改革探索尝试的新认知，有对城市郊区农村探索城市化的新认识，也有对农村企业家的思考，更重要的是通过这次活动大家从书本外的实践中收获了对理想的感悟，这份成长源自郑各庄带头人黄福水敢想敢干的行动魄力的鼓舞。

“耕读学堂”的开篇活动，带领同学们走入中国改革的重要阵地——农村，探索和认识农村改革和发展史的鲜活案例。后续的活动中，经济学院经济史系教师将与行政人员相约，带领学生陆续走入故宫、颐和园、金融博物馆、创客咖啡……，在精心设计的户外教学情境中，教学团队将以史为鉴，从“史”的视角运用经济学理论，为学生解读经济社会发展与改革的实践，加强学生对中国经济发展的历史、国情与现状的认知，引导学生正确认识和理解我国改革开放和社会主义现代化建设所面临的实际问题。

二、第二站：颐和园

12 月 2 日，“耕读学堂”专项教育活动第一季第二站选址帝都盛景颐和园，由经济学院经济史系副教授徐学慎老师带队，同二十余名本硕学生一同参观了“古都春晓——寻访中国共产党‘进京赶考’之路”主题展览，重温了 66 年前党中央进驻北平，拉开建设新中国序幕的光辉历程。

“耕读学堂”专项教育活动作为经济学院促进一二课堂融合的最新尝试，以“行进中的 workshop”为形式，鼓励师生打破教室的空间限制，将传道授业的过程融入课堂之外的活动中，引导学生“行万里路，读万卷书”。第一季“耕读学堂”以经济史专业教学为试点，引导学生了解中国经济发展历程，关注社会现状与宏观国情，将教师专业课程讲解与学生课外实践活动相结合，引导学生客观认识我国社会主义现代化建设的进程。

颐和园前身为清漪园，坐落于北京西郊，是保存最完整的皇家行宫御苑，有“皇家园林博物馆”之美誉。11 月 3 日，颐和园益寿堂景区重新开放，并随之推出了“古都春晓——寻访中国共产党‘进京赶考’之路”大型主题展览。颐和园益寿堂作为 1949 年 3 月 25 日党中央进驻北平的第一站，见证了毛泽东同志率领党中央进驻北平的足迹，承载着重要的历史价值，是颐和园湖光山色背后厚重的历史文化彩锦。

西风料峭洗纤尘，晴日穿云暖人心。雾霾散后，天朗气清，下午两点，大巴抵达皇家园林颐和园。同学们跟随徐老师的步伐，穿过北宫门，翻过万寿山，沿蜿蜒的后山路，走进了青松掩映的益寿堂，揭开了探寻中国共产党“进京赶考”之路的序幕。

清漪湖畔赏冬韵，益寿堂前看古今。益寿堂始建于光绪年间，建筑面积 550.3 平方米，原是慈禧太后游览景福阁时用膳休憩之地。今日的益寿堂经过重新布局，共设三个展室。第一展室名为“春晖沐浴古稀园”，主要介绍了北平和平解放前后，共产党取得的战争胜利与进京前的会议召开、蓝图设计；第二展室名为“‘进京赶考’第一天”，主要展现了共产党制定新中国大政方针，确立新工作重心时的场景；第三展室名为“诗歌唱和照肝胆”，主要记录了中国共产党在新中国成立之初，与各民主党派推心置腹，共商国是的史实。

春风沐浴古曦园，万寿山巅染流金。诗词唱和肝胆照，谈笑风生定乾坤。徐学慎老师以展厅的珍贵素材为脉络，通过对其进行丰富和延展，为大家讲述了 1949 年初北平和平解放以及解放前夕中共中央领导人与民主人士共筹建国时波澜壮阔的历史画卷。通过此次参观讲解，同学们对中国共产党建立新中国的过程有了更深入和更全面的了解，看到了新中国成立经历的艰辛历程以及凝结其中的党的智慧与光辉。

益寿园的参观结束后，同学们还简要参观了园区其他景点。在观景途中，徐老师结合“颐和园曾遭英法联军，八国联军的两次洗劫”这一历史背景，引导大家思考了强国兴衰交替背后的规律，鼓励同学们积极探索中华民族的复兴之路，希望大家能在耕读学堂的多元视角中不断感悟历史，在史实与现实中寻找答案。

下午四点半，大巴在暮色中踏上返途，本次活动也随之落下帷幕，但耕读学堂对历史真相的探寻，对历史教训的追问，仍然在路上。

三、第三站：孔庙、国子监

行万里路，读万卷书。为丰富和发展教育教学形式，加强学生对中国经济发展历史与现状的认知，引导学生正确认识和理解我国改革开放和社会主义现代化建设所面临的实际问题，培养出具有“国际情怀、本土视野”的经济学人才，2016 年，经济学院继续推进“耕读学堂”专项教育活动。

3月30日下午，“耕读学堂”第一季第三站进驻“最高学府”国子监，由经济学院经济史系副主任伏霖老师和专职辅导员任晶老师带队，带领38名本硕学生，以国子监博物馆和孔庙为“课堂”，为学生讲了“士子之心——中国科举考试制度变迁”这堂课。

北京国子监建于元朝大德十年（公元1306年），又称“太学”“国学”，是我国元、明、清三代国家管理教育的最高行政机构和国家设立的最高学府，也是我国现存唯一保存完整的古代最高学府校址。孔庙又称先师庙，是祭祀孔子的圣庙。在中国，孔庙遍布各地，而北京孔庙规格最高，是古代皇家祭祀孔子的重要场所。孔庙与国子监合为“左庙右学”。

下午两时许，大巴车缓缓抵达古朴、庄严的国子监街，学生满怀憧憬与欣喜跨过先师门，进入了中国文人心中的圣殿——孔庙。在大成门前的进士题名碑旁，伏霖老师与博物馆的讲解员为大家详细介绍了孔庙和国子监的建筑规制及历史。同学们了解到，北京孔庙是中国四大文庙之一，其规模仅次于曲阜孔庙，至今已有700多年历史。孔庙有三进院落，前院两侧排列着198通元、明、请三代进士题名碑，刻有51624名进士的姓名、籍贯、名次，是研究我国科举制度的珍贵实物资料。中院的主要建筑为东西庑和13座御碑亭；后院崇圣祠独立成院，集合成北京孔庙完整的古建筑群体。

穿过孔庙，同学们便来到了“太学”国子监，国子监也是三进院落，中轴线上依次排列着琉璃牌坊、辟雍殿等建筑。伏霖老师与专业讲解人员带大家回顾了“临雍讲学”典礼、乾隆“十三经”的渊源。

随后，同学们跟随伏霖老师的步伐参观了进士题名碑，“十三经碑林”、中国古代科举展、国子监原状陈列展，并观看了《大成礼乐》乐舞表演。在国子监二进院东六堂内，伏霖老师以中国古代科举展为依托，为大家系统化地梳理了中国的科考制度变迁历史，从隋唐科举制度初创到唐宋时期科举制度发展与改革，直至明朝达到顶峰，最后至清代科举制度名存实亡。经过伏霖老师的介绍，大家对科举变迁有了更系统的了解，同时，也认识到了当代人才选拔制度的先进性与公平性。

古人云：“先莫先于修德”。先哲孔子认为人生应该做到：“志于道，据于德，依于仁，游于艺。”可见，在中国传统文化中，无论是做人，还是处世、立业，始终是把修身立德摆在人生的第一位。作为“耕读学堂”的第三站，孔庙国子监是北京乃至全国的国学圣地，通过这次校外课堂，同学们亲身感受到了中华文化的博大精深，增强了对民族文化的认同感，也启发了大家对于中华民族未来的思考。离开国子监之前，大家在任晶老师的组织下一同在孔子塑像前合影留念，承古训，师先贤，秉“耕读传家久，读书济世长”之先志。

四、第四站：圆明园

2016年4月2日，清明节小长假伊始，由中央财经大学经济学院主办的“耕读学堂”第四期活动在圆明园正式开讲。在经济学院经济思想史系教授孙洪升教授和时任学院党总支副书记雷洪峰老师等人的带领下，近50名师生一同前往矗立了近三百年、历经辉煌与毁灭的万园之园——圆明园，体验了一次别开生面的经济史户外课程。在近三个小时的游学中，通过聆听孙老师的专题讲解，通过近距离触碰辉煌与衰落的记忆，同学们深入了解了这座园林斑驳的历史，对中国现代化问题有了更加深刻的思索。

圆明园坐落在北京西郊，与颐和园毗邻，由圆明园、长春园和绮春园组成，所以也叫圆明三园。圆明园是清代著名的皇家园林之一，面积五千二百余亩，一百五十余景，建筑面积达 16 万平方米，有“万园之园”之称。清朝皇帝每到盛夏就来到这里避暑、听政，处理军政事务，因此也称“夏宫”。

上午 9 时，大巴车抵达圆明园，从东门而入，同学们在孙老师的引导下直奔长春园西洋楼遗址。昔日佳木繁盛、清泉丰沛、集美景佳趣于一处的西洋楼，如今已只剩下残垣断壁在昭显昔日的辉煌。这处曾被法国作家雨果赞誉为“理想与艺术的典范”的盛景，恰恰成了中国近现代历史最刻骨的见证。

在大水法遗址前，孙洪升老师以这座常见于历史教科书上的建筑残骸为背景，向同学们讲述了圆明园的兴衰及对中国现代化问题的思索。在一个小时不间断的授课过程中，孙老师从甲午海战开始讲起，详实地介绍了英法联军火烧圆明园的宏观历史背景；并从多个角度入手，分析了火烧圆明园事件发生的具体原因；以史为镜，孙老师延伸到了中国现代化发展道路的探索上，介绍了中国现代化发展的艰辛历程；最后，在对比中西方不同文化的基础上，孙老师详细考校了中国和西方进入现代社会发展道路的不同。孙老师激昂的演说还吸引了大量游客驻足旁听，对历史的追溯与思考引发了现场所有人的共鸣。

历史已经证明，屈辱的记忆，并不会于人于国有所裨益，而是那些跳出悲情思维的历史创造者们克难求进，方才有了今日之中国。倘使中国人心怀高远，所应铭记的就不仅是那场播撒屈辱的大火，也不仅是其后一百年里令人痛心的自残，而应是探索圆明园历史的全部，铭记“万园之园”所承载着的伟大东方文明。

中午时分，同学们乘坐大巴返回沙河校区，历时三个小时的文化之旅也落下了帷幕。侵略与战火毁掉的是文明的标榜，唤醒的却是中华民族坚韧不拔、风发图强的精神！对历史的沉思悄然落幕，对未来的思索却深埋进了思想的土壤！

五、第五站：中国电影博物馆

电影作为一门反映现实的艺术表现形式，已历经百余年的发展和积累，通过对动态画面的截取演绎，使之成为最完整、最生动的历史研究素材，可以最大限度还原不同时代的经济、政治以及人文环境特征。经济学院“耕读学堂”第五站以中国电影博物馆为课堂，旨在带领同学们走进电影的世界，从其发展的历程中寻找历史的轨迹，挖掘经济发展的真实脉络，品读胶片中的经济史，培养学生的“历史情怀、发散思维、求真意识”。

踏着初夏的步伐，“耕读学堂”再次出发。5 月 11 日下午两点，中国电影博物馆，在孙青蔚、谢文娟老师的带领之下，28 名师生共同踏上电影发展的回顾轨迹，时间，回转至 19 世纪 30 年代，求索，正式开始。

中国电影博物馆是目前世界上最大的国家级电影专业博物馆，是纪念中国电影诞生

100 周年的标志性建筑，是展示中国电影百年发展历程、博览电影科技、传播电影文化和进行学术交流研究的艺术殿堂。

在孙菁蔚老师的带领下之下，同学们走遍了博物馆内的 20 个展厅，回顾了中国电影百年历程，了解了部分知名电影艺术家的艺术成就。同时，孙菁蔚老师在其中穿插了大量经济史的知识内容。1895 年 12 月 28 日，世界上第一部电影在法国卢米埃尔兄弟的手中正式诞生，名为《工厂大门》。时隔十年，中国的第一部电影则诞生于 1905 年，名为《定军山》。之后，中国电影经历左翼进步时期、革命时期、新中国之后的百花齐放的时期、从“文化大革命”到复苏的时期以及改革开放至今。电影的主题随着时代主题的变化而变化，电影所着重突显和顺带展现的内容中，包含了大量的经济特征和要素，可以说电影是社会变迁的一面镜子，经济发展的痕迹与脉络也隐现其中。

在此次活动开始前，孙菁蔚老师还专门撰写了一篇名为“当电影遇上经济学——《狗镇》里的博弈论”的文章推送给学生，运用经济学的知识分析电影情节，从专业的角度挖掘本质问题，为此次活动的开展做了良好的铺垫，使学生带着兴趣、带着渴求来参与此次活动。

参观环节结束后，孙青蔚老师以博物馆为课堂，与大家分享了经济史的研究的经验与感悟：电影是社会时代变迁的一面镜子，同时电影科技的发展也是社会生产力发展的体现，透过电影业的发展表象，深入挖掘，我们就能够从中感受世界经济发展的进程以及不同时代的经济主题。经济史的学习与研究，需要有耐心，有洞察力，要学会利用各种历史知识与素材，揭开历史表层的面纱，发现隐藏其中的经济发展脉络与轨迹。

活动结束后，同学们在博物馆外合影留念，历时近四个小时的电影之旅也圆满结束。通过此次活动，同学们切身感受了中国电影业从无到有，从幼稚走向成熟，跻身电影业的先进行列的历程。中国电影业不断发展、追赶世界先列的过程也是我国经济发展历程的真实写照，胶片所记载的不只是历史的片段，更是经济蹒跚前进的艰辛历程。作为一名经济学学子，当正视历史，了解历史，以史为鉴，立志争先。

六、第六站：钱币博物馆

2016 年 11 月 23 日，经济学院“耕读学堂”第六期活动在钱币博物馆开讲。本次“耕读学堂”由经济史系系主任、经济史系教工党支部书记、博士生导师兰日旭教授带队，经济史系教工党支部副书记伏霖老师、国际经济学系教工党支部党员张琥副教授、党务干事任阳及《中外经济关系史》选课学生、党员代表、2016—2017 学年第 1 学期积极分子党校全体学员共 37 名师生参加本次实践活动。

“耕读学堂”是经济学院促进一二课堂融合的有效尝试，以“行进中的 workshop”为形式，鼓励师生打破传统课堂的空间限制，将师者的“传道授业”融入户外实践课堂的体验与互动中，引导学生“行万里路，读万卷书”。自 2015 年 11 月以来历时 1 年，已成功举办 5 次活动。

本次“耕读学堂”实践教学的地点为钱币博物馆。钱币博物馆成立于 1992 年，是中国人民银行总行直属的国家级钱币专业博物馆，博物馆收藏古今中外钱币及与钱币有关的其他文物30余万件，珍藏世界100多个国家的钱币，收藏与钱币相关的文献图书13000余册、期刊5000余册，为开展钱币学与货币史研究提供了必要的条件。

在博物馆工作人员的带领下，同学们依次参观了博物馆一至三层展厅，先秦布币刀币、汉代五铢钱、唐代开元通宝、宋代交子、民国“袁大头”等等久仰其名的货币一一登场，金元宝、摇钱树、“门当户对”等经典形象也纷纷揭开神秘面纱。参观中，兰日旭教授、张琥副教授、伏霖老师三位老师结合经济史知识做实时的讲解，短短的一个小时内，同学们便深刻地体会了一场从先秦到当代，中华上下五千年的社会变迁。在一层展厅中，工作人员还以2005年版100元纸币为例，讲解了现代假币制作的高端技术和最有效辨别假币的几种方法，现场师生纷纷拿出自己手中的人民币试验真伪，气氛热烈。

参观结束后，在三层大厅，兰日旭教授以博物馆为课堂，与同学们分享了自己对于货币发展和中国经济的思索。兰老师致力于近现代金融史、中外经济关系的研究，陆续出版《中国近代银行制度变迁及其绩效研究》《中外金融组织变迁》等著作。他提出中国整个历史的转折都和货币制度有关的猜想，将中国的货币发行历史分为四个阶段，并依次重新梳理了各个阶段的政治、经济、文化特点。讲授中，兰老师向同学们提出两个问题，一是货币制度是否能决定近代中国的转型，二是现代货币发行因考虑成本逐渐用一元硬币取代一元纸币的政策是否可行，并从历史的角度阐述了自己对这两个问题的见解，鼓励同学课堂之余深入去探索。

“圆形方孔”的耕读之旅，让选课学生、党员代表和积极分子们全面、生动地了解了中国钱币的发展历史，认识到货币的发展和国家经济状况密不可分。从历史的角度学习货币知识，领会货币变化与经济发展的关系及规律，将经济学的学习和思考运用于现代社会的发展建设之中，正是青年经济学人的使命和责任。

七、第七站：北京产权交易所

2017年5月8日，经济学院“耕读学堂”第七期活动在北京产权交易所如期举行。本期活动由经济史系路乾老师带队，党务干事任阳、窦宗玥及经济学院16级硕士、14级本科学生党员代表共15人参加本次实践活动。

上午9点，兴致勃勃的同学们早早地到达了位于金融街的北京产权交易所（简称：北交所），等候工作人员的引领。北京产权交易所是经北京市人民政府批准设立的综合性产权交易机构，作为“首都要素市场的重要建设者和运营者”，北交所业务领域涵盖权益、实物、金融产品和大宗商品等四大类别，在要素资源市场化配置和价格的市场化形成中发挥着重要作用。2013年，北交所年度交易规模突破万亿元大关，成为全国产权交易市场的中心市场和领先机构。

工作人员首先带领师生前往北交所会议大厅了解北交所的发展历史，副总裁高佳卿对学院师生的到来表示热烈欢迎，会员与机构合作部副总经理张运从北交所的发展历程、发展战略、业务模式、服务功能、交易原则、服务体系等多方面详细全面地介绍了北交所集团的发展情况，通过图片与事例展示向同学们呈现出一个多元而又动态的北交所。

随后，路乾老师及在座学生们与张运副总经理就产权交易的理论知识和实践情况展开了热烈的交流和讨论。结合时下热剧《人民的名义》中大风厂的融资问题，张副总经理开玩笑说道如果由北交所接手必然不会出现剧中的问题，并提出他认为最好防腐就是把信息公开，同时与各位同学分享，“书本和实践的差别还是很大的，通过企业的调研，能够更丰富学到的内容”。路乾老师也总结指出，像北交所这样在多方监管下运营的正规的产权交易机构，是属于国内独有的，但是大众普遍对它的了解不多，呼吁同学们把握机会，多多交流学习。

最后，工作人员带领全体师生参观交易大厅，并向大家介绍北交所的业务范围与日常工作的情况。在气势宏伟的交易大厅中，同学们亲临了系统而有序的办公场景，感受到了工作人员有条不紊的展开业务，同时也体会到了北交所作为中国最大的产权交易桥梁和纽带中心的雄厚实力。

“耕读学堂”是经济学院促进一二课堂融合的有效尝试，以“行进中的 workshop”为形式，鼓励师生打破传统课堂的空间限制，将师者的“传道授业”融入户外实践课堂的体验与互动中，引导学生“行万里路，读万卷书”。

本次的北交所之旅，同学们带着对课本中科斯的产权理论的理解，通过北交所实践进一步了解实际生活中产权知识的运用，从“科斯”到“北交所”，带领同学们走进丰富而立体的产权世界，在丰富课本理论知识的同时也激发了大家的学习兴趣，为将来的职业规划与选择提供了一种新的路径。

附录 3：经济学院——经济史中的课程思政元素

一、课程总体概况和建设意义

研究生中外经济关系史课程获得研究生院课程思想项目的课程资助，由经济学院兰日旭老师、伏霖老师、路乾老师与金星晔老师共同承担。开课的主要面向对象为经济学院的研究生。该课程是经济学院经济史学系研究生的必修课，也是研究生院课程思政和在线金课建设的立项课程。在新冠疫情防控的严峻形势下，学校开展了“停课不停教、停课不停学”的网上教学活动。疫情防控期间，该课程充分利用各种网络教学手段，同时结合最新的经济史研究成果，以研究促教学，将课程思政元素积极融入课程，充分发挥经济学院课程思政的先行先试优势、线上“经济学家梦工场——微信课堂”的平台优势和经济史学系党支部书记“双带头人”工作室的组织优势，切实对接学生科研需求，在应用专业知识解读和升华的过程中，积极引导青年学生，传递正能量。课堂上，同学们一方面可以了解到经济史的学术前沿，另一方面能够看到中国在方方面面取得的发展。

本课程的课程思政元素主要来自经济史的相关研究，结合学校经济史研究团队的最新研究成果，“启发式”的从历史维度去理解近代以来中国为什么落后，以及改革开放以来中国经济和社会的巨大发展，通过“大历史观”的建立和国际比较，引导学生在加深认识改革开放以来中国经济社会巨大发展成就的同时，从内心深处自发的树立起“道路自信、理论自信、制度自信和文化自信”，从学术研究上充分认识到西方已有经济史和经济学理论研究的局限性，从认识上树立做一流经济史和经济学理论研究的自信心，为社会主义培养建设者和接班人。

二、课程教学内容设计情况

课程教学目标在于从“大历史观”和“全球化”的视角，整合历史学、经济学、社会学中的重要话题，以人类发展和社会变革为主线，对不同学科领域的内容进行整体认识和融会贯通，促进传统与现代、中国与西方文化的理解与融合，着重培养学生的基本相关知识认知、运用批判性思维分析能力和解决问题的能力，为学生接受专业教育和终身学习提供发展基础。

基本内容包括“古代中外投资”“古代中外贸易”“工业革命与大分流”“古代中国的政治经济制度”“古代中外人员交流”“白银与近代中国”“科举考试与近代教育改革”“政府与公共财政”“战后东亚的经济发展”“中国经济的崛起”“近现代金融危机”“中国与世界”等关于中外经济发展和社会制度变迁的专题。

教学方式上，结合本课程研究生专业课特点，通过课堂讲授与讨论，将思政元素融入课程内容中去，“润物细无声”，引导学生开展自主学习、合作学习和探究学习，养成自我建构知识、能力和素质的本领。同时在课堂讲授与讨论的过程中，着重进行问题引领、多维互动的启发式、探究式、讨论式、案例式和体验式教学。加强师生之间互动，注重以人为本，因材施教，做一流研究。

思政元素的提炼和融入，主要体现在三个方面：第一，对中国古代社会的再认识，以事实和最新的经济史研究为依据，重新认识中国古代社会在世界经济中的位置，重新认识中国某些古代制度的值得学习之处，打破对“西方的都是好的”的认识；第二，通过国际比较，再认识近代中国落后的原因；第三，通过对新中国成立以来，尤其是改革开放以来中国经济社会发展的巨大进步的再认识，建立起学生的“四个自信”。

三、课程思政建设的三点经验

（一）以学术前沿为根本

该课程以经济史领域学术前沿为教学根本，本课程具体探讨中外经济发展历史、制度与经济发展、中外贸易的演变以及中外金融往来，几个模块的教学首先基于经济史领域的前沿研究问题。举例来说，讲授中外经济发展历史时，细致讲授了利用英国牛津大学教授 Stephen Broadberry 的学术成果，并引领学生们利用文献中提到的 HNA 项目所测算出的最新数据来观察中国在一个较长历史时间内的经济状况以及中国经济在世界经济中地位的变化，提炼中国经验元素。

（二）以“中国自信”为核心的思政元素

在课程学习过程中，学生们对经济史界的大分流有了新的认识，对这一学术问题进行了深入的思考；同时，学生们在学习过程中感受到了祖国的快速发展，夯实了“中国道路—中国模式—中国方案”为内涵的教学目标，突出“中国自信”的核心思政元素，对中华民族伟大复兴更加充满信心，对立足国情的一流学术研究更加充满信心。举例来讲，在学习中国在世界经济中的地位变迁时，老师们引导学生利用一些文献和数据分别进行横向与纵向比较来全面地学习中国长期的经济增长以及中国经济在世界经济所占份额的变迁历程。通过纵向比较，老师们讲述了中国经济在世界经济所占份额的发展历程。学生们通过学习，了解到在17世纪，中国经济份额占世界经济份额的比重曾达到34.6%，感受到了中国古代经济的辉煌。在进入现代时，中国经济开始慢慢落后于世界。在新中国成立前期，中国的经济虽有波折但仍然取得了一定的经济成就。在学习改革开放后的中国经济发展历程中，学生学习到了中国经济占世界经济份额从1978年的4.9%提升到2017年的18.2%这一跨越式的发展。在老师们的引导下，学生们利用数据计算出这40年中中国的经济增速接近10%。同时，老师们也介绍了近40年中国经济结构的变化。学生们从中学习到了在1978—2017年，中国第三产业增加值占GDP的比重从24.6%升至51.6%，第二产业增加值比重从47.7%降至40.5%，第一产业增加值比重从27.7%降至7.9%，感受到了中国经济结构发生的巨大变化。通过纵向的比较学习，学生们深刻体会到了中国的经济在这40年里已经取得了卓越的成就。在纵向比较的基础上，老师们同时进行横向比较。一方面选取发展较快的巴西、印度、印尼等中等发展中国家。在1978年到2017年这40年里，巴西增速为2.97%，印度增速为4.11%，印尼增速为4.5%。在发展中国家行列，这些国家的经济增速虽然比较高，但却还不到中国经济增速的一半。同时，老师们也选欧美发达国家历史上增长最快的40年，经过比对，发现仍然没有中国改革开放经济增长速度快。在通过比较学习后，学生们更加相信中国特色社会主义道路的正确性，对中国制度更加充满信心，对中华民族伟大复兴更加充满信心。

（三）以多种方式为平台

在疫情防控的严峻形势下，课程采用网络教学方式。为了更好地保障教学效果，课程采用了多平台的教学方式，一方面，利用好超星学习平台做好课程的各项准备工作；另一方面，课程建立多种学习交流群，如微信群，Zoom等，来促进交流与学习。在此之外，为了更好地促进学生们自主学习，老师们给学生们推荐一些该领域内的学者讲座、线上课堂或者书籍等等。通过和学生们的多次交流，老师们发现这样能够更好地解决学生的疑惑，同时也使得学生有更加深入学习的想法。

总体来说，中外经济关系史课程的网络教学取得了比较好的教学效果，学生们对课程的安排和课程的内容上都比较满意。在课程教学中，老师们抓住了此次疫情期间发生的一些比较典型的经济实例，并结合课程内容进行讲解，这让学生们从中感受到了国家的强大。这样丰富了课程内容，同时也让学生们能够比较深入地理解老师们讲述的知识，也使得学生们在掌握专业知识的基础上更有民族情怀和民族自豪感。

四、课程思政教学案例集

案例 1：1994 年至今中外金融交往

（一）教学目标

1. 回顾 1994 年至今中国与国外金融交往过程。

2. 在了解中国金融发展的过程中提升学生的民族自豪感。

（二）教学内容

1. 国外对华金融交往

随着中国对外交往的不断扩大，对国外金融的开放领域不断拓宽，1996 年完全放开人民币经常贸易账户，同时资本账户的开放也渐趋扩大，到 2019 年时已经有 92% 的项目全部或部分开放。在此背景下，外国加大了对华金融领域的交往。

一是不断增加来华设立金融机构或建立联系行。外资银行最初进入中国是采取来华直接设立代理处或分支机构，到 2006 年之后则根据我国的法律法规要求向法人机构转变，2017 年时已经在华设立了 210 家外资银行机构，资产规模 3 万多亿元。此外，还有 100 多家含有外资成分的银行业法人机构。在非银行类金融机构，国外涉足来华设立的机构类型已经涵括了保险、证券、信托、基金、金融租赁、企业集团财务公司、资产管理公司等领域，基本形成一个全覆盖格局。

二是增加来华投资力度。伴随我国社会经济环境的不断改善，中国已经成为一个外资来华投资的重要地区，投资数量逐年增加。

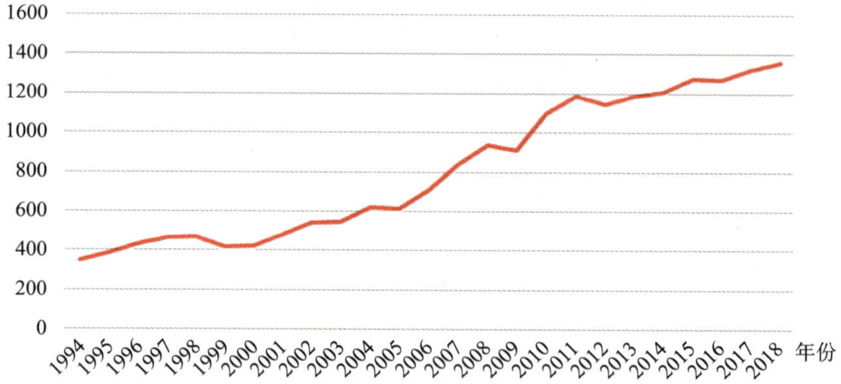

图 1　1994—2018 年外国对华投资（单位：亿美元）

三是加快金融业务交往。外国不但加强与我国银行业务、非银行金融业务的联系，而且在金融市场方面，外国可以在我国发行债券，南向通、北向通基本形成，沪伦通也在 2019 年 6 月 17 日开通。

2. 中国金融对外交往

随着中国金融日益多元化，银行类机构、非银行类机构和金融市场的快速发展，实力迅速提升，为此，我国加快了金融的对外交往程度。

一是加快了在国外设立分支机构或建立联系行。银行类机构，像国有银行、政策性银行已经在所有的发达国家建立联系行或设立分支机构，在“一带一路”沿线26个国家和地区设立一级分支机构102家。股份制银行业也大多数走出了国门，在海外设有分支机构或与国外建立了联系行。非银行类机构，保险、证券、信托、租赁等公司也都有建立与国外的交往联系机构。

二是加强了与国外金融市场的合作，去国外上市的公司日益增多。20世纪90年代以来，随着我国金融市场的快速发展和制度化程度不断提高，我国加强了与国外金融市场的合作，不但增强了与中国香港、新加坡、伦敦、纽约等金融市场之间的联系，而且还促成了中资企业成批量、大规模海外上市，不仅大的中资金融机构赴海外上市，而且中小金融机构也大量走出国门上市。

三是增强了对外投资的力度。伴随中国经济实力的增强，资本积累的增多，我国加大了海外投资数量。

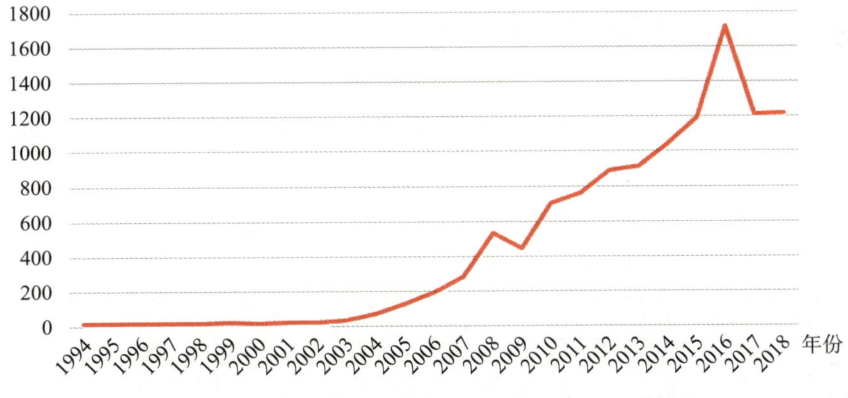

图2 1994—2018年中国对外投资（单位：亿美元）

四是增强与国外金融基础设施的合作。目前，银联网络已经覆盖了世界上大多数国家和地区，移动支付也扩展到了世界上众多国家和地区，初步显现了中国金融基础设施与海外的联结程度，便利了中外金融的进一步交往。

3. 中国人民银行加快与国外央行的合作

随着中国现代中央银行制度的建立和日益完善，中国人民银行加强了与国外央行的合作。这主要体现在如下三点。

一是签订货币互换协议。自从2008年次贷危机爆发以来，我国先后与37个国家和地区的央行或货币当局签署了双边本币互换协议，增强了资本流动，便利了双方投资和贸易，达到了规避汇率风险的效果。此外，已有19个境外国家和地区获得人民币合格境外机构投资者（RQFII）资格，与21个国家实现人民币与外币直接交易。

二是互设分支机构。截至2018年6月底，清算安排覆盖23个国家和地区，遍布东南亚、欧洲、美洲、大洋洲和非洲。境外人民币清算行共开立账户1126家，清算量超过285.6万亿元。截至2018年年底，共有9家国外央行在我国设立代表处，促进双边金融与经贸关系进一步发展。

三是加强信息交流、增强金融监管合作。截至2019年1月底，中国人民银行中国反洗钱监测分析中心共与53个境外国家和地区的金融情报机构签署了金融情报交流合作谅解备忘录。从而大大加强了中国与海外国家和地区的金融信息交流，强化了金融领域的监管合作，为防范金融风潮、捍卫金融稳定起到了巨大的促进作用。

（三）教学总结

通过了解我国与国外之间的金融交往，让学生们认识到1994年以来中国金融业的快速变化，体会中国快速发展壮大所带来的影响。学生易产生民族自豪感，很自然地形成社会主义核心价值观。

中国金融的发展是中国经济迅速发展的重要表现，中国经济的发展离不开中国共产党的领导，是中国特色社会主义优越性的重要体现。培养学生树立制度自信、理论自信、道路自信、文化自信。不断提高学生思想道德素养，提高学生服务国家服务人民的社会责任感。

案例2：古代中外贸易概况

（一）教学目标

通过本章的学习，了解古代中外贸易的两条主要对外贸易路线和主要对外贸易对象国，认识贸易政策对贸易发展的影响，探索朝贡贸易和私人贸易的演变过程，从而体会到对外开放、对外经济文化交流的重要性。

（二）教学内容

了解古代贸易的概况和古代对外贸易一步一步对外开放的过程以及政府发挥的作用，认识中古代中外贸易概况对人类生产发展和文明进步做出的重要贡献。

（三）教学过程与方法

古代中外贸易的主要路线是陆上丝绸之路和海上丝绸之路或香料之路。路上丝绸之路在长期的历史发展演变中，其内涵已扩大为古代东西方经济贸易技术文化交流的统称，其外延已从旧的绿洲道扩大到草原道、南海道，以至东海道—通往美洲的白银之路等，古代东西方交流的各种途径，它的中心是中国的中原地区。

海上丝绸之路是以中国为中心的贸易体系和市场网络，经过东南亚地区逐步到欧洲，非洲和美洲联系起来，到16世纪明朝中后期，已经初步形成了穿越太平洋、印度洋、抵达大西洋，连接亚洲，欧洲，非洲、美洲的多分支的海上贸易网络，以澳门为中心的长崎至里斯本海上航线和中国，菲律宾—墨西哥的海上丝路，即是其著名的海上贸易路线。

至于主要对外贸易对象国，古代已形成以中国为中心的亚洲经济文化圈和以中国为中心的朝贡贸易体系，中国对外经济贸易的重点，最初是在欧亚大陆，中国通过丝绸之路与这里的国家进行贸易往来，其后中国对外经济贸易的重点，逐步转向海洋，中国通过东南亚，阿拉伯地区，与欧洲，非洲、美洲等国家进行广泛的经济贸易联系。

在贸易政策方面，明代中期以前，中国政府奉行与世界各国积极进行经济交往的对外开放政策，明末清初，中国实行闭关政策，主要是实行海禁政策，对外贸易受到打击。

汉代开始至清代，中国对外贸易一直是以朝贡贸易为主的官营贸易和私营贸易并存的局面，在早期是朝贡贸易为主，私人贸易为辅；后期，特别是明清海禁时期，私人海上贸易大为兴盛。

朝贡贸易是古老而历史悠久的贸易形式，其形成的原因主要是中国在亚洲乃至世界的大国地位和政治需要，这种贸易形式的存在，不仅是为了满足中国对外经济交往的需要，而且是为了达到中国统治者宣扬国威的政治目的，是为了建立和维护中国与世界，特别是中国与周边国家的睦邻友好关系，是为了创造和保持一个有利于中国经济社会发展的、和平安定的国际环境。私人对外贸易则是国际社会分工的产物，适应了社会需要，早在唐宋时期私人海商已经成为海上对外贸易的一支重要力量。特别是明代中后期，随着对中国的朝贡贸易及互市贸易等官营贸易的发展，民间贸易也在扩大，以华侨为主体的帆船贸易和官营贸易一起，形成了亚洲区域内的多边贸易网络。

（四）教学总结

第一，从长时间段理解中国与国外经济社会发展变化，政策对贸易的发展具有重要的影响作用，开放的政策可以促进贸易发展，封闭的政策则会阻碍贸易发展。

第二，将理论、教学与课程思政紧密结合在一起。引导学生树立正确的历史观、民族观、国家观、文化观，重新理解我国的对外开放政策。

第三，回顾历史，开放合作是增强国际经贸活力的重要动力。对外开放是中国发展的既定方略，是现代经济发展的内在要求，更是实现经济高质量发展的必要保证。

案例 3：古代中外人员交往

（一）教学目标

1. 阐述古代中外人员交流的概况及意义。

2. 教育引导学生树立正确的历史观、民族观、国家观、文化观。

3. 培养学生对长时间段内容进行整体认识和融会贯通的能力。

（二）教学内容

1. 古代中外人员交流概况

中外人员交往有着悠久的历史。传说商朝时，我们的祖先就通过白令海峡到达美洲，成为印第安人的来源。秦朝时，徐福率数千童男童女东渡日本的举动，开辟了中外人员交流的新篇章。

随后到唐代之间，中外人员交往出现了较快发展。西汉的张骞两次出使西域，“凿通”了丝绸之路；东汉班超出使西域，派遣甘英远到波斯湾，进一步扩展了中外人员交往的地域。隋朝派遣裴钜经略西域。当隋炀帝巡察西域时，出现了西域 27 国国王和使者到张掖拜谒隋炀帝的繁荣境况。与官方遣使交往相比，民间商人、宗教使者的往来则更为频繁。

唐代开始官方之间的往来出现了前所未有的繁荣。据《唐六典》记载，唐朝曾与 300 多个国家和地区相互交往，定居于长安、洛阳的“胡人”不下 10 万人。日本等国的留学生、僧侣、商人云集长安，把我国的政治制度、文化教育、建筑技术等传回去，推动了所在国社会经济文化的发展。中国也有商人定居阿拉伯，唐末也有闽粤沿海人民流寓至苏门答腊从事农耕，而唐僧去印度取经、日本的鉴真东渡的故事则影响更为巨大。

宋元以来，随着中国航海技术的提高，福建广东等沿海居民到南洋等地逐步增多，元人汪大渊等人远道非洲，据汪大渊的《岛夷志略》记载，南洋各地都有华人定居。而元代大规模的军事扩张，更进一步推动华人移居国外的动力，尤其是当元军移驻海外，直接把大量的兵卒留居海外，跟所在地混合相处，意外导致了中外人员交往局面的形成。尤其值得一提的是意大利的马可波罗来华，使中外人员交往范围扩大，把当时所认知的世界都包括进来。

明清以来，由于官方施行海禁政策等影响，中外人员交往转入一个前所未有的低潮，此时主要停留在有限的官方来往上，尤其是以朝贡贸易为核心带动的人员往来。郑和七次下西洋的壮举是鸦片战争以前中外规模最为庞大的一次，毕竟受政策的限制，如此规模的活动至清代之间也仅此一次。而其他官方人员往来，主要集中在跟中国有着朝贡关系的国家或地区；民间的来往基本是在种种条件束缚下私自出海，主要集中在东南亚一带。1801—1850 年中国迁往东南亚、澳洲及美洲等地的华工估计达到 32 万。当然，欧洲各国人员也在 16 世纪以后不断有人来华，其中主要是伴随葡萄牙、荷兰、英国、法国等侵略者而来的传教士。明末清初时，还有一批传教士在北京供职，但这种局面很快就因为“礼仪之争”而遭到抵制，雍正时期，西方来华传教的人员遭到遣送回国，并严禁在华传教。这样原先来华的西方传教士很大一部分转道回国，只有少数秘密留在中国。人数虽少，但出现了一批影响较大的传教士，如马礼逊等人把《圣经》翻译过来，注意学习中文、习俗等方面的细节，广泛结交各级官员，从而在当时的社会中留下了较大的影响。同时，西方各派传教人员也把一些中国人带到欧洲。当然，伴随西方对华的侵略，也首次揭开了中国苦力移民的序幕。18 世纪荷兰就把一些华工强行运到南非等地做苦工；英国把华人贩卖到南洋各地。而当时西方来华人员中另一大类就是来华经商的人员，他们涉及面广，人数众多，但因带有强制手段，一到中国即遭遇政府的反对，1757 年洪任辉事件，清廷感到经商人员的潜在威胁，关闭宁波、漳州、云台山（连云港）等口岸，只留下广州一地，对外通商完全集中在广州，来华的商人超过千人。

2. 古代中外人员交往的作用

（1）促进科技文化制度的交流。四大发明的西传对整个人类社会，特别对西方文明的发展起了重要的促进作用，尤其是造纸术、印刷术的传入，促进了西方国家教育的普及化，对当时欧洲的宗教、政治，以至资本主义制度的建立、思想文化的交流及传播都产生深远的影响，可以说为西方的启蒙运动以及科技的发展和文明的传播奠定了物质基础，加快了世界文明的发展，使西方许多国家在短时间内完成了向文明的跨越。同时，来自国外的宗教、艺术，给中原的固有文化以很大的冲击。

（2）推动了物产的交流。由西域传入中原的马、牛、羊以及哈密瓜、葡萄、核桃、胡萝卜、胡椒、胡豆、菠菜、黄瓜、石榴等品种多样的农牧业产品；由越南传入的占城稻；由拉丁美洲传入的玉米、西红柿、土豆、红薯等；则为人们的生活提供了丰富的物产。而中国茶、丝绸等的外传，则极大地拓展中外物产的交流。

（3）促进了经贸交往。商品的流通促进了经济的发展，多边贸易的增多，推动了中外社会经济的繁荣。中原商人、商队输出的以丝绸为主的各种产品，为沿线各个地区社会经济发展注入了新鲜元素。

（三）教学总结

通过对古代中外人员交流的总结，使学生能够了解中国古代社会经济活动的历史过程，并运用已经掌握的经济学知识，将理论与历史相结合，既从历史中认识了经济发展的一般规律，也传承优秀文化素质。

古代中国是一个包容、兼济天下的大国，在新时代中国的崛起并没有使中国在世界范围内推行霸权主义与强权政治，而是努力推动构建“人类命运共同体”，在国际事务做一个负责任的大国。通过本次课程的讲解，引领学生深切体验和切实感受到中国这样一个历史悠久的文明大国形象，引导学生拥护党的领导和我国社会主义制度，形成对社会主义建设者和接班人的政治认同。

8. 商学院研究生课程思政教学改革成果总结报告

为深入贯彻落实中共中央办公厅、国务院办公厅印发《关于深化新时代学校思想政治理论课改革创新的若干意见》和《高等学校课程思政建设指导纲要》，商学院积极推进研究生课程思政建设与教学改革，通过课程思政项目立项、课程思政经验交流等形式，全面落实“立德树人”的育人目标，最大限度发挥课堂教学的主渠道育人作用。

一、研究生课程思政教学改革总体情况

目前，在学硕、博士和MBA的研究生教学中，课程思政建设工作稳步推进，各门课程在引领价值观念、鼓励学生探索当前社会现实问题、实现“立德树人”方面均取得了良好成效，其中商业银行管理（学硕、MBA）、高级运营管理（学硕）、运营管理（MBA）、企业战略管理（学硕）、论文写作指导（博士）、市场营销（MBA）、金融营销（MBA）、服务营销（MBA）、创新创业管理（MBA）、系统思考（MBA）、领导力研究（学硕）、组织行为学（MBA）等课程的成效尤为显著。

二、研究生课程思政教学内容设计情况

（一）设计目标

1. 基于《高等学校课程思政建设指导纲要》建立课程思政的育人目标，包括：（1）推进习近平新时代中国特色社会主义思想进教材、进课堂、进头脑；（2）培育和践行社会主义核心价值观；（3）加强中华优秀传统文化教育；（4）深入开展宪法法治教育；（5）深化职业理想和职业道德教育。

2. 围绕课程思政的育人目标，形成可以推广的课程思政育人基本路径。

（二）设计思路

1. 以党的十九大精神和习近平新时代中国特色社会主义思想为指导，充分体现专业课程教学中的“德育”内涵，紧紧抓住研究生培养“立德树人”的根本任务，突出思想引领、价值引领，寻找专业课程与思政元素的交集。

2. 从教学过程的五个关键方面来设计课程思政的教学材料和最佳实践案例：（1）教学大纲设计；（2）教学内容和具体知识点；（3）教学方法；（4）教学材料；（5）课程考核。

三、研究生课程思政教学实施过程

（一）实施方法

1. 围绕“课程思政”建设的五个教学目标，要求授课教师分别从教学大纲设计、教学内容和具体知识点、教学方法、教学材料、课程考核等方面，思考并积累相应的具体材料和经验，推动课程思政在研究生课程中的具体落地。

2. 通过研究生“课程思政”调查，进一步检查课程思政的具体落实情况。

（二）实施案例

1. 商业银行管理课程

（1）教学大纲设计时的思考。引导学生明确学习目的：为了中国人民“富起来”“强起来”。经世济民，修齐治平。银行、财务管理专业教学依从专业法规，专业法规溯源上位法为宪法。专业职业事业一致，兴趣特长与社会需要一致。

（2）设计的相应具体教学内容和知识点。商业银行存、贷、中间业务，商业银行机构管理。公司融资、投资、日常财务管理、股利分配。金融、银行、公司财务与经济发展的关系。专业与职业和事业的关系。

（3）选择的具体教学方法。理论讲授 + 案例教学。理论联系实践，学以致远。

（4）使用的教学材料，包括教材、教辅和案例。案例：“建设银行股改上市”（建设银行崛起之路）；“大行蝶变”；中央财经大学毕业生就业质量报告。

（5）课程考核方面的思考和具体做法。通过商业银行、公司财务综合案例分析报告方式考核，使学生进一步理解银行金融财务专业管理服从服务于中国经济社会现代化强国目标。促进学生专业知识与职业生涯规划结合。

2. 企业战略管理、创新创业管理课程

（1）教学大纲设计时的思考。在战略管理课程中尽量加入中国的企业案例。让学生就中国企业的发展进行战略方面的思考。在讲述过程中将商业伦理作为重要模块，引导学生的价值观。让学生们了解创业看似是个人的行为，是个体决策，但是离不开大的环境支持。创业过程中需要遵守道德，创业机会选择时面临创业道德问题，创业管理过程中同样面临类似问题。

（2）设计的相应具体教学内容和知识点。企业战略管理中包括具体的战略制定路程和相应的战略选择。战略的制定和实施、领导者的角色。创业环境：了解政府对于创业活动的支持政策，尤其是针对不同群体（农村农民创业、大学生创业、科技创业）的支持政策。创业机会中的道德约束，创业过程中的道德约束。

（3）选择的具体教学方法。案例教学，引导学生了解案例，理解中国现实问题，提供自己的思考。

（4）使用的教学材料，包括教材、教辅和案例。上市公司的年报、当前发生的热点企业事件、改革开放40年经典企业案例如联想、华为等。

（5）课程考核方面的思考和具体做法。查看学生提供的案例分析报告是否体现了作者的独立思考，是否对企业的现实问题有充分的了解。查看学生提供的案例分析报告是否体现了正确的价值观。

3. 运营管理课程

（1）教学大纲设计时的思考。在教学大纲设计时，考虑到国家政策的制定需要系统思考，引导学生用系统模型来模拟政策制定过程。开展宏观环境的介绍和分析，引导学生树立社会主义核心价值观。把中华民族传统思考方式中的重要组成部分，将相关内容融入课程大纲设计中。在运营管理开篇，在制造业和服务业运营管理介绍中有所体现，特别是我国服务业运营管理有助于坚定四个自信。

（2）设计的相应具体教学内容和知识点。因果回路图设计。为什么制造业运营管理重要？为什么服务业运营管理重要，互联网时代的运营管理。

（3）选择的具体教学方法。采用案例分析方法，引导学生了解国情党情。讲授的方法，通过相关知识讲授，让学生了解企业运营的宏观环境。视频教学，观看一带一路青年提到的新中国四大发明（高铁、扫码支付、共享单车和网购）的感受，生动直观。

（4）使用的教学材料，包括教材、教辅和案例。通过疫情传播的模拟，了解防疫策略的生成逻辑。海尔集团的系列相关案例，例如海纳百川、创新民主化驱动下海尔大规模定制管理模式。

（5）课程考核方面的思考和具体做法。课程结课汇报中，考查学生对社会主义核心价值观的理解和行动，以及学生对中国传统文化中系统观的理解。

4. 市场营销、服务营销课程

（1）教学大纲设计时的思考。在每讲注重营销道德意识的培养。教学内容、教学材料选择上体现社会主义核心价值观。在大纲设计上强化学生法律环境分析和遵纪守法意识。

（2）设计的相应具体教学内容和知识点。把《大败局》中的部分案例从营销道德问题方面进行分析、讲解。与法律相关的课程内容讲解时，强化学生遵纪守法的意识。

（3）选择的具体教学方法。案例教学法，该法生动，能够让学生更好地消化吸收所涉及的营销理论和营销道德的相关内容。讲授中华老字号案例，让学生深刻理解中华传统文化及其时代价值。

（4）使用的教学材料，包括教材、教辅和案例。《大败局》及关于中华老字号的案例。

（5）课程考核方面的思考和具体做法。期末考核采取课程论文的形式，为某一企业为客户服务，以客户为中心提供战略策略。

5. 领导力研究课程

（1）教学大纲设计时的思考。首先从中国社会和经济发展的挑战这一角度阐述领导力问题于国于民的重要性。正如金庸所说，“侠之大者，为国为民”。领导之义，贵在初心，所谓“大人者，不失其赤子之心者也”。其次，为了充分践行文化自信，课程包括传统文化与领导、领导力的实证研究两个部分，在传统文化与领导这一部分，与学生一起探讨诸如《论语》《大学》《道德经》《心经》等中国传统文化典籍中所蕴含的领导力思想、理论及其对中国当代社会的启示。重点探讨价值观与领导力之间的关系。

（2）设计的相应具体教学内容和知识点。要求学生阅读这四本典籍及其相关的文献，并思考：与这些典籍相关的领导力故事，包括：典籍作者的领导力相关的故事，奉行典籍所蕴含的信念的领导者的故事，受典籍中的某些观念或思想所启发的领导者的故事？

这些典籍中蕴含着什么样的“领导力密码”？对中国人而言或领导一个由中国人组成的群体，要成为一个领导者/提升领导有效性，这些典籍提供了什么样的指导或启示？

“文化孕育领导”，以这些典籍为核心思想的中国传统文化会孕育出什么样的领导？奉行这些核心理念的领导者在当下的政治、经济和社会环境中又会发生什么样的冲撞、遇到什么样的挑战？

通过阅读这些典籍，或者基于其中的某些关于领导（力）的具体论断，或者基于典籍中的核心思想/理念，你能够提出哪些关于领导力研究的概念（concept）和命题（proposition），这些命题背后的理论是什么？如何对这些命题进行检验？可以通过两种方式提出，一是根据典籍中的论断直接提出命题，二是通过质疑某些论断而提出命题。

这些典籍都触碰了关于领导行为或者领导力研究的哪些关键问题（issues），还有哪些关键问题没有触及？这些典籍中的核心思想继续发展的方向是什么？

对于过去的中国和现在的中国所曾经有过的领导力现象，可以用源自西方的理论进行有效解释的是哪些现象？未能有效解释的有哪些现象？这些未能有效解释的现象蕴含着什么样的理论问题？

（3）选择的具体教学方法。采用对话的形式，跟学生一起探讨典籍中的核心问题和时代议题，交换观点，引发思考。中国传统文化的核心，不是一些教条，而是对人生和人类社会的一些重大问题的深刻思考，所以文化自信，不是记住这些典籍，而是知道自己要思考什么问题如何去思考。

（4）使用的教学材料，包括教材、教辅和案例。《论语》《大学》《道德经》《心经》《坛经》《传习录》等典籍。

（5）课程考核方面的思考和具体做法。论文写作，结合自己读典籍的心得，阐述自己对典籍思想与领导力之间关系的理解。

6. 组织行为学课程

（1）教学大纲设计时的思考。围绕“党的力量来自于组织”这一科学论断，确立了组织行为学这门课的核心任务就是系统地阐述组织的概念、理论、方法，让学生理解组织、会组织，以及个体在这个过程中的角色和能动性。多角度诠释使命、愿景、价值观等问题与个体和组织发展的关系。对于这门课所涉及的关键问题和核心概念，一方面介绍前沿的理论研究，另一方面则从典籍中补充中国先哲们对这些问题的思考及智慧。

（2）设计的相应具体教学内容和知识点。把领导力这一讲和组织这一讲提到了前面，从内圣外王的角度阐述领导问题，在组织这一讲，探讨顶层设计和底层逻辑这两个核心问题。多个视角阐述公平理论、价值观、企业文化、团队等概念。组织变革、领导力、企业文化等部分，均会讨论人治与法治的问题。

（3）选择的具体教学方法。采用案例教学方法，强调中国案例、中国故事，尤其是中国革命故事，和中国当代企业的成长故事，在案例中理解“多难兴邦”的含义。使用一些决策案例，结合案例探讨制度和人情的关系。

（4）使用的教学材料，包括教材、教辅和案例。运用中国革命故事和中国当代企业的成长故事，尤其是统一战线、星星之火可以燎原等中国革命史的材料，以及当代的中国企业，如阿里巴巴、华为等企业案例，阐述核心价值观和组织变革的意义。

（5）课程考核方面的思考和具体做法。

让学生用自己所在企业的具体实践回答组织管理六问，引发学生对组织核心问题的思考。

7. 论文写作指导课程

（1）教学大纲设计时的思考。引导学生了解企业的最新动向，从实践出发构建研究问题，“研究中国问题，把论文写在中国大地上”。在研究问题提出、研究背景介绍部分，引导积极向上的价值观念。

（2）设计的相应具体教学内容和知识点。研究选题和研究背景的设计。

（3）选择的具体教学方法。以优秀论文为范例，引导学生思考研究问题从何而来。

（4）使用的教学材料，包括教材、教辅和案例。国内外顶级期刊论文。

（5）课程考核方面的思考和具体做法。查看研究问题的提出方式是否顶天立地。查看研究问题的设计是否反映了正确的价值观。

四、研究生课程思政教学改革成效

（一）课程思政的精神逐步渗透到研究生的主干课程中

通过积极倡导课程思政建设，逐步在全院范围内贯彻了《高等学校课程思政建设指导纲要》（2020）中所明确的课程思政基本要求，“培养什么人、怎样培养人、为谁培养人是教育的根本问题，立德树人成效是检验高校一切工作的根本标准。落实立德树人根本任务，必须将价值塑造、知识传授和能力培养三者融为一体、不可割裂”。初步构建了全员、全过程、全课程育人的教学模式，形成了将各类课程与思想政治理论课同向同行的格局。专业教师在具体教学过程中，能够把“立德树人”作为教育的根本任务和综合教育理念，寓价值观引导于知识传授和能力培养之中，帮助学生塑造正确的世界观、人生观、价值观。

（二）完善了课程思政的体系设计

明确了课程思政的目标，确立了从教学过程的五个关键方面来建构课程思政的教学材料和实施方案：（1）教学大纲设计；（2）教学内容和具体知识点；（3）教学方法；（4）教学材料；（5）课程考核。

（三）整理了商学院课程思政建设的课程案例

通过学院老师们几个学期的努力，形成了以商科主干课程为核心的系列课程思政建设案例，商业银行管理（学硕、MBA）、运营管理（MBA）、企业战略管理（学硕）、论文写作指导（博士）、市场营销（MBA）、服务营销（MBA）、创新创业管理（MBA）、领导力研究（学硕）、组织行为学（MBA）等课程的实践探索为下一步深化课程思政建设奠定了基础。

五、研究生课程思政教学改革阻力及解决措施

（一）没有足够的经费投入

如何保障专业课与思政课同行，从而形成协同育人效应，不仅需要教师在专业上的投入和积累，还需要教师投入时间和精力去探索思政课程体系，挖掘和提炼本专业课程中的思想政治教育元素和资源，积累相应的素材，这都为教学工作提出了更高的要求。这些探索改进需要学院投入相应的经费支持，大力帮助教师提升课程建设的有效性。学院也将在下一步工作中予以更多经费支持。

（二）缺少榜样的示范效应

目前的课程思政建设模式都属于教师在各自课程中独立摸索，按照自己的理解去尝试推进。但什么样的课程思政建设是有效的？是可以真正落实“立德树人”育人使命的？是可以帮助学生牢固树立社会主义理想信念的？以上问题目前还缺乏有效的可以借鉴和推广的典型案例和经验，需要学院在下一步建设过程中树立榜样课程，并且推进榜样课程的示范效应。

9. 管理科学与工程学院研究生课程思政教学改革成果总结报告

一、研究生课程思政教学改革总体情况

为深入贯彻全国研究生教育会议精神，进一步落实《关于加快新时代研究生教育改革发展的意见》（教研〔2020〕9 号），积极推进习近平新时代中国特色社会主义思想进教材、进课堂、进头脑，学院始终把立德树人融入研究生培养全过程，长期致力于研究探索研究生核心专业课程与思政教育深度融合的实现途径，丰富扩展核心专业课教学知识点内涵、配合开发教学方法、提炼教学模式和理念，充分挖掘出专业课堂与思政元素的“融点”“触点”，实现专业课堂+思政教育的“协同效应”。同时，学院积极组织探讨研究生培养方案改革，优化课程体系，将马克思主义理论覆盖到培养方案中，着重培育部分核心课程开展思政工程。通过党建引领，开展系列的“走出去、引进来”实践教学活动，由党建引领课程思政，实现全员、全过程、全方位课程育人。

二、研究生课程思政教学内容设计情况

（一）设计目标

研究生课程思政教学内容设计的目标主要包括：

1. 以马克思主义唯物史观和社会主义核心价值观为基石，使学生树立正确的世界观、人生观和价值观。

2. 在习近平新时代中国特色社会主义思想指引下，塑造工程管理专业人才的使命感和社会责任感。

3. 注重工程伦理意识的培养，使学生遵守工程师的职业道德和职业规范。

4. 培养学生的法律思维，使学生建立工程管理法治观念，遵循行业规范。

（二）设计思路

课程思政教学既要求学生懂得其中的道理，又强调通过价值观的理解“内化于行”，

以指导工程人才未来的工作实践。工程管理系教师在研究生教学实践中，设计针对课程思政改革的教学方法，具体包括讲授法、讨论法、直观演示法、练习法、读书指导法、任务驱动法、参观教学法、现场教学法、自主学习法等常规教学方法的综合运用，同时也不限于复式教学、现场教学、尝试教学、过程教学、主题教学、情景教学、快乐教学等教学理念的引入。无论采取何种方法，其本质在于让学生更好地将思政元素内化到将来的工作实践中去。教学方法的设计不在于方法的创新与外在形式，而在于恰到好处和灵活运用，以使教师易于操作，学生易于理解，且能够激发学习兴趣。

三、研究生课程思政教学实施过程

（一）实施方法

为建设融合思政内容的课程体系，工程管理系教师对国内已开展研究生思政与教学同频并举的标杆院系开展调研，掌握现阶段融合思政教学的课程开展模式，着重收集教学内容、教学方法、经验教训等信息资源。另外，基于本系现有研究生培养方案以及调研结果，组织院系具有思政教学经验的资深教师研讨，确定融合思政内容的教学内容及考核方式。根据调研及研讨结果，构建融合思政内容的课程教学的课程大纲，制定融合思政内容的教学方案、课件、参考资料等。之后，根据教学大纲，拟定工程案例的选择条件和需求清单，开展工程项目调研，采用专家访谈、网络爬虫等多种方式获取课程建设所需资料，统计整理获得的工程项目，形成课程案例库，方便教学时的调用。

（二）实施案例

1. 社会主义核心价值观融入工程文化教育的探讨

在培养创新工程人才的过程中，应首先回答“人才是什么”的问题。这在本质上与习近平总书记提出的“培养什么人、怎样培养人、为谁培养人”是一致的。党的十八大提出倡导富强、民主、文明、和谐、自由、平等、公正、法治、爱国、敬业、诚信、友善的社会主义核心价值观，为新时代人才的基本素质作出解读。而“怎样培养人”则需在此基础上进一步明确社会主义核心价值观的各个要素与工程文化教育目标的映射关系。这种对应关系并不是简单的连线，需要通过各类典型工程事例，如港珠澳大桥和FAST等正面工程，以及加拿大魁北克大桥和甘肃天定高速公路等负面工程，挖掘工程文化对于工程、社会的启示，进而与社会主义核心价值观的要素建立映射。

2. “一带一路”倡议下工程项目管理研究生课程专业英语思政教学改革

近年来，习近平主席提出的“一带一路”倡议得到了国际社会的广泛关注，我国工程企业积极响应“走出去”号召，参与“一带一路”沿线国家的基础设施建设。然而，由于“一带一路”沿线国家有着各不相同的政治、经济、社会和文化制度，这些国家的工程建设面临着前所未有的机遇和挑战。面对挑战，中国企业决胜的关键资源要素就是打造一支具有国际化专业知识背景的高层次人才队伍。而高校的研究生教育教学理应承担起国际化、高层次人才培养的艰巨任务。因此，研究生专业英语课程拟在既有教学内容的基础上，全面引入“一带一路”工程实践，融合思政教学内容和方式方法，在讲解“一带一路”工程管理专业基础知识的同时，深入分析习近平新时代中国特色社会主义思想在工程实践中的指导意义，从而实现专业知识与思想政治教育教学并行，既能满足“一带一路”对国际化工程管理人才的现实需求，又能保证研究生政治思想方向始终与国家方针政策保持一致。课程思政教学改革主要内容可分为两个模块，两个模块相辅相成构成每一课时的主要内容。一是专业基础知识模块，介绍国际上工程管理领域的主要知识和技能。二是案例思政分析模块，以具体工程案例情景分析的手段，针对专业基础知识模块中某一领域专业基础知识，介绍思政工作指导工程实践的方式方法。

3. “走出去，请进来”，善用实践教学法传递思政元素

通过党建引领，依托人才项目和课题，工程管理系积极推进研究生实践课程建设，“走出去，请进来”，借助各级企业、政府积极承担社会责任的契机，开展了大量的学生社会实践活动，并邀请了数十位央企、政府机关以及优秀民营企业的优秀人才进校园为学生开展实践报告。依托系主任李玉龙入选北京市国家治理青年人才培养计划的平台，先后对接平谷区、密云区、大兴区、东城区的基层党组织，带领学生开展了大量的校外实践活动，同时积极联系业界优秀人才进入学校课堂为学生做各类报告数十场，积累了一支规格高、富有家国情怀的优秀校外导师团队。

四、研究生课程思政教学改革成效

（一）教师参与课程思政建设意识增强

教师作为课程思政建设的主力军，对课程思政教学理念逐步认同，并创新多种教育教学方式来开展研究生课程思政建设工作。教师普遍认为将思政元素融入专业课程教学十分必要，应该挖掘各专业课程所蕴含的思想政治教育元素，把做人做事的基本道理、社会主义核心价值观的要求、实现民族复兴的理想和责任融入专业课程教学中，让课程思政建设与思政课程同向而行，这种理解与立德树人根本要求是同根同源的。

（二）学生认同课程思政教学程度加深

学生是研究生思政课程建设的服务对象，课程思政教学对于提升其德育品质具有一定的促进作用。由于学生成长环境和学习能力的差异，部分学生在接受课程思政教学的过程中存在一些困难。随着研究生课程思政建设的深入推进，学生对课程思政建设的接受程度有所改善，不断认可。通过课程思政教学，学生的学习积极性不断增强，对于社会的认知和事件的分析都有所改进，班级的凝聚力和团队合力也同步提升，学风学貌更加积极向上，奋发有为，冲劲十足。

五、研究生课程思政教学改革阻力及解决措施

（一）课程思政教学评价机制不完善

目前虽然存在部分单一的考核指标和激励措施，但是尚未建立完善的课程思政教学评价机制，教师参与课程思政建设的标准未能统一，教师是否开展课程思政环节、如何开展、开展效果如何，均不能有效衡量，需要通过研究分析进行进一步完善。

（二）多元化文化冲击学生价值观

多元化文化的传播以互联网、新媒体等途径传播，导致学生在接受海量碎片化信息时缺乏理解和分析，直接接收进而产生偏向性的价值观，间接制约了正确道德观念的构建，对课程思政建设产生负面抑制效应。因此，引导学生正确区分多元文化进而吸收有价值的文化信息，对于促进研究生课程思政建设、实现立德树人的任务具有非常重要的作用。

10. 政府管理学院研究生课程思政教学改革成果总结报告

一、研究生课程思政教学改革总体情况

政府管理学院研究生教育围绕立德树人根本任务，全面深化“三全育人”综合改革，以课程思政建设为引领，基于“目标—内容—方法—评价”的过程链条，将思想政治工作贯穿学科体系、专业体系、教材体系、管理机制体系之中，突出研究生培养的公共价值取向。

注重课程设计，强化思政与专业的深度融合。在教学目标中融入课程思政，以德智体美劳五育并举统领课程思政的建设目标，强化教学方案设计和教学改革。在教学内容中挖掘思政元素，完善教材开发制度，从专业认同、职业伦理、社会责任，社会主义核心价值观以及中华优秀传统文化教育三个方面挖掘课程思政元素。在教学方法上嵌入教学案例提升思政元素融入效果，将授课中涉及的教学案例进行梳理、汇编，出版公共管理专业教学案例，提升课程思政的教学效果。在教学评价中运用多元评价把控课程思政融入效果，综合采用结果评价、过程评价、动态评价等方式，反映课程中知识传授与价值引领的结合程度。

以课程为基础，加强一二课堂衔接融合，完善“1 + N”第二课堂思政育人体系。依托三大德育示范基地，深挖主题活动教育的思政元素，打造主题系列活动品牌，并紧密结合中国研究生公共管理案例大赛、全国高校“模拟市长”大赛、中央财经大学专业学位研究生案例大赛、论文大赛等竞赛活动以及研究生科研创新基金项目课外调研与实践等活动，强化学以致用、互补共进，提升思政和专业协同育人成效。

二、研究生课程思政教学内容设计情况

（一）设计目标

1. 提升公共管理学科研究生思想政治素养

思想政治素养决定着研究生的价值导向和专业水平提升。作为公共管理学科的研究生，必须具备良好的道德修养和思想品德，有与祖国和人民同呼吸共命运的觉悟。通过思

政教育与专业课程教学的融合，学院研究生教育推进习近平新时代中国特色社会主义思想进教材进课堂进头脑，提升研究生思想政治素养，激发研究生践行社会主义核心价值观的学习热情和实践热情。

2. 强化公共管理学科研究生的使命担当

公共管理学科研究生具备公共管理专业基础知识和较强的实践操作能力，在实现国家治理体系和治理能力现代化进程中具有重要的时代使命。学院结合公共管理研究生课程特色优势，以公共价值为导向挖掘课程思政元素，将思政教育融入专业课堂，强化研究生在专业学习中的使命意识，以专业学习增强研究生的使命感和责任感。

3. 培养公共管理学科研究生的实践创新能力

实践创新能力培养是公共管理学科研究生教育的基本目标，将公共管理专业知识应用于国家治理、政策制定等实践领域是研究生学习的重要任务。学院以课程思政改革为契机，帮助研究生树立正确的政治方向，强化在专业学习过程中的公共价值导向，通过治理能力实训、案例推演、政策模拟等关键环节加强对学生实践创新能力的培养。

（二）设计思路

1. 构建围绕课程体系的全面思政育人体系

学院以课程思政建设为抓手构建全面思政育人体系，为研究生成长提供正确价值引领。首先，围绕培养新时代高级公共管理人才这一目标，以培育和践行社会主义核心价值观为主要遵循，强化研究生课程思政顶层设计。对标新时代特点和各行业对高层次创新人才的需求，组织博士生、硕士生导师讨论修订研究生培养方案，增加思政教育融合点，结合专业特点进一步凝练和优化课程体系。其次，以课程体系为依托，形成全方位课程思政育人体系，实现在学科基础课程、专业必修课程和专业选修课程中的全课程育人，在专业教学、实践操作等环节中的全过程育人，在课堂学习、导师指导、专项研究中的全员育人。

2. 设计针对专业特点和学生特点的精准思政育人模式

精确识别学生个性需求、精准把握学生思想动态，作为“精准课程思政教育”的基础，提高课程专业教学中思政育人的精准度。结合专业和学生实际，不断调整和丰富专业课程教学中的思政内容供给，引导教师有针对性地开展思政教育。依据行政管理、教育经济与管理、城市规划与管理的专业特点和学生规模结构，开展小班教学，细化课程思政教学方案；结合学生的政治面貌、本科专业知识背景、就业需求、学习特长等特点，开展一对一思政辅导。通过精准化课程思政设计，激发学生在课堂学习中的活力，促进学生在参与课程思政建设和学习中的积极性与主动性。

3. 建立基于课堂教学全过程的沉浸式思政育人方法体系

在专业课程教学设计中，围绕专业培养目标与课程目标，把握关键环节，融合思政教育关键点。在课程论证、教学设计、知识点安排、实践操作能力提升等环节中充分融入思政理念和思政元素。以习近平新时代中国特色社会主义思想为引领，以理论与实践教学为主线，以学生为主体，在课堂教学中强调时事政策认知、理论体系形成、素质拓展、能力提升等方面的设计。通过时事热点关注增强学生对公共管理专业知识学习的趣味性和实践性；通过理论体系强化学生对理论知识体系的掌握与理解；通过实际案例分析拓展学生素质、提升研究生的学术思维及分析能力，从而形成“思想—实践—理论—操作”的全过程沉浸式思政育人方法体系。

4. 实施成果导向的闭环式思政育人评价机制

学院建立课程思政教学改革的“教学设计—信息反馈—及时调整—明确奖惩”的闭环评价机制，以评价促发展，提升教师课程思政教学水平和学生学习效率。组建“学院—专业—支部”联动的课程思政建设评价考核小组，围绕专业培养目标和课程教学目标对课程思政教学内容、教学成果和学生的学习效果，以成果为导向进行综合评定。在评价过程中，通过课堂突击检查、问卷、成果汇报等形式采集课程思政教学效果信息，并充分调研学生的学习感受和学习收获，并将评价信息反馈课堂，督促及时调整。鼓励授课教师和学生以团队形式依托课堂教学成果产出高质量研究成果、申报各类比赛和奖项等。对于教学特色鲜明、教学效果突出的优秀课程，进行重点培育，形成课程思政精品课程体系。

三、研究生课程思政教学实施过程

（一）实施方法

1. 围绕公共价值核心理念，构建融合式课程思政体系

学院围绕研究生培养目标优化课程体系，结合政府经济与管理博士专业，行政管理、教育经济与管理、城市规划与管理学术学位硕士专业和公共管理专业硕士专业特点与人才培养需求，将思政元素与课程设计深度融合，突出公共管理学科研究生教育的公共价值导向课程体系设计，优化课程体系。首先，在学科平台课程模块中，注重公共管理伦理和学术道德与规范与研究生专业教育的融合，通过公共管理学前沿、社会科学研究方法、公共管理定量研究方法等课程提升学术伦理与道德水平。其次，在学科与专业选修课模块中，以专业课和选修课核心知识点为依托挖掘思政教学元素，突出交叉融合背景下的课程思政知识创新、方法创新和技术创新，强化研究生在中国公共管理实践学习中的思政引领。最后，在实践创新模块中，通过实践创新、社会实践等课程培养学生将理论知识与实践融合应用的能力，在实践中促进研究生对思政教育的消化吸收。

2. 推动思政融入课堂教学全过程，培育课程思政“金课”

以学生思政素养和专业水平提升为目标，结合课程体系建设、优质教材建设、主文献库建设、教师教学质量评价、课程考核机制建设“五位一体”的教学质量保障体系，强化课程、团队、资源的协同建设，培育优质课程思政课程。

围绕政府战略与绩效管理、财税与公共政策、城市规划与管理等特色方向培育课程思政精品课程。促进课程群内思政教学资源协同和共享，开发并建设大数据、区块链、互联

网与公共管理交叉融合的精品课程，在前沿领域学习中加强思政元素的挖掘，做到专业课程教学中思政育人的“润物无声”。

紧跟时代和学科发展前沿，加强“传统课堂—新型课堂”相结合的课程思政教学方法创新。巩固课堂教学成果，推进新型课堂建设。推行在线教学、慕课、翻转课堂等新型教学方法和教学形式，鼓励授课教师在课堂上促进研究生结合案例分析、政策模拟、社会实践进行单元分享，加强对专业知识和政策实践的理解。

3. 强化专业教师课程思政意识，打造优质课程思政团队

强化专业培养的公共价值导向，加强专业教师思想政治素养和课程思政教学能力培训，培育优质课程思政示范课程和教学团队，实现思想政治和专业教育的全员育人。

由各系教工党支部组织以专业课程群模块为基础的课程思政教学团队，促进研究生课堂教学的“老中青”传帮带，开展集体备课制度，加强在教学方法、教学技能、教学资源方面的共享提升。

4. 以应用能力为导向完善课程思政考核机制

建立健全研究生课程思政改革落实的奖惩制度，健全完善研究生课程思政教学改革质量督导制度。第一，成立研究生课程思政教学质量督导小组，实时跟进并掌握研究生课程思政教学改革发展方向。定期组织检查评估，确保研究生课程结构体系、课程内容体系、教学方法体系及时更新。第二，形成研究生课程思政教学的“方案设计—课堂教学落实—教学质量评价”一体化的质量控制体系，加强和建立研究生教学的监督、反馈和动态管理机制。第三，坚持过程性考评和结果性考评相结合，奖励在课程体系优化、实验教学设计、实践教学基地建设、教学方法创新等方面作出突出贡献的教师，激发和提高研究生授课教师切实提高研究生教学质量的积极性。

（二）实施案例

1. “模拟市长 + 多堂联动”的课程思政育人新模式

学院打通本科生、硕士生、博士生培养链条，打破专业培养界限，依托专业课程和社会实践案例，开发“因事而化、因时而进、因势而新”的“模拟市长 + 多堂联动”的课程思政育人新模式。

因事而化，引导“学生市长”关注、研究、模拟重大管理决策，以“改革进展”和“丰富事实”引导学生理解、参与中国特色社会主义伟大事业。

因时而进，紧跟时代发展，议题从 10 年前的“菜篮子工程”等到如今的“精准扶贫”等，在追逐中国梦中经磨炼、受教育、长才干、作贡献。

因势而新，即与真市长、大专家“面对面”，用最新理论和实践指导学生创新性探索，更是增强了学生回应新思想的理论自信和战略定力。

学院初步形成的“模拟市长 + 多堂联动”培养架构（图 1），大力推动课程思政教学综合改革，努力耦合专业教学模块与管理实践过程，系统提升创新型公共管理人才的核心竞争力。同时，突破学院和学校边界，帮助校内外学生奠定相关专业知识基础，提升其分

析解决实际问题能力，服务学校和国家人才培养全局。“模拟市长 + 多堂联动”聚焦中国问题、躬耕中国实践、发展中国理论的育人效果获得 2020 年度北京市教改项目支持，并入选 2020 年北京电视台思政专题片《春风化雨不负韶华——探索坚定中国自信的学科育人体系》。

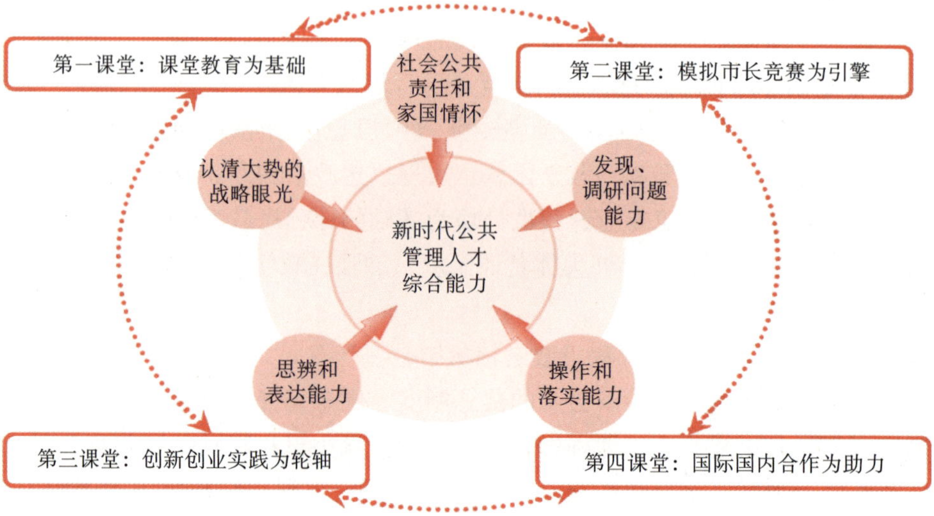

图 1 “模拟市长 + 多堂联动”的公共管理人才培养框架

2. 以思政教育促专业提升，公共决策理论与方法课程的融合式育人方法

公共决策理论与实践课程通过“价值引领—专业学习—实践导向”深度融合的教学模式，打通思想政治和专业知识融合渠道，加深学生对习近平新时代中国特色社会主义思想和社会主义核心价值观的实践感知和理论认知。

在课程设计中挖掘思政元素，形成思想政治引领的课程理念。针对公共决策中的各个环节及专题精准提炼思政元素，以思想政治构建课程育人格局。在自主学习的过程中，注重培养学生对国家时事热点的认知能力，形成对社会主义核心价值观的深刻理解。如针对“公共决策的价值导向”章节，结合新冠肺炎疫情防控决策案例，强调人民利益至上的价值取向，体现中国在疫情防控中的制度优势和群众优势。

在课前引导中解读思政内涵，激发公共决策互动参与的思想共鸣。在课前，以中国公共决策鲜活时政案例为切入点，引导学生提前开展专题学习。在“公共决策过程”这一节课前，围绕改革开放 40 周年这一主题，解读中国改革开放的历程和所取得的重要成果，展现新时代深化改革开放的决策动力，激发学生主动参与公共决策理论学习与实践的思想共鸣。

在课堂教学中融入思政理念，打造思政与专业相融合的知识网格。在课堂上，将思政理念融入知识讲授，形成思想政治热点与专业知识协同联动的知识网格。并通过典型案例分析、深度理论讲解、学生互动讨论、动态实践模拟等形式丰富公共决策教学内容，打通思政与专业的融入渠道，实现思想政治与专业知识“如盐化水”式的深度融合，帮助学生将思想政治“内化于心”。

在课后实践中发挥思政价值，培养高素质、专业化公共管理人才。在课后，引导学生自主学好专业知识，同时做社会主义核心价值观的传播者和践行者。带领学生前往爱国主义教育基地、政府机关、企事业单位开展实践教学，加强对公共决策问题的感性认知。以实践教学为抓手强化学生理论联系实际的实操能力，实现思想政治的“外化于行”，培养既有过硬的专业本领，又有正确的世界观、人生观、价值观的新时代公共管理人才。

课程思政实践不仅提升了课堂教学效果，同时也增强专业建设和班级建设的凝聚力，提升学生的获得感和成就感。教学团队以习近平新时代中国特色社会主义思想为引领，建设多元课堂，开发《公共决策理论与实践案例集》，开展深度专业研究。在教学团队的指导下，本科、研究生班级获奖 80 余人次，发表多篇专业论文，多位同学分获国家级大创课题奖励、国家奖学金、中央财经大学优秀共产党员荣誉称号、中央财经大学“研会之星”荣誉称号等。

3. 立足前沿，厚植爱国情怀的公共管理学课程思政教学设计

学院打造公共管理学课程思政教学团队，以社会实践和案例调研为依托建设课程思政教学资源，构建“社会实践—案例分析—情境模拟”为一体的课程思政教学方法体系，实施灵活贯通式课程思政教学路径，厚植爱国情怀，强化专业学习。

在课程目标上，公共管理学课程旨在培养学生的综合素质，引导学生爱党爱国，深入学习贯彻习近平新时代中国特色社会主义，做新时代的奋斗者和追梦人。该课程为学院研究生学科基础课程，围绕公共管理基本知识体系，结合中国公共管理实践，培养扎实的专业基础知识和宏观政策实践理解与分析能力。

在教学内容上，公共管理学课程力求用生动的实践案例讲好中国故事，诠释公共管理理论知识体系，实现将专业学习过程中的思想政治教育贯穿课程全过程。引导学生学习中国特色社会主义建设事业取得的伟大成就，培养学生的民族自豪感和爱国热情。如在公共管理发展前沿中以当前我国的“互联网 + 政务服务”为主题开展“城市智慧大脑”“最多跑一次改革”等案例研究，彰显我国在国家治理体系和治理能力现代化进程中所取得的成就。

在教学方法上，公共管理学课程采取“实践—案例—情境”相结合的教学方法，通过实践调研、案例分析、情境模拟等环节实现思政教育与专业教育的深度融合。鼓励学生参与课程设计与教学内容开发，凸显学生学习的主体地位。公共管理学课程将课堂教学与研究生主题班会结合，为研究生班级展示班级的学习风貌和精神风貌提供良好契机。

2020 级硕士研究生班以公共管理学课程学习成果为依托，召开“学习贯彻落实十九大精神——新时代国家治理现代化的中国经验”主题研习班会。中央财经大学党委书记何秀超书记莅临指导，时任政府管理学院党委书记吕丽、院长姜玲、副院长于鹏出席会议。主题班会以学生实践和案例分享为主体（表 1），通过情境模拟还原政策制定和实施过程，并邀请专业教师进行点评。通过生动灵活的教学形式和教学方法，研究生的理论功底、学术素养和政策分析水平得到显著提升。

表 1　《公共管理学》课程代表性案例列表

案例主题	调研地点	主讲人	点评人
互联网环境下的乡村治理——以江苏省连云港市海头镇为例	江苏省连云港市海鲜网络直播基地	甘意璇	刘家琦
协同治理视角下的河长制创新模式——基于安徽省的调研分析	安徽省六安市	胡铁凡	保津
精准扶贫的适应性治理逻辑——基于云南省昭通市昭阳区的案例研究	云南省昭通市	李鑫	文佳媛

在教学模式上，公共管理学课程积极探索翻转课堂的教学模式。如在政府改革与治理章节的学习中，通过翻转课堂教学形式的应用实现思政引领与专业知识学习的有机结合。首先，授课教师通过录制在线课程的形式将政府改革与治理的基本理论进行视频讲解，供学生课前预习。其次，建立当代中国政府改革与治理案例库，让学生以小组的形式对雄安新区建设、粤港澳大湾区建设、三大攻坚战、大数据战略等专题开展案例研究，总结政府改革与治理的中国之道。再次，组织小组同学在课堂上结合案例进行演示，分享对理论知识的理解，并进行讨论交流。最后，授课教师根据学生学习情况进行点评，并将各组案例中的异同点进行提炼比较，形成对既有知识体系的补充完善。

4. “课”“赛”互促，以案例为抓手推进研究生教育产教融合

学院依托学科优势，围绕服务国家战略的主线，始终将人才培养与专业实践、课程思政结合，加强价值观引导和课程案例项目建设，积极打造案例教学品牌，鼓励研究生深入基层实践，将论文写在祖国的大地上。学院以案例工作为抓手强化基于案例的课程思政教育，强调在正确价值引领的前提下开发教学案例，应用行业实践，推进科教融合，努力打造公共管理教学案例精品工程。一方面通过调研加强研究生在思政教育中的融入感和体验感；另一方面，以基层实践锻炼提升研究生的实践创新能力。

学院鼓励“课”“赛”融合互促，以“课”竞赛，以“赛”促课，增强各类案例大赛和专业课程的衔接性，一方面以专业知识指导实践操作，突出课堂教学成果转化能力；另一方面以案例成果丰富课堂教学资源和教学方法。学院设立院级研究生科研创新基金、优秀案例奖励基金等，鼓励研究生依托课堂和实践成果，积极参加中央财经大学专业学位研究生案例大赛、中国研究生公共管理案例大赛（表 2）、全国高校“模拟市长”大赛等。首先，将开展案例研究、参与案例大赛作为研究生实践创新、社会实践等课程的学分考核项目，要求全体研究生组队开展案例研究工作。其次，推荐能够讲好中国故事、展现中国经验的优秀案例参加各级、各类比赛，并为各参赛队伍配备具有丰富案例开发和写作经验的指导教师，实现思政、课程、案例的有效融合。最后，对在各类比赛及在全国 MPA 教指委入库案例进行奖励和成果推广，鼓励研究生实践成果的行业转化。

表 2　　学院研究生参加中国专业学位研究生公共管理案例大赛情况

序号	年度	队伍	题名
1	2016	Mobike 摩拜单车	摩拜单车成都城管收车事件
2	2016	危机时刻	基于危机管理视角下 B 市 C 区公安机关执法过程中涉案人死亡事件处置公信力危机的案例分析
3	2016	央财 678	国有企业混合所有制改革探索——中国海油与宁波利万“央企 + 民营”的联姻之路
4	2016	政管五侠	城市管理
5	2016	志愿腾飞队	韶关市无偿献血管理的战略创新
6	2016	若水队	新媒体宣传在大学生健康教育中的应用成效
7	2017	中财政能量	民办幼儿园政府规制问题研究——以“红黄蓝幼儿园虐童事件”为例
8	2017	浩然队	骤急骤停的禁煤运动——公共政策制定背后的人文关怀
9	2017	“4 + 1”悦怼	崇礼的城市发展之“惑”
10	2017	芦苇海	政府公信力面临的时代难题：网络事件中，政府为何总是难以“取信于民”
11	2017	家园队	康乐家园——首都医科大学附属北京佑安医院慢病随访管理服务体系的建设
12	2019	九年义务教育学成队	创新的起点还是短暂的狂欢？——乡村振兴背景下网红小镇的治理与发展之困
13	2019	爱吃不会胖	“网红带货”成风，监管之路何去何从？——以辛巴直播带货为例
14	2019	神机喵算	我国生活垃圾分类顶层设计政策及未来导向研究——以北京上海垃圾分类为例
15	2019	为人民服务队	“智能 + 自助”开启基层“非接触式”办税服务新时代
16	2019	“政”气浩然	商品房配建限价房的烦恼：小区“隔离墙”该不该拆除？
17	2019	美少女战士 LMWW	“114 防贫保障体系”——邢台市对于精准防贫和防返贫的新探索
18	2019	不负韶华战队	病急不再乱投医“智慧家医”最懂你——以北京市方庄社区卫生服务中心为例探讨基层医疗破局之道
19	2020	鲸世济城	牵住城市规划“牛鼻子”，寻找超大城市治理“良方”——北京城市体检案例研究
20	2020	“政”气浩然	北京市商品房配建限价房的社区治理之困：拆“心墙”好于拆实墙
21	2020	五谷丰登队	从“包产到户”到“抱团经营”——中国豆都·九三垦区的农业现代化转型之路
22	2020	五棵松	老旧小区改造何以“以人为本”——劲松北社区改造中党建引领与社会资本重塑
23	2020	龙马天涯队	小区旧貌换新颜的背后如何双赢？——“劲松模式”引入社会资本之探究
24	2020	你说什么都队	要留青山绿水在，为有源头活水来——永定河发展的困与解
25	2020	俊采星驰队	莫让智慧社区披上智慧的外衣——技术驱动型基层治理的老问题与新思路

续表

序号	年度	队伍	题名
26	2020	公管奇迹	曙光里物业的前世与今生——国企自管小区“三供一业和非经营性资产”的移交与物业管理
27	2020	东海少先队	砸笼换绿迎春风栽下梧桐引凤来——以横琴新区为例探索“物业城市”发展的新模式
28	2020	善作为敢担当	革命老区激发新活力——临沂市基层党建之路

显性隐性结合，筑牢价值理念。公共部门战略管理等课程在教学与案例调研中实现润物无声的思政引领。显性层面，学生在课堂中学习专业知识，形成价值理念，树立精神追求；隐性层面，在实地走访调研的实践中，以“润物无声”的方式加深学生对党的领导、社会主义制度优越性的感知和理解，促使学生自觉关注社会需求与民生热点，将为人民服务、群众路线根植于思想，落实到行动。

课程实践结合，育人育才并举。学院积极动员学生参与公共管理案例大赛，引导研究生积累实践所得，提升综合素养。公共政策分析课程授课教师坚持知识传授和价值引领相统一，带头开展案例实践，引导学生以正确的价值观念分析公共政策。校内外导师带领学生前往案例实践基地开展调研交流，鼓励学生坚持问题导向，选择公共管理中的焦点、热点与难点问题进行研究，努力将知识传授、能力培养和价值观塑造结合，产生协同效应。

专业服务社会，践行国家战略。中国特色社会主义理论与实践研究课程授课教师本着“为民服务解难题”和“多谋民生之利，多解民生之忧”的天下为公理念，发动同学建言献策，运用专业课程所学，将实践所感与理论知识结合撰写案例报告，用专业能力为完善国家治理和服务提供思路借鉴与思考，引导学生感受中国特色社会主义建设事业取得的伟大成就，并积极参与其中。

学院制定奖励机制鼓励研究生通过课程教学和案例积累参加中国研究生公共管理案例大赛和学校专业学位研究生案例大赛、论文大赛，多次获得全国和校级奖项。以赛促建，将理论知识应用于案例实践，将思政元素融入课程建设，把优质科研资源转化为育人优势。

5. 强基础，重实践，以全方位实践体系提升研究生思政素养

整合学院力量，增进与政府机构、企事业单位的交流合作，推进实践基地建设，以课程为依托建立立体化研究生社会实践体系，开发全方位研究生社会实践活动渠道。

依托专业课程筑牢社会实践的思政基础和理论基础。在各专业培养方案中设计思政教育在基础课程和专业课程模块中的精准结合点，提升研究生的思想政治素养和理论水平。同时，在各门课程中设置“实习实践”“暑期社会实践”“寒假返乡调研”“创新实践”等实践接口，并实施专业教师和实践团队互动交流机制，为研究生在实际操作中领悟思政教育、升华学习效果提供条件。如公共管理学、公共部门战略管理、公共政策前沿问题分析以课程思政为依托，通过实地调研和“云支教”等方式支持宕昌扶贫工作，为实现脱贫攻坚和乡村振兴贡献智慧和力量。城市管理前沿、城市规划实务等课程强化课程思政教

育，关注京津冀协同发展、雄安新区建设、粤港澳大湾区建设等热点专题和实习实践，以实践感知我国城市规划与区域发展的建设力度与前进速度。

契合理论及实践前沿，设置专题实践项目，让专业教育与思想教育同向同行。在研究生教育过程中，学院深入学习、贯彻、落实习近平总书记系列重要讲话精神，将专题教育与专业学习相结合。如将“学宪法、讲宪法”专题实践融入行政法、中国特色社会主义理论与实践课程设计；将研究生在金融机构的实习实践与“防范化解重大风险攻坚战”相结合；将“精准脱贫攻坚战”与研究生暑期实践活动相结合；将“污染防治攻坚战”与“模拟市长”、课程实践调研等活动相结合；将我国的疫情防控成果与政策分析、制度分析专题学习相结合，通过案例比较生动灵活地展现中国特色社会主义的制度优势；学院积极组织研究生参与“财经人·济世路——小康行”“财经人·济世路——跟党走”等系列主题实践活动，鼓励学生用实践在决胜全面建成小康社会的伟大历史进程中作出贡献。

丰富实践产出，注重成果转化与应用，以成果导向的奖励机制激发学习活力。学院构建多维度研究生社会实践评价机制，将考核与学生党性意识提升、专业技能提升、学习能力提升等各方面结合起来，建立科学的社会实践评价机制。如大力奖励通过各项实践活动产出高质量调研报告并获得各级采纳政策咨询与建议；在各种奖励评审中侧重对思想政治的考核，将思想水平和政治立场作为衡量研究生学习成效的重要标准。

四、研究生课程思政教学改革成效

学院课程思政建设有序推进取得显著成效。培养的研究生理论基础扎实，实践能力和创新能力强，得到社会的广泛好评，大量优秀毕业研究生进入各级政府机关和企事业单位工作，为国家治理体系与治理能力现代化建设作出贡献，大思政引领的育人格局成效显著。

（一）形成课程思政全覆盖的课程体系

学院已实现课程思政在研究生学科平台课程、学科基础课程、专业必修课程和专业选修课程模块中的全覆盖。

以精品课程为龙头，建设课程思政优质金课。在精品课程、重点课程及优质课程中，遴选一批基础较好的课程，加大课程思政示范课支持力度。目前，已培育公共决策理论与实践、公共部门战略管理、公共政策前沿问题分析、城市管理前沿、教育经济学等课程思政精品课程。通过思政课“大练兵”、课堂教学创新大赛活动，挖掘培育一批线上线下有机结合、思政教育潜移默化教学方法优势鲜明的创新型课程思政项目。其中，“‘模拟市长+多堂联动’的导入融合式公共管理人才培养模式项目”打通本科、硕士、博士培养链条，打破专业培养界限，实现思政、课程、专业高效协同互动，获2020年北京高等教育“本科教学改革创新项目”立项；“凝聚社会正能量，弘扬核心价值观——思想引领下的公共决策理论知识学习与能力培养”获得校级课程思政教学改革试点项目立项。

（二）思政与专业协同育人资源平台建设取得显著效果

学院思政与专业协同育人资源平台建设成果显著。行政管理入选国家首批一流本科专业；城市管理获批北京市人才共建基地，并获教育部产学合作协同育人项目支持；与雄安新区、中关村科技园、北京市多个街道及各类企事业单位建立教学实践基地。与美国休斯敦大学组织中美国际领导力研修班，与美国亚利桑那州立大学签订联合培养研究生框架协议。

全国高校“模拟市长”大赛成为具有全国影响力的大学生学术创新赛事品牌。该赛事已连续举办9届，吸引了清华大学、北京大学、香港教育大学等40余所高校的3800余名学生参加，总赛区设在中央财经大学，4个分赛区覆盖华南、华东、西南、东北地区，《人民日报》等48家媒体连年跟踪报道，已成为具有全国乃至国际影响力的品牌赛事。北京广播电视台北京卫视频道、新闻频道在《北京您早》栏目播出中央财经大学思政专题片，报道全国高校“模拟市长”大赛聚焦中国问题、躬耕中国实践、发展中国理论，探索坚定中国自信的公共管理学科育人体系。

（三）建成基础扎实、方法先进、资源丰富的课程思政教学团队

建立起“老中青”传帮带良性循环和资源高度共享的课程思政教学团队，营造学术氛围浓厚、教学方法先进、教学资源丰富的教学环境。学院积极开展课程思政专题培训，已建成由教授、副教授、讲师组成的公共部门战略管理、城市规划与管理、政府绩效管理、公共政策分析、公共决策理论与实践、社会科学研究方法、公共部门人力资源等领域教学团队。在各教学团队内部，实行集体备课和教学资源共享制度，建设各门课程的思政教学资源集合。

（四）形成教学相长的学术发展良性循环

研究生授课教师和研究生导师立足国际前沿、扎根中国实践，在政府战略与绩效管理、公共政策、城市与区域治理等学科方向取得了丰硕的研究和实践成果。学院师生承担多项国家级研究课题，《中国公共管理发展报告》《中国政府管理年鉴》《中国社会保障发展指数报告》等获得广泛认可，创办学术期刊《政府管理评论》，研究成果得到党和国家领导人批示，部分成果获得高等学校科学研究优秀成果奖、北京市哲学社会科学优秀成果奖等省部级以上奖励。服务社会与政府决策成效明显，参与《立法法修正案》《政府采购法实施条例》《国家中长期科学和技术发展规划》等多项政策法规的起草和修订。

研究生在《中国行政管理》《政治学研究》等期刊发表论文103篇，学位论文抽检均一次性通过，两篇论文获全国MPA优秀论文奖和提名奖。依托全国高校“模拟市长”大赛的公共管理专业思政+实践导向人才培养模式获北京市教学改革创新项目支持，持续对口支援西藏大学联合培养研究生。

依托读书会、班会提升思想理论水平，邀请校、院党委书记进班会，研究生承担校院

党建课题 50 项。获校“党建工作样板支部”3 项，“优秀研究生党员”“榜样中财”2 人次，市、校级优秀毕业生 54 人次。研究生参与开发课程思政教学案例 18 篇，1 篇案例在中国研究生公共管理案例大赛中进入全国 32 强并获得三等奖，2 篇案例获得全国百强，2 篇案例获得中央财经大学专业学位研究生案例大赛三等奖，1 篇案例入选中国专业学位教学案例中心入库。

五、研究生课程思政教学改革阻力及解决措施

（一）改革阻力

1. 思政教育深度不够，“三全育人”机制需进一步完善

由于专业课程的专业性特点，在教学中思政教育和专业教育结合的深度需进一步加强，“三全育人”机制有待进一步完善。目前，思政与专业尚未实现完全的“无缝衔接”，教学内容和教学过程未实现全链条完整覆盖。课程思政项目支持力度不足，精品课程思政体系尚未完善。研究生授课教师和研究生导师在学生思想政治教育工作中的作用发挥需进一步加强。

2. 学科知识更新快给课程思政资源及时更新提出挑战

如何结合中国国家治理、社会和科技发展前沿动态建设与时俱进的课程思政教学资源体系，是学院研究生课程思政改革与发展的重要内容之一。公共管理学科实践性较强，学科知识更新快，对教学内容和教学资源的更新要求也较高。尤其是在学科交叉融合的发展背景下，对与教学内容相匹配的课程思政资源建设也提出了较高要求。

3. 基于课程思政的研究生差异化能力培养难度较大

实践锻炼是开展课程思政教学的有力支撑资源，也是加深研究生对我国社会主义建设事业成就的理解的重要方式。研究生类型及层次多样，能力需求多元，校外导师及实践基地建设不足，给实践基础上的思政素养提升带来了困难。

学院研究生培养层次和类型多样，包括博士生、学术型硕士、专业硕士，其中，专业硕士又包括全日制 MPA 和非全日制 MPA，学缘结构呈现多样化特点，培养目标差异化需求突出。针对公共管理学科研究生培养特点，学院采取校内、校外双导师联合指导的方式，以提高学生的理论水平和创新能力。党的十八大以来，对政府机构领导同志在校外兼职进行了严格限制。有实践经验的师资力量配备不足，实践基地建设受到影响，导致科教融合与产教融合条件受限。

学院已和各级政府机构、各类企事业单位合作建立了部分实践基地，但因可利用的时间段、调研深度受限、维护成本较高等原因，实践基地开发不足。新开发实践基地需要行业或系统政策支持，以及人力、财力等资源保障。受资源限制等因素影响，学院实践基地建设有待进一步加强。

（二）解决措施

1. 强化公共价值引领，健全“三全育人”的研究生教育大思政格局

坚持立德树人根本任务，强化公共价值在人才培养和思政教育中的导向作用，在公共管理学科内构建联动协同、同频共振的全员育人、全程育人、全方位育人格局。进一步深挖思想政治教育与专业课程的融合点，积极申报各级研究生课程思政建设项目，培育重点课程思政教学课堂和专业课程，力争获批北京市和国家级课程思政教学示范课程。

2. 更新课程和知识体系，推进课程思政资源建设与专业教学资源建设的协同发展

进一步优化课程体系，围绕研究生培养目标更新专业内容，通过前沿理论与实践研究实现课程思政资源建设与专业资源建设的同步推进。面向行业需求深化教学内容与课程体系改革，积极利用公共管理学科研究前沿成果、产业和技术发展最新成果更新课程思政教学内容，重点培育研究生课程思政精品课程和精品教材，开发研究生课程思政教育的新方向和新课程。

3. 整合校内外资源，为课程思政改革提供广泛的资源支撑

整合学院力量，增进与政府机构、企事业单位的交流合作，推进研究生实践创新基地建设，强化科教融合和产教融合，提升研究生实践创新能力。鼓励研究生导师前往政府机构挂职锻炼，建立产学研合作、协同育人实践平台。

继续加强研究生课程思政精品实践教学和教学案例建设，推动研究生学习成果的高质量、高效率转化。将实习实训和案例开发作为研究生社会实践及创新课程的学分要求。鼓励研究生参与国家重大工程建设项目与城市治理实践并开发优质案例，积极参与各级、各类论文竞赛、案例大赛、全国高校“模拟市长”大赛和全国 MPA 教指委案例入库工作。

完善专业硕士导师遴选标准，聘请政府机构、企事业单位领导以及知名学者担任 MPA 校外导师，形成与校内导师的协同指导，为 MPA 培养提供充分的科研基础和实践支撑。继续完善研究生学术讲座机制。邀请政府机构领导、优秀校友举办讲座。

附录 1：政府管理学院——坚持思政育人，强化专业教育

习近平总书记在全国高校思想政治工作会议上强调，要坚持把立德树人作为中心环节，把思想政治工作贯穿教育教学全过程，实现全程育人、全方位育人，努力开创我国高等教育事业发展新局面。为深入贯彻习近平总书记重要讲话精神，提升学生思想政治觉悟和道德修养，中央财经大学政府管理学院守好公共决策理论与实践专业课程育人的一段渠，积极探索课程思政教学改革，将思政元素融入课堂教学的全过程，突出思想引领，使专业课程与思想政治教育同向同行，形成协同效应。政府管理学院发挥专业优势，构建以宋魏巍副教授为主讲教师，于鹏教授、崔晶教授、曹堂哲副教授、耿云副教授为专题教师的公共决策理论与实践课程教学团队，围绕立德树人根本任务，以思政教育为价值引领，

以专业教育为主要抓手，打造涵养学生的精神高地，综合运用网络教学、实践教学、案例教学、互动体验式教学多种方法，着力实现“价值引领、知识讲授、能力培养”三位一体的教学目标。

一、课程思政建设理念

公共决策理论与实践课程以习近平新时代中国特色社会主义思想为引领，以学生为主体，以专业知识体系为主线，在课堂教学中注重时事认知、理论提升、素质拓展、能力培养等环节设计。通过时事热点增强公共决策专业知识学习的实践性，通过理论体系强化学生对公共决策知识体系的掌握与理解，通过实际案例分析拓展学生素质、提升学术思维及分析能力，实现“思政—实践—理论—操作”的互动融合。

二、课程思政设计思路

公共决策理论与实践课程将思政融入全流程教学设计，构建思政与专业深度融合的专业知识体系，强调理论联系实际，回归实践应用，润物无声地引导学生将个人成长与祖国前途命运紧密相连。

（一）引入时事热点专题，实现思想引领的潜移默化

将时事热点专题引入公共决策理论与实践的课堂教学，精准提炼思政元素。将雄安新区建设、三大攻坚战、改革开放40周年、国家治理体系和治理能力现代化等热点时政专题引入公共决策的课堂教学中，彰显思想引领下的公共决策专业知识学习的时代特色，激发的代青年主动掌握专业知识，领航新时代、建功新征程的奋斗热情。

（二）强化知识体系构建，形成思政与专业学习同频共振

公共决策理论与实践课程以公共决策基本知识体系为主线，增加当前我国公共决策的实践案例。通过“理论知识—实践案例”深度结合的课程设计，既提高课程的政治站位和理论高度，又强化公共决策专业教学的知识深度，形成思想政治教育和专业教学的同向同行。

（三）扎根中国决策实践，凸显专业知识的学以致用

课程立足并扎根当代中国决策实践，将中国决策实践经验与公共决策理论与实践课程相结合，让学生充分认识到党和国家的重大决策实践是学习公共决策理论知识的深厚土壤。以思政为引领，以专业为基础，回归公共决策实践，充分发挥专业知识在政治、经济和社会生活中的作用，彰显在公共决策专业学习中学以致用的务实学风。

三、课程思政实施过程

公共决策理论与实践课程通过“价值引领—专业学习—实践导向”深度融合的教学模式，打通思想政治和专业知识融合渠道，加深学生对习近平新时代中国特色社会主义思想和社会主义核心价值观的实践感知和理论认知。

（一）在课程设计中：挖掘思政元素，形成思想政治引领的课程理念

针对公共决策中的各个环节及专题精准提炼思政元素，以思想政治构建公共决策理论与实践课程的育人格局。在自主学习的过程中，注重培养学生对国家时事热点的认知能力，形成对社会主义核心价值观的深刻理解。如针对“公共决策的价值导向”章节，结合新冠肺炎疫情防控决策案例，强调人民利益至上的价值取向，体现中国在疫情防控中的制度优势和群众优势。

（二）在课前引导中：解读思政内涵，激发公共决策互动参与的思想共鸣

在课前，以中国公共决策鲜活时政案例为切入点，引导学生提前开展专题学习。在“公共决策过程”这一节课前，围绕改革开放40周年这一主题，解读中国改革开放的历程和所取得的重要成果，展现新时代深化改革开放的决策动力，激发学生主动参与公共决策理论学习与实践的思想共鸣。

（三）在课堂教学中：融入思政理念，打造思政与专业相融合的知识网格

在课堂上，将思政理念融入知识讲授，形成思想政治热点与专业知识协同联动的知识网格。并通过典型案例分析、深度理论讲解、学生互动讨论、动态实践模拟等形式丰富公共决策教学内容，打通思政与专业的融入渠道，实现思想政治与专业知识“如盐化水”式的深度融合，帮助学生将思想政治“内化于心”。

（四）在课后实践中：发挥思政价值，培养高素质、专业化公共管理人才

在课后，引导学生自主学好专业知识，同时做社会主义核心价值观的传播者和践行者。带领学生前往爱国主义教育基地、政府机关、企事业单位开展实践教学，加强对公共决策问题的感性认知。以实践教学为抓手强化学生理论联系实际的实操能力，实现思想政治的“外化于行”，培养既有过硬的专业本领，又有正确的世界观、人生观、价值观的新时代公共管理人才。

四、课程思政教学效果

公共决策理论与实践课程在提升课堂教学效果的同时，增强专业建设和班级建设的凝聚力，提升学生的获得感和成就感。教学团队以习近平新时代中国特色社会主义思想为引领，建设多元课堂，开发《公共决策理论与实践教学案例集》，开展深度专业研究。在教学团队的指导下，本科、研究生班级获奖80余人次，发表多篇专业论文，多位同学分获国家级大创课题奖励、国家奖学金、中央财经大学优秀共产党员荣誉称号、中央财经大学“研会之星”荣誉称号等。

通过学习公共决策理论与实践课程，我不仅领悟到加快我国公共决策科学化、民主化和法制化的进程的重要性，更深刻体会到推进国家治理体系和治理能力现代化的必然性。贯穿课程的思想引领也促使我不断提高自己的政治站位，加深我对社会主义核心价值观的理解，坚定了我以当代青年的责任与担当报效祖国的决心。

——2017级行政管理专业本科生柳欣悦

公共决策理论与实践课程的学习让我认识到中国共产党始终坚持的实事求是、群众路线的决策思想是公共决策的根本所在，也让我更加深刻地认识到中国特色社会主义建设事

业所取得的伟大成就，我为祖国的强大而自豪。

——2017 级行政管理专业本科生李东

公共决策理论与实践课程的学习让我认识到党和国家的每一项重大决策都体现了公共权力的客观性，代表了人民群众的最根本利益。作为新时代的新青年，只有不断提升自己的科学文化水平和专业知识，才能更好地为中华民族伟大复兴而努力奋斗。

——政府管理学院 2018 级行政管理专业研究生宁钰皓

公共决策理论与实践课程以公共决策基本理论为蓝本，深耕党和国家重大决策实践案例。公共决策理论和实践的学习让我深刻理解党和国家的决策智慧与决策优势，激发我们青年学子为建设中国特色社会主义事业而努力学习、不断进步。

——政府管理学院 2018 级行政管理专业研究生陈语

公共决策理论与实践课程让我更加深刻地认识到中国共产党的领导是中国特色社会主义制度的最大优势，进一步加深了我对社会主义核心价值观的理解，增强了自身的政治意识，坚定了自身的信仰与信念。

——政府管理学院 2019 级行政管理专业研究生杨帆

公共决策理论与实践课程在构建决策理论知识体系的基础上，紧密结合中国特色社会主义决策实践。这让我充分认识到了在党的领导下我国社会主义建设事业所取得的伟大成就，以及中国特色社会主义制度无可比拟的优越性。同时我也更加深刻地理解和领悟了社会主义核心价值观的丰富内涵，明确了身为行政管理专业学生的使命，心怀公共精神，肩负社会责任，为中华民族伟大复兴贡献自己的力量。

——政府管理学院 2019 级行政管理专业研究生景欣

11. 体育经济与管理学院研究生课程思政教学改革成果总结报告

一、研究生课程思政教学改革总体情况

体育经济与管理学院在学校加速推进课程思政教学改革的背景下，深入学习贯彻全国研究生教育会议精神，以党的十九大精神和习近平新时代中国特色社会主义思想、《关于加快新时代研究生教育改革发展的意见》（教研〔2020〕9 号）等精神为指导，将研究生专业教育与思政育人紧密结合，在专业教育中以立德树人为根本任务，不断健全三全育人机制；在探索课程思政改革模式，结合体育经济与管理学院的专业特色构建思政教育体系方面，取得了良好收效。

二、研究生课程思政教学内容设计情况

（一）设计目标

学院课程思政改革教学设计以产业经济学、体育经济与管理等专业特色和基础，挖掘课程的价值内涵，将价值观培育塑造融入课程，找准着力点，以满足学生成长发展与精神文化需要、完善研究生知识体系构建和实现立德树人为目标，对研究生专业课程进行了课程思政改革。

1. 满足学生成长发展与精神文化需要

通过课程思政改革的手段，将研究生成长发展和精神文化需要与传统专业课程教育之间的空白加以弥补，针对不同专业背景、不同成长经历的学生，以有温度的育人模式与专业的课程学习结合，潜移默化地在学生对于我院研究生专业价值体系的认知、学科发展和社会发展与个人发展之间的关系等问题上进行影响，将大背景下的国家发展与个体价值紧密结合。

2. 完善研究生知识体系构建

充分调动课程中的思政元素和德育内涵，将知识传授与价值引领结合，除了传统讲授事实性知识以外，将方法论知识、价值型知识等融入课程，引导学生立足于当前社会经济

形势，运用专业知识和马克思主义理论与方法论知识看待问题、解决问题；结合全民健身、体育强国等政治思想，更加全面、立体地构建研究生知识体系，引发学生对于专业价值的深层次思考。

3. 实现立德树人

引导学生领悟一代人的价值追求和时代使命，培育实事求是、崇尚真理的科学精神，引导学生树立正确的价值观、政治观、法治观和道德观，通过课程思政体现学生的发展与成长价值导向。

（二）设计思路

1. 深挖专业特色

结合体育经济与管理背景下的产业经济学基础之上，渗透中国特色社会主义价值观，引导学生树立正确三观，在课程中结合体育产业可持续发展、大健康产业、体育促进精神文明建设等主题，充分融入价值观培育与人性考量，正确引导学生。

2. 专业培养与道德培育相结合

在课程思政改革，将价值观培育融入课程的同时，坚持质量导向，以育人为本，同时注重研究生的学术道德培育；坚持以提升专业培养质量为引领，增强研究生的使命感责任感，全面提升研究生知识创新和实践创新能力，构建高质量的研究生培养体系。

3. 辐射实践教学环节

充分利用课程案例学习、科研课题、读书会、讲座沙龙形式等提升思想政治教育的实践性，将理论与实践结合，利用实践教学环节中提升学生的参与度和接受度，以课题、实习、调研等为切入点，拓展专业课程与思想政治教育的周边关系，从时代发展和社会需要的角度真实提高学生素质。

三、研究生课程思政教学实施过程

（一）实施方法

1. 建立课程思政协同育人机制

从研究生课程体系中找到对接思政教育的立场、观点和方法的支撑点，有效地拓展思政教育的教学边界，将思想政治教育纳入课程体系的逻辑和实践中，实现思想政治理论与专业理论的价值共鸣，从而真正实现课程思政的协同育人作用。

2. 开展课程设计与建设

在课程和师资队伍中进行遴选，在相对成熟的课程中率先试点，逐步推进课程思政；立足学科特色和专业培养方案，梳理课程与思想政治教育的连接点，并将其融入课程计划、课程标准和课程大纲中，同时注意整体课程设计中，按照学科和学制的特点，循序渐进地将思想政治教育融入进课程体系中。

3. 完善课程思政队伍建设

本着高校教育立德树人的宗旨，提升教师队伍开展课程思政的教学动力和教学能力，挖掘课程的学术和人文价值，使学生从多维度地理解专业内涵，从而提升整体课程教学效果，同时影响研究生的道德准则、科学思维和行为规范；并将课程思政贯穿于教师的日常管理和综合考评制度中，纳入教师评教、职称评定和绩效考核体系等。

（二）实施案例

在我院开设的多门专业课中，授课教师均相应课程思政的改革号召，通过教师的言传身教，将思想政治教育元素与专业知识有机融合，并结合国家政策方针、体育产业的时事热点，立足中国特色社会主义体制，实现为党育人、为国育才。

1. 立足体育产业发展，培育学生使命责任感

在学院产业经济学专业的《体育经济与管理专题》课上，闵捷教授将体育产业的内涵、发展历史及产业现状进行讲授，将体育产业发展的几个关键节点，同国家和社会发展的关键节点结合起来，引导同学们对体育产业的内涵进行思考。

“为什么一直有企业向足球俱乐部里砸钱?”“电子竞技究竟是不是体育?”“职业体育改革的阻力究竟来自政府还是来自民间?”……

学生对于体育产业提出了一些好奇和疑问，面对这些或是产业热点，或是有些尖锐敏感的问题，闵捷教授结合自己的工作研究经验进行了解答，并鼓励学生形成自己的看法和理解、挖掘其背后的政治背景和经济规律，在进行学术研究的同时培养学生的家国情怀。在对体育产业发展的历史和现状有了一定的研究之后，学生自然而然地形成了发现问题、分析问题、解决问题的思路，对于体育产业相关的改革推进路径、体育产业的可持续发展等问题进行深入地思考，与此同时也自然地建立起了对于体育产业发展的使命感与责任感。在课程的讲授中，潜移默化地对学生产生了投身国家产业发展、实现个人价值的影响，在学科特色背景之下，形成了良好的价值塑造与价值导向。

2. 聚焦大健康产业，融入价值观与人性考量

在学院开设的专业课中，有多名老师都涉及了大健康产业、体育促进精神文明建设等相关内容；全民建身、体育强国作为国家政策与方针是为人熟知的，而大健康产业所涵盖的范围又是与人类健康紧密相关的，作为能够提升人类“幸福”的产业，在研究其背后的经济现象的同时，也对学生进行了思想政治教育，实现了学术研究与思政教育的价值共鸣。例如在闵捷老师的体育经济与管理专题一课中，对大健康产业中涉及的运动康复、休闲健身等进行了剖析；而李永红老师讲授的专业英语一课，则从不同的角度，将国内外的休闲体育产业进行对比；李犇老师讲授的高级体育经济学课程中，利用学生课堂展示的方式，与同学们讨论了运动可穿戴设备、“体育 + 互联网”等专题内容，使得学生对于大健康产业有了更深的理解和认识。

特别是2020年初新冠肺炎疫情暴发以来，社会上对于大健康产业的关注更甚，在专业课程中对其聚焦研究，不仅符合社会的发展趋势和需要，也能够在潜移默化中培养学

生、融入价值观与人性考量。

四、研究生课程思政教学改革成效

学院研究生课程思政改革由点及面，逐步推开，目前开设的所有研究生课程已经完成了改革，结合每门课的教学内容，将理想信念教育、价值观塑造、国家政策聚焦、学术诚信教育等多个思政元素，有机地与课程内容结合起来，并取得了良好的改革成效。

（一）学生参与感更强，课堂互动增加

学生参与课堂、与教师等互动等有所增加，一方面这表示学院课程思政的改革没有脱离专业教育的实际，是符合学生的学习成长需要的，另一方面表示，将思政元素融入课程，也使学生在课堂中有更强的参与感。

（二）养成专业兴趣，产生投身产业信念

通过课程思政教学改革，更好地树立了学生投身产业实践、报效社会的理想信念，这一点虽然较难量化，但是以2020级产业经济学班学生为例，在学院推进课程思政改革后，决心以后从事体育产业相关工作的学生占比，较往届有所增加，对于体育产业的兴趣也更加浓厚了，这能够反映出在课程思政的改革成效，在专业教育的同时培养了学生的理想信念，而这种使命感和对产业的兴趣，又将作用于专业学习和学术研究，实现了思想政治教育和专业教育的良性闭环，有相辅相成的作用。

（三）思政融入实践，课堂内外结合

学院对于课程思政改革不仅仅局限于课上的部分，也充分利用讲座、沙龙、学术课题等形式推进教学改革，例如学院林琼、张丛杉、陈绮文、刘彩凤等老师与武汉市体育投资发展公司合作，带领2020级4名研究生共同成立了课题研究小组，研究撰写其“十四五”规划与研究报告，在学术研究、实地调研的同时，引导学生更好地理解国家政策、融入产业社会；学院的特色“读书会”活动，也多次将体教融合、大健康产业等作为主题进行讨论研究，并引导、激发同学们的主人翁意识，吸引学生的兴趣，读书会活动已经成功举办数十次余次，成为“第二课堂”的良好支持。通过各种形式，将思想政治教育同实践融合，有效地发挥了其作用。

五、研究生课程思政教学改革阻力及解决

（一）专业课教师没有思政教育背景

由于专业课教师多为经济学、管理学研究背景，没有思想政治教育的相关经验，对于

如何自然地将思政与专业课结合起来，成为改革中的一大阻力。对于此，我院组织教师学习相关文件精神，理解课程思政的实际内涵，鼓励教师结合专业课的教学内容，从理想信念、价值观塑造、社会热点、诚信角度等多个角度将二者融合，提升教师参与课程思政改革的积极性，并强调课程思政的意义在于“立德树人”，要先严格要求自身，才能潜移默化地给学生带来正面影响。

（二）课程思政教学的学习效果评价较难

课程思政教学改革的学习效果一直是较难评价的，对于此学院采取对学生发放匿名调查问卷的形式，鼓励学生畅所欲言，获得了关于课程教学改革的真实意见。

12. 法学院研究生课程思政教学改革成果总结报告

习近平总书记曾多次强调，全面推进依法治国需要培养大批“德法兼修”的高素质法治人才。习近平总书记在全国高校思想政治工作会议上明确指出，“坚持把立德树人作为中心环节，把思想政治工作贯穿教育教学全过程，实现全程育人、全方位育人”。将思政教育融入法学硕士研究生教育整个过程是基本要求，实施的关键是推进法学研究生课程思政。高校作为社会主义法律人才的“第一阵地”，应该从新时代中国特色社会主义发展的全局出发，在提高学生的法学知识水平的同时，培养学生的思想道德素养。法学教育承担着培养中国特色社会主义法治建设者的重任，法学教育本身就是对意识形态领域的塑造和完善，其背后承载的不仅仅是知识的创新以及专业素养的培育，还应当包括对国家人文精神和主流价值观的号召。法学“课程思政”教育教学改革就是要将社会主义法价值引领渗透进法学专业课程，通过课程教育本位的回归，促使“法律知识传授”与“法律价值引领”无缝对接，最终实现培养“德法兼修”社会主义法治建设人才的目标。

一、法学院研究生课程思政教学改革总体情况

中央财经大学法学院确定了“坚持价值引领、立足中国实践、聚焦数字时代、着力风险防控”的基本发展方略，以指导学院人才培养，为学院办学资源的统筹和整合提供清晰的指引。“坚持价值引领”，体现的是对方向的要求，对“为了谁”的回应。强调的是在人才培养、师资队伍建设和学术研究上，要坚持立德树人、德法兼修、明法笃行，要积极推动“专业思政”“课程思政”建设，大力推进职业伦理教育，一二课堂联动，把核心价值观的培养和对灵魂的塑造作为法治人才培养的第一要务。

法学院成立课程思政建设工作小组，统筹推进法学院课程思政建设工作，制定“法学院课程思政建设方案”“法学院课程思政建设工作办法”，将课程思政建设工作予以制度化。建立课程思政专项基金，支持教师开展多种形式的思政课程。

培养什么人、怎么培养人、为谁培养人是人才培养的根本问题。法治人才培养，培养的是中国特色社会主义法治事业的建设者和接班人，思想政治素质是社会主义法治人才第一位的要求。解决好专业教育和思政教育“两张皮”问题是育人工作的重中之重。法学院高度重视课程思政建设，坚持“学生在哪里，思想政治教育的主阵地就在哪里”的理念，积极推进专业教育与思政教育紧密结合。学院坚持立德树人，德法兼修，把社会主义核心

价值观融入教育教学全过程，不断提高法科学生的思想水平、政治觉悟、道德品质、文化素养，使之德才兼备、全面发展，成为社会主义核心价值观的坚定信仰者、积极传播者、模范践行者。

教师是学生健康成长的指导者和引路人。中财法学院以全国首批黄大年式教师团队建设为契机，把住核心价值育人的主力军，通过党支部、教研室、研究机构和工会建设，锤炼有理想信念、有道德情操、有扎实知识、有仁爱之心的教师队伍，以教师团队心有大我、至诚报国的爱国情怀，教书育人、敢为为人先的敬业精神，淡泊名利、甘于奉献的高尚情操感染、浸润、引导学生。学院积极组织教师参加有关课程思政深入解读，加深对课程思政的专题培训及研讨活动，通过教学观摩、教学竞赛、教学研讨等活动，提升课程思政教学能力；对思政课程的授课内容、授课计划和教学实践各环节严格把关。学院在依靠现有师资队伍的基础上，积极与法律实务部门合作，努力培育一批“课程思政”教学名师，不断增强团队整体教学能力，发挥团队示范作用。全面加强师德师风建设，结合法律职业道德培训积极引导教师做“四有”好老师，以德立身、以德立学、以德施教、以德育德，保证正确的教育方向在思政课程教育教学内容、主体、目的、方法中的切实实施。

课程是人才培养的主渠道。学院完善专业课程教学大纲和教案，在教学目标中增加“课程思政”目标，根据“课程思政”目标设计相应教学环节，创新教学活动，将“课程思政”元素融入学生的学习过程中，体现在学习评价方案中，坚持寓社会主义核心价值观于知识传授之中，传播主流意识形态，直面各种错误观点和思潮，同时结合法学专业特点，把专业学习小课堂同国情社情大课堂结合起来，引导学生分清重大是非，提升法治人才的辨别能力。

教材是教师教学和学生学习的信息载体，教学内容的表现形式。学院全面使用马克思主义理论研究和建设工程系列重点教材，并积极组织教研室开展研讨，用马克思主义法学思想和中国特色社会主义法治理论开展教学。

第二课堂是人才培养的新引擎。学院通过“院长接待日”“书记第一讲”等活动，将学院的人才培养思路直接传达给学生，并及时回应学生的现实关切；通过讲座、座谈等多种方式，积极邀请法律职业精英和行业模范到校交流法律职业人才成长经历、职业选择，传播正能量，引导价值观，形塑职业伦理。

二、法学院研究生课程思政教学内容设计情况

（一）设计目标

1. 寓价值观引导于知识传授和能力培养之中，帮助学生塑造正确的世界观、人生观、价值观。

2. 牢固确立人才培养的中心地位，围绕构建高水平人才培养体系，不断完善课程思政工作体系、教学体系和内容体系。

3. 要紧紧围绕国家和京津冀发展需求，结合学院发展定位和人才培养目标，构建全面覆盖、类型丰富、层次递进、相互支撑的课程思政体系。

4. 培养学生成为德才兼备德法兼修的社会主义法治建设事业接班人。

（二）设计思路

1. 法学专业“课程思政”改革要深挖法学专业课堂的“思政基因”

法学专业课程的讲授，不能仅仅停留在对法学概念、法律条文的解读，而是要将知识传授放到全面实现依法治国整体战略中来思考，要充分发掘法学知识背后的人性考量、价值关怀与制度定位。在进行中外立法比较的时候，要为学生客观、全面地分析不同国家、地域因文化传统、经济体制等原因而导致的立法差别，让学生充分了解社会主义法律制度形成的“本土资源”，树立文化自信与制度自信，能够从国家情怀和法治中国整体发展的角度来审视和解决问题。“对世界上的优秀法治文明成果，要积极吸收借鉴，也要加以甄别，有选择地吸收和转化”。法学专业课程思政改革的第一步，就是要在法学课程中解决各门专业课程与全面依法治国的关系问题，使学生真正建立起社会主义法律信仰，正确看待依法治国进程中面临的各种问题和困难，自觉肩负起社会主义法治建设的重要使命。

2. 法学专业课程思政改革必须与法学专业人才培养目标相结合

法学专业所有课程的设计都是围绕着法学专业人才培养目标而展开，法学专业课程思政改革也应当将思政元素充分融入法学专业人才培养方案，从课程聚焦到专业，将“德法兼修”的育人理念贯通法学专业建设的整体规划。例如，法学专业课程体系的建设要体现课程思政改革的初衷，宪法学、法学导论、专业导论、法律职业伦理等课程的设置，要承载起对法学专业人才基本素养与品格的导引功能，这些课程还要尽量设置在低年级，确保学生在接受法学专业知识与技能训练的初级阶段就能形成最基本的社会主义核心价值观。

3. 法学专业课程思政改革要辐射到实践教学环节

法学是一门实践性很强的学科，法学专业课程思政改革如果仅局限于知识教学，忽略在实践教学环节对学生的价值引领，其改革效果就会大打折扣。要实现“全课程育人”的格局，必须在实践教学环节中寻找与德育知识体系的结合点。司法机关、律师事务所等机构是高校法学专业实习、实训、见习等实践教学环节得以开展的最主要场所，法治实际工作者的言传身教，将对学生法律职业伦理的形成产生巨大影响。因此，法学专业课程思政改革，也要打破高校与司法实践部门的壁垒，要建立课程思政改革的联动机制，各部门相互配合，增进沟通，打造平台，共同引领学生完成法律职业精神的塑造。

三、法学院研究生课程思政教学实施过程

（一）实施方法

1. 紧紧抓住教师队伍“主力军”

全面推进课程思政建设，教师是关键。法学院积极推动广大教师进一步强化育人意识，找准育人角度，提升育人能力，确保课程思政建设落地落实、见功见效。通过开展经常性的典型经验交流、现场教学观摩、教师教学培训等活动，充分发挥教研室、教学团队、课程组等基层教学组织作用，活跃课程思政研究氛围，建立课程思政集体教研制度。鼓励支持教授、学科带头人等带头开展课程思政建设。

2. 牢牢把握课程建设“主战场”

法学院组织教师深入梳理专业课教学内容，结合不同课程特点、思维方法和价值理念，深入挖掘课程思政元素，增加法学专业课程的知识性、人文性，提升引领性、时代性和开放性，发掘基础课、主干课、拓展课、实践课不同层次的思政特点，打造立体化规范化的课程体系。

3. 时时盯住课堂教学“主渠道”

法学院讲好用好马工程重点教材，推进教材内容进人才培养方案、进教案课件、进考试。法学院把课程思政要素作为课程设置、教学大纲核准和教案评价的重要内容，落实到课程目标设计、教学大纲修订、教材编审选用、教案课件编写各方面，贯穿于课堂授课、教学研讨、实验实训、作业论文各环节。法学院鼓励教师创新课堂教学模式，推进现代信息技术在课程思政教学中的应用，激发学生学习兴趣，引导学生深入思考。

（二）实施案例

1. 宪法学课程思政建设

蒋劲松教授2020年开始对研究生宪法学课程进行课程思政改革。

在教学内容方面，蒋劲松教授确定，中财法学院的硕士生学宪法学课程不但要通晓资本主义国家宪法及其理论，更要懂中国宪法中的中国特色及其理论。检验他们宪法学课程学习成效的标准不但有考试成绩，更在于他们通过学习这门课程而站稳一个立场，即爱中国宪法，卫护中国宪法中的中国特色或中国宪法的决定性价值，并具备相应的宪法学知识。

在课程的开篇，蒋劲松教授就提出一个崭新的宪法学概念“中国宪法的决定性价值”，并说明提出这个概念的必要性。然后先从哲学和法学两个维度，参考西方法学理论对“价值”的确定思路，从学理上将“中国共产党领导”解释为中国宪法的一个价值。继而，依据对中国宪法的解释，从学理上将“中国共产党领导”提升为中国宪法的决定性价值。之后，以中国宪法的决定性价值与资本主义国家宪法相应价值比较，并以前者统领对中国宪法其他价值、所有原则和总纲、基本权利基本义务、国家机构、国家象征部分的讲解。整个课程价值立场鲜明，力图帮助研究生们懂得：中国宪法为什么将中国共产党领导确定为自己的决定性价值，中国宪法如何因为尊崇这一决定性价值而卓然不同于资本主义国家宪法。所以，这是在宪法学课堂上，运用宪法学特色方法实施思政教育。

教学形式方面，蒋劲松教授一方面坚持课堂讲课为主，另一方面引入法学与话剧艺术“嫁接”的方法作为辅助。具体做法是：第一堂课即把整个学期的课件全部发给学生，布置全体同学自编、自导、自排一部学术性（宪法学）系列微话剧《喷薄·2020》，并指定于第十二个教学周的周日上午演出。蒋劲松教授要求：听课的全体108名同学经自愿组合，组成10个剧组。每个剧组选择宪法学课件的一个知识点，以2020年中国和若干资本主义国家应对新冠病毒的表现为素材，自编人物和剧情。自编、自导、自排和自演《喷薄·2020》列为宪法学课程的平时实践活动，计算平时成绩。同学们要借此表现他们学习宪法学课程所学到的知识。蒋劲松教授还宣布，宪法教学的效果事关社会各界，所以，将邀请全国人大宪法和法律委员会、司法部、北京市教育局等国家机关派员担任演出的评委，还将邀请中国宪法学研究会会长、副会长等名师、《法治日报》等媒体以及学校有关部门、法学院党政领导一同担任评委。同学们对这一新颖的宪法教学形式反应热烈。他们课堂入神地听讲；课后竞相钻研；兴奋地写剧本，一遍又一遍改剧本；反复排练，乐此不疲。2020年11月29日上午，《喷薄·2020》在中财学术会堂202大厅如期上演。十个剧目先后呈现：《我的国与家》《幸福村二三事》《“疫”见》《中国速度》《“疫”识形态》《留学生疫情初体验》《共同战疫》《真假人权》《瑞典之声》和《旗帜》。

2. 合同法课程思政建设

合同法是市场经济法律体系的重要组成部分，是财经私法的主要组成部分，体现中央财经大学财经法学的鲜明特色。本项目团队成员既是中央财经大学2015年研究生精品课程合同法团队的核心成员，也是中央财经大学2018年课程思政项目“社会主义核心价值观引领下的合同法学”的骨干力量。本教学团队是在本科生、研究生中备受好评的教学团队。课程负责人尹飞教授编写的《合同法》教材获“财政部十三五规划教材”立项。团队负责人和成员对于合同法有长年研究、丰硕的研究成果，有丰富的教学经验、良好的口碑。

近三年来，尹飞教授、朱晓峰副教授、武腾副教授、殷秋实副教授等为本科生连续三年开设合同法课程，共计162课时，每年上课的学生均达120人以上。为研究生连续三年开设债与合同法、合同法课程，总计324课时，每年上课的学生均达200人以上。本课程也是中央财经大学法学双学位的核心课程，一直以来备受全校本科生的喜爱和好评，每年上课的学生都达近百人。

合同法课程思政建设包括以下几方面内容：（1）社会主义核心价值观的贯彻；（2）教学内容和教学方法的改革；（3）教学资源的丰富和完善；（4）教学改革研究的推进；（5）合同法教学与合同法立法研究的结合等内容。具体实施路径如下：

第一，在合同法课程建设中，贯穿社会主义核心价值观的内容，特别是将社会层面的价值理念与合同法基本原则有机统一。在现实生活中，订立合同的双方当事人往往存在着社会地位、经济财富、获取信息能力等诸多不平等，课程建设中着重把握《合同法》第三条规定的“平等原则”，这一原则的确立使得双方当事人可以在法律上获得平等参与缔约的资格，从而使财产权在法律上获得平等保护具有可能性。事实上的不平等永远无法消弭，《合同法》的基本价值在于为经济活动打造了一套可以平等适用的“游戏规则”，以法律条文的形式对社会主义法治的基本价值予以宣示，只有在课堂教学中深刻把握《合同法》在社会价值层面的重要功能才能让学生更好地体会《合同法》具体规则在裁判实务中的适用。

第二，在教学内容和教学方法方面，有五项实施路径。一是在民法典编纂背景下，合同法课程紧密结合民法典合同编草案审议情况，反映立法中的热点和前沿问题，不断更新合同法教学内容。二是增加“社会主义核心价值观与合同法基本原则”板块。合同法的基本原则正是由社会经济生活条件决定的，是以法律形式表现的社会经济生活条件，因此在授课时既要带领学生对规则性条款进行分析，也要融入对原则性条款与时代精神的理解。三是疑难案例研究成为研究生教学内容的重要组成部分，从既往的专题理论研讨改变为案例分析研讨，近两年学生搜集典型案例、归纳司法中的疑难问题以及“解剖麻雀”式分析能力逐渐提高。四是以研究报告的规范性训练为课堂训练的主要内容。每位同学在课堂研讨环节都对报告人的报告规范性进行评价，教师也作出专门点评，通过反复修改和完善，提高学生从事研究活动的规范性。五是在课后同步开设“社会主义核心价值观与合同法”专题工作坊，由教师和部分同学开展研讨，反映教学改革成果。私法工作坊是合同法课程思政教学改革试点项目的第二阵地，为同学们增强专业认同感、使命感，增加交流和表达机会搭建了平台。加强了师生之间的良性互动，便于老师掌握学生的学习进度，随时调整教学方案，提高教学效率。

第三，在教学资源方面，教学团队专门编写了讲义和教学辅助材料。尹飞教授亲自撰写合同法讲义。为适应培养实践导向的复合型法律人才的需要，合同法讲义注重与现实中的经济纠纷相结合，启迪学生以合同法理论解决实践中的法律问题。教学团队还为研究生提供了合同法教学配套用书，帮助学生熟悉合同法具体规定。

第四，在教学研究方面，负责人和团队成员也持续地进行探索。负责人一直开展与法学研究生培养有关的研究，在担任法学院党委副书记、法学院院长期间不断推进与提高研究生培养质量相关的工作。有的团队成员发表了《法学教学方法的问题与完善途径》的教学方法研究论文，提出不能盲目借鉴国外教学方法，而应与我国的法律实践相结合，重视法律职业资格考试与法学教育的有机结合。

第五，在合同法教学与合同法立法的结合方面，本团队走在国内前列。负责人带领团队成员，参与中国法学会民法典编纂项目领导小组合同编课题组委托的不动产合同立法研究活动，围绕不动产买卖合同、不动产租赁合同、物业服务合同起草条文及立法理由建议稿，很多本课程研究生也参与到课题项目中，增强了本课程教学成果的转化和影响力。

合同法课程建设，在课程设计与教学内容的完善上融入了时代精神，更加关注道德共识、价值理念和文化象征等精神层面的因素，并将这些精神要素浇筑到具体制度与法律条文的教学中去，直面社会实践中的热点、难点问题，回应立法期待，使得合同法的学习更能体会到社会生活和社会行为中的伦理道德、价值秩序、意义体系、文化观念等“民族精神”。利用网络平台，进一步巩固和扩大合同法课程改革的影响力，使更多的同学参与到社会主义核心价值观引领下的合同法学习中来。通过私法工作坊为同学们增强专业认同感、使命感，增加交流和表达机会搭建了平台，加强了师生之间的良性互动，便于老师掌握学生的学习进度，随时调整教学方案，提高教学效率。

四、法学院研究生课程思政教学改革成效

一段时间以来，法学院对研究生课程思政建设作出一系列工作安排，在课程思政元素挖掘、师资建设等工作中进行重点部署、持续推进，积累了一些经验，取得了一定效果。

（一）专业能力塑造和立德树人目标初步融合

通过研究生课程思政建设，教师们课程思政的意识逐渐由自发走向自觉，课程思政体系由模糊走向清晰，课程的价值目标进一步得到明确，较好满足了研究生有难度高质量的学习需求，课程调整度增加，学生获得感增强，提高了育人效果，锻炼了同学们的专业技能，增进了对本专业的认同与自豪感，提升了服务社会的意识与责任感。

（二）课程思政成果初步获得社会认可

2020 年 11 月 29 日上午，学术性（宪法学）系列微话剧《喷薄·2020》在学院南路校区开幕，中国人民大学教授、中国宪法学研究会会长韩大元，中国政法大学教授、中国政法大学法学院院长焦洪昌，中共中央党校（国家行政学院）王勇教授，全国人大常委会法制工作委员会宪法室龙晓杰同志，北京市人大常委会监察和司法办公室副主任李正斌同志，北京市高级人民法院行政庭副庭长胡华锋法官，北京市教委法规处处长王艳霞同志，《法治日报》记者蒲晓磊先生等评委盛赞《喷薄·2020》生动和多角度展示了宪法知识，使宪法来到我们身边，使学生成为教学主体，使宪法课程增添了魅力，开创了宪法与思政一盘棋。《法治日报》《中国法学创新网》先后报到了蒋劲松教授的课程思政活动。

五、法学院研究生课程思政教学改革阻力及解决措施

课程思政是专业教育和思政教育有机结合的重要探索，目前还存在如下阻力：

第一，专业课教师参与课程思政教学的积极性普遍不高、从事思政教学的素养和能力不足。专业课教师在将思政元素融入教学的力度掌握不够，有的顾此失彼，有的过犹不及，损伤了课程思政的教育教学效果。这就对专业课教师提出了更高的要求，需要他们结合自己课程特点恰如其分地选择相应的思政元素，尽可能挖掘和选取学生感兴趣的教学案例，在案例分析中实现专业知识和思政元素的有机融合。

第二，课程思政教学存在融合障碍以及课程思政的学习效果评价较难。有些课程目标定位不明确，缺乏科学系统的思维，没有从“思政元素”融入专业课中应遵循的原则出发，制定可实施性较高的教学改革方案，部分存在课程思政流于形式的现象。

解决措施：

加强组织领导。充分发挥学院党政联席会、教学委员会、教研室的功能，完善工作方案，健全工作机制，强化督查检查，把教育部、学校课程思政的相关要求落到实处。

加强支持保障。在各项考核尤其是教学考核中体现对课程思政的要求。配备专项资金推动课程思政相关的教学改革。

加强机制创新。为实现课程思政目标与效果的融合，鼓励学生参与课程思政建设，实现教学相长。

13. 社会与心理学院研究生课程思政教学改革成果总结报告

一、研究生课程思政教学改革总体情况

深入学习新时代党和国家以立德树人为核心的人才培养理念，将立德树人贯穿在学硕和专硕的入学教育、课程教学、考试考核、游学调研、实习实践、论文写作的整个过程中；通过培养方案修订、讲座沙龙活动、读书会活动、社会实践活动等多渠道助力课程思政建设；聚合校内外各类育人资源，实现育人主体、时间、空间三个维度的有效协同，形成了一套有特色、有方法、有效果的思政教学体系；在营造立德树人的教育氛围、树立榜样力量、激发学生的志愿精神和家国情怀上取得明显成效。

二、研究生课程思政教学内容设计情况

（一）设计目标

1. 知识目标：强调学生需具备爱国爱党、遵纪守法、尊师重教、团结友爱、洁身自好等方面的知识。

2. 能力目标：培养学生将学到的理论知识或书本知识运用到日常生活中，增强解决实际问题的能力。

3. 素质目标：使学生在潜移默化中将社会主义核心价值观和中华优秀传统文化的精髓内化于心、外显于行，通过切身行动为国家和社会贡献力量。

4. 伦理目标：塑造学生在研究与应用工作遵循基本科研伦理和职业伦理，形成诚实守信、珍爱生命、服务社会等基本伦理规范。

（二）设计思路

1. 注重团队力量和集体氛围，通过集体小班教学、读书会、实习实践等，使专业学习、课程思政与社会化过程同时开展、同步进行。同时，形成了学院领导—研究生办公室主任—研究生班主任—研究生党支部—任课教师—研究生导师“六位一体、相互联动”的思政队伍。强化思政队伍的育人职责，提高育人能力，确保育人效果。

2. 多方位汇聚思政教育资源，注重榜样力量和示范效应，学习宣传全国模范榜样人物，对教师和学生中的优秀事迹进行宣传，引导学生见贤思齐、取长补短。例如，邀请马克思主义学院的教师开展以“从党史中感悟共产党人的‘九九初心’”为题的讲座、学院书记开展了“如何成为一名优秀的共产党员”的讲座等。

3. 注重内容多样形式灵活，充分利用思想政治理论经典著作、课堂授课内容、优秀互联网资源，借助线上线下渠道，为学生成长提供全方位立体平台。

三、研究生课程思政教学实施过程

（一）实施方法

1. 挖掘课程思政元素，推动课程思政落地

把“立德树人”作为教育的根本任务，使专业课程与思想政治课程同向同行，形成协同效应。学硕的人才培养理念是，培养“人类心理和社会运行的深刻洞察者，美好社会的积极建设者”；专硕的培养理念是，培养“人类潜能的挖掘者，社会福祉的创造者”。例如，中国社会学史研究、中国社会结构与变迁研究课程有意识培养学生的国情意识、文化自觉意识、服务国家社会的意识。经济心理学课程贯穿有关扶贫、减少浪费、促进环保等内容；财经素养课程强化财经价值观教育；社会治理心理学课程鼓励学生为社会微治理手段的优化献计献策；心理健康、团体辅导等课程则塑造了学生健康积极的心态，提升其帮助处境不利者的能力。

2. 在实践实习中践行思政教育

学院在北京、上海、广东、江苏、山东、四川、甘肃等地建立了多个教学与研究实践基地，将课程思政学习的理念和知识运用于实际，将家国情怀和奉献精神落到实处。例如，经济社会学研究、医学社会学研究、中国海外发展研究等课程均在各实习实践基地开展调查研究或志愿服务活动；在五云山疗养院考察该院在老年身心理健康促进方面的先进做法，亲身感受国家、政府和社会机构在关爱老年人方面所做的努力；前往上海市委党校进行红色思想洗礼，了解社会心理服务的实践落地等。

（二）实施案例

1. 开展读书会活动，营造课程思政氛围

读书会本身就是一种社会性活动，有助于培养社会品性。社会学系读书会的基本理念是“以经典阅读省思人生；以专业视角洞察社会；以交流讨论活跃思维；以集体活动践行群学”。每学期，社会学系教师都会组织读书会，平均每周3—5场，书目包括《共产党宣言》《中国文化要义》等经典作品，通过师生集体活动学习知识、交流思想、提升修养，将课程思政的理论学习与社会品性的锻造紧密结合起来。

2. 心系民生事业，助力脱贫攻坚

基于立德树人的课程思政理念，社会学系师生积极开展第二课堂的思政学习，于2020年8月在甘肃省宕昌县哈达铺镇开展了一系列教育扶贫实践活动，对接哈达铺中学、玉岗村小学、树下村小学，开展社会工作小组活动，帮助贫困学生树立正确人生观和价值观，与哈达铺中学联合建立了“社会工作教育参与脱贫攻坚实习实训基地”；向玉岗、树下两所小学捐赠少儿图书360余册，篮球、足球、排球、跳棋等文体用品380余件（套）等，丰富了贫困生课外活动，激发了他们的内在学习动力；开展贫困户家户生计调查并撰写《长效脱贫的关键是改善乡村教育——对甘肃宕昌玉岗村的调查报告》。

3. 强化网络意识形态阵地管理，坚持正确舆论导向

心理学系以“中财应用心理”公众号为平台，传递主流意识形态价值观。该公众号于2014年伴随中央财经大学第一届应用心理学专业硕士招生建立，所有发布内容严把政治导向关，以弘扬爱国主义、引导健康理性生活为主旋律。鼓励专硕学生发表文章，并计入评奖评优的参考条件。

4. 加强案例研究，贯彻“学以致用，服务社会”的理念

2019年专硕学生携“996－ICU困局”作品参加教指委举办的首届应用心理专业学位实践技能大赛并获一等奖。专硕办主任窦东徽副教授结合学生工作实践经验带领团队创作的微课《助推理论在学生工作的应用》获中央财经大学“金微课”大赛优秀奖。窦东徽副教授主讲的《疫情下应避免的五个思维误区》获中央财经大学“金微课”大赛三等奖，被推荐参加全国高校政治思想工作“金微课”征集活动，且该课已在教育部中国大学生在线网站上线。

四、研究生课程思政教学改革成效

1. 激发了学生积极向上的精神风貌

课程思政的立德树人教育成效不断在学生的学习和实践中体现出来，如学生在日常的课程学习中积极向上、踏实严谨，并积极参与新冠疫情防控、基层教育扶贫活动等实践活动。

2. 实习实践中展现了学生的责任心与专业素养

学生以服务热忱和专业视角，有效地将理论学习和实践能力提升结合起来，体现了“又红又专”的特点。

3. 营造了积极向上的成长氛围

师生共同开展的读书会、调研实践、讲座沙龙等，营造了崇尚科学、求真务实的氛围，为学生成长积累了无形财富。

五、研究生课程思政教学改革阻力及解决措施

1. 主要阻力：（1）课程思政建设受常规课程体系运行惯性影响，在课时、内容、方式上有待调整；（2）课程实践环节缺少经费支持。

2. 解决措施：（1）向研究生院及相关部门申请实践经费支持；（2）改进课程结构和教学大纲，灵活开展课程思政建设；（3）向兄弟院校学习课程思政建设先进经验。

14. 马克思主义学院研究生课程思政教学改革成果总结报告

马克思主义学院在研究生培养中，坚持以习近平新时代中国特色社会主义思想为指导，聚焦立德树人根本任务，秉持“信仰引领、理论奠基、实践提升、全面发展”育人理念，遵循人才成长规律，科学设置课程体系，加强课程思政建设，着力培养真学、真懂、真信、真用马克思主义理论的专业人才，研究生课程思政建设持续推进，取得较好效果。

一、研究生课程思政教学改革总体情况

马克思主义学院硕士、博士研究生共开设核心课程50余门，主要包括思想政治理论课和专业课两大类。按照教育部和学校开展课程思政建设的要求，马克思主义学院在高质量开设好研究生思政课程的同时，在研究生人才培养和课程建设中不断加强专业课程思政建设。学院党总支书记和院长负责和指导全院研究生专业课程思政建设工作，在设定马克思主义理论专业人才培养目标中，突显对“具有坚定的马克思主义信仰和社会主义信念，德智体美劳全面发展，具有较好的马克思主义理论素养、政治素质和道德素质，具有正确的理论方向和良好的学风”等素质要求，在规划研究生课程体系中注重挖掘专业课程内容和教学方式中蕴含的思想政治教育资源，将研究生课程思政建设作为落实立德树人根本任务和推进创新人才培养的重要工作内容，贯彻为党育人为国育才使命，将思想政治教育贯穿专业人才培养体系，研究生课程思政建设取得较好效果。

二、研究生课程思政教学内容设计情况

（一）设计目标

1. 结合马克思主义理论专业人才培养目标，赋予研究生专业课程以价值引领、思政教育的职责和重任，在专业课教学中融入中国特色社会主义和中国梦教育、社会主义核心价值观教育、法治教育、劳动教育、心理健康教育、中华优秀传统文化教育，坚定学生理想信念。

2. 打造一批马克思主义理论学科特色鲜明、专业课程思政功能明显的研究生专业课，

提炼马克思主义理论专业课程思政教学改革经验，为在全院开展研究生课程思政奠定基础。

（二）设计思路

1. 研究生的学科基础课、专业必修课、专业选修课，均纳入学院课程思政建设之中，积极探索马克思主义理论专业课程思政建设的路径，深度挖掘提炼专业知识体系中所蕴含的思想价值和精神内涵，拓展专业课程的广度、深度和温度，增加课程的知识性、人文性，进一步提升和改善专业课程的立德树人成效。

2. 聚焦课程思政建设中的热点、重点和难点，着力解决课程思政建设中的基础性、关键性、前瞻性问题。结合研究生专业人才培养目标和马克思主义理论学科特色，经过广泛讨论和调研，确立马克思主义经典著作研读、学术论文写作两类课程作为研究生课程思想建设改革示范课程，鼓励创新，探索总结马克思主义理论专业课程思政建设经验。

三、研究生课程思政教学实施过程

（一）实施方法

1. 在课程思政的教学内容上，围绕坚定信念、政治认同、家国情怀、文化素养、道德修养等思想政治教育目标优化专业课程内容，例如在马克思主义经典著作研读课程中，通过研读经典使学生系统地掌握马克思主义的基础知识、基本观点、基本方法，深刻理解马克思主义理论的科学性和实践性，为他们今后自觉地运用马克思主义认识问题、解决问题打下良好的学术基础。政治上的坚定来源于理论上的坚定，通过研读马克思主义经典著作，还要深刻认识马克思主义的价值取向，将对马克思主义的朴素感情上升为理性的认知和科学的信仰，以理论上的自觉和自信，坚定政治上的自觉和自信。

2. 在课程思政的教学组织上，成立学科组推动研究生专业课程思政的理论研究、教学体系设计和具体实施。为推进马克思主义理论学科建设和人才培养工作，学院制定《马克思主义理论学科带头人及学科骨干工作业绩考核基本标准及实施办法》，成立马克思主义基本原理、马克思主义中国化、思想政治教育、中国近现代史四个学科组。在学科组的各项任务和职能中，其中的一项重要任务和职责是落实立德树人任务，推进专业人才培养，特别是加强研究生专业课程思政的研究、设计、组织和实施。研究生课程思政建设成效是各个学科组年度考核的重要指标。

3. 在课程思政的队伍建设上，不断提升专业课教师的课程思政能力和素养。思想武装筑信仰，结合马克思主义理论专业特色优势，深入开展习近平新时代中国特色社会主义思想学习研究宣传，使广大教师更好掌握马克思主义立场观点方法，善于从政治上看问题，在大是大非面前保持政治清醒；课堂育德守讲台，创建集体备课机制，引导教师探索和创新课程思政教育方法，不断提升课程思政育人能力，通过定期化教学交流、集体式教学设计、集中式教学打磨、规范化教学实践，夯实教师理论功底，增强教师学识魅力。

4. 在课程思政的协同推进上，综合运用第一课堂和第二课堂，充分发挥“马克思主义经典研读社”“习近平新时代中国特色社会主义思想研习社”社团组织作用；充分发挥实践实习的思想政治教育作用，依托教育部“高校思想政治理论课教师队伍后备人才培养专项支持计划”，马克思主义理论学科各专业研究生进入相应的教研室，担任思想政治理论课与马克思主义理论学科专业课程的助教，参与教学实践，开展科学研究，培养思政课教师素养，为将来走上教学一线打下坚实的基础。将理论教育与实践养成相结合，实施“乡土中国”文化实践项目，组织学生参加北京市高校“博士生理论宣讲团”，赴山西原平、河北石家庄、北京顺义区张镇等深入开展基层理论宣讲和实践调研，教育引导学生在实践中厚植家国情怀、彰显道义担当。

（二）实施案例

1. 马克思主义经典著作研读课程思政

优化课程设置，加大经典原著课比重；为全体研究生配发《马克思恩格斯文集》《习近平谈治国理政》等经典文献；在课程教学中，一方面通过研读经典使学生系统地掌握马克思主义的基础知识、基本观点、基本方法，深刻理解马克思主义理论的科学性和实践性，为他们今后自觉地运用马克思主义认识问题、解决问题打下良好的学术基础，另一方面充分发挥马克思主义经典研读课的作用，引导学生在经典研读中掌握马克思主义的立场、观点与方法，用马克思主义经典理论和党的最新创新理论武装学生头脑，实现知识体系与信仰体系的有机统一，用理论自信筑牢信仰之基。

2. 学术论文写作课程思政

注重科研育人，通过学术论文写作课程，引导学生树立正确的政治方向、价值取向、学术导向。在学术论文写作课程教学中，一方面强化科研能力训练，对学术论文写作各个环节进行系统讲解，对学生学术论文进行一对一的指导，组织课程所有学生对每一位学生的论文进行研讨、打磨；另一方面，加强学术规范教育，将学术道德教育贯穿于课程教学每一个环节，促进学术道德养成，培养学生至诚报国的理想追求、敢为人先的科学精神、开拓创新的进取意识和严谨求实的科研作风。

四、研究生课程思政教学改革成效

从在校生来看，培养了理想信念坚定、理论基础扎实、奉献服务社会的专业人才。在常态化经典研读、理论学习中坚定理想信念、夯实理论基础，多名学生获全国优秀共青团员、校级优秀共产党员，10 余名学生在“北京高校师生马克思主义经典著作学术论文征文”中获奖，在《马克思主义研究》《政治学研究》等期刊发表论文百余篇，29 人次获得北京市“双百”奖学金，多名学生在全国性学术论坛中获奖。组织指导学生投身社会实践，参加北京市习近平新时代中国特色社会主义思想博士生宣讲团赴企业、社区等宣讲20余场，云端宣讲“青春‘战疫’，志愿有我”，获《人民日报》等中央媒体点赞，博士班获评校级“理论宣传特色党支部”。学院研究生发起“央苗计划”“瑶篮计划”等公益项目，与云南12位驻村第一书记对接假期扶贫，筹款15万元，捐赠图书7800余册，开展网络直播带货，助力甘肃宕昌脱贫，获“全国青年志愿服务项目大赛”金奖、“全国最美志愿者”“首都高校先锋杯优秀团支部”等。

从毕业生来看，输送了发挥专业优势、扎根中国大地、岗位建功立业的优秀毕业生，一批优秀毕业生成长为思政课骨干教师，获“首届全国高校思政课教学展示特等奖”“广东省思政课青年教师基本功大赛一等奖”“贵州省高校青年教师教学竞赛思政组第一名”“天津市青年教师教学基本功大赛一等奖”“新疆维吾尔自治区教学展示一等奖”。他们响应国家号召，到西部、基层建功立业，扎根西部地区、艰苦边远地区，多人参加基层选调生项目、乡村特岗教师计划等，赢得了社会和用人单位的广泛赞誉，获延安市“先进工作者”、内蒙古自治区“五一劳动奖章”等荣誉。

五、研究生课程思政教学改革阻力及解决措施

主要阻力：（1）如何根据马克思主义理论学科自身特性开展有效的课程思政；（2）如何提升专业课教师开展课程思政的积极性、主动性和能力。

解决措施：（1）加强马克思主义理论学科和专业课程思政研究，深度挖掘各门专业课程的思政元素；（2）加强对专业课教师课程思政建设的培训，完善课程思政建设评价激励机制。

15. 文化与传媒学院研究生课程思政教学改革成果总结报告

一、研究生课程思政教学改革总体情况

在中国共产党第十九次全国代表大会上，习近平总书记提出“文化是一个国家，一个民族的灵魂。文化兴国运兴，文化强民族强。没有高度的文化自信，没有文化的繁荣兴盛，就没有中华民族伟大复兴。”2017 年 12 月出台的《高校思想政治工作质量提升工程实施纲要》明确要求，“推进中华优秀传统文化教育，以文化人，以文育人”。《中共中央、国务院关于进一步加强和改进大学生思想政治教育的意见》也明确要求，“在大学思想政治教育中要充分发挥中华民族优秀传统文化的作用”。可见，中华优秀传统文化作为中华民族的精神脊梁，不仅支撑着国家和民族不断前进和发展，而且也为我国新时代优秀人才的成长提供了重要的养分。将中华民族优秀传统文化融入研究生人才培养工作中去非常必要，势在必行。

文化与传媒学院充分发挥学科优势，秉承“继承中华传统文化，树立社会主义文化自信”的理念，把中华传统文化教育与立德树人结合起来，推进研究生课程思政教学的改革。目前，学院主要从两个方面进行了研究生思政教学的改革：一是在课堂教学中，教师将社会主义核心价值观和中华优秀传统文化融入课程教学内容；二是将相关课程的实践教学与传统文化振兴、文化扶贫等国家发展战略、重大活动紧密结合起来。两项改革举措旨在通过价值引领，帮助学生树立正确的文化观、人生观、价值观，逐渐成长为社会主义事业的合格接班人。目前这些措施已经取得了明显的成效。

二、研究生课程思政教学内容设计情况

（一）设计目标

围绕立德树人根本任务，遵循学生认知规律和教育教学规律，按照融会贯通、古今相应的人文精神主旨，把中华优秀传统文化全方位融入研究生教育各环节。

以课程讲授与实践实训相结合的方式实现研究生课程思政教学的良好路径，尤其以文化传承价值的挖掘和大学生人格修养的提升作为实现要点，完成关于当代研究生的核心价

值培养，塑造具有高尚人文情怀和专业修养的高水平青年人才。

（二）设计思路

1. 课程育人

在各学科的专业课程教学中，大力推动习近平新时代中国特色社会主义思想和中华民族优秀传统文化进教材、进课堂、进头脑。落实以课程思政为目标的课堂教学改革，优化课程内容，精选专业教材，完善教学设计，加强教学管理。

2. 实践育人

在实践实训教学中，坚持专业理论教育与实践教学实务训练相结合，将中华优秀传统文化与创新创业教育的结合作为推动“三全育人”综合改革的突破口，紧密结合国家发展战略，不断完善课堂教学—实习实训—实践孵化三位一体的工作体系，形成实践育人统筹推进的工作格局。

三、研究生课程思政教学实施过程

（一）实施方法

1. 加大专业课程中优秀传统文化的教学内容比重

学院的中国语言文学、书法学等学科培养的学生一直是中华优秀传统文化的忠实传承者和弘扬者。中华优秀传统文化中积淀着中华民族最深沉的精神追求，深藏着中华民族最丰富的道德资源。因此在中国语言文学、书法学等相关学科的研究生日常教学中，不断加大中华优秀传统文化教学内容比重，丰富传统文化中有关思想政治教育的内涵，加强德育工作，使研究生对传统文化的自豪感和文化自信内化于心、外化于行，以帮助其树立正确的世界观、人生观、价值观。

2. 结合专业教学开展传统文化传承创新实践实训活动

书法专业利用疫情期间与当代视觉创新创意专业教师合作，研究探索一套沉浸式体验的访碑考察，推进中国传统文化的创造性转化与创新性发展。疫情期间，书法专业学生在庄村真琴老师、尤婕老师的带领下积极参加国内外书法展，获得了几十个奖项。五位同学在专业媒体发表论文。

当代视觉创新创意专业的老师带领学生积极参加国内外设计赛事，以中国传统文化、非遗文化为设计切入点进行创作，不仅学生获得了多个奖项，教师团队还获得了北京市教育委员会颁发的2020年“第十二届全国大学生广告艺术大赛”北京赛区优秀组织奖。

3. 依托文创德育示范基地面向全校学生开展文化传承体验活动

学院充分发挥学科优势，面向全校学生开展文化传承创新活动。举办3期文化类知识讲座斯文大讲堂，覆盖人数600余人。虚实斋艺术工坊面向140余位同学开设美术与书法课程8讲。让更多的学生从了解中国传统文化开始深入了解书法文化，并提笔习字，体验书法文化的博大精深。

学院文创德育示范基地面向全校学生开展国宝级非遗花丝镶嵌文化体验课程，学生文创作品入选了2020年中国国际服贸交易会文化服务专题展。专题展分为线上和线下，共展出我校8个学院20余名师生近40件作品。作品中有的提取仰韶文化、敦煌文化、京味文化中的要素进行现代创意，有的对传统十二花神主题进行再创新。也有同学们奇思妙想的现代创意小饰品。学院将非遗文化传承、技艺体验与艺术创意相结合，鼓励青年在体验中了解非遗文化，打造赋予新时代意义的花丝镶嵌作品。让传统非遗文化为更多现代青年所知、所感、所学、所守、所创。

（二）实施案例

1. 艺术类专业课程思政教学改革项目

由艺术系教师宗娅琮老师带领含艺术专业硕士研究生参与的团队开展了《艺术类专业“课程思政”教学设计研究——以艺术类专业教学中的优秀传统文化资源融入“课程思政”教学为视角》的教育教学改革项目，获得了学校的立项。该项目围绕专业性、特色性、体系性进行教学设计研究，在传统文化资源深厚的底蕴下，以教学研究与文化传承的双重角度完成研究与发展探索，同时也要以大学生喜闻乐见的知识接受方式和爱国情怀与文化自信意识的重要认同方式，转化为艺术类专业课程思政的教学设计优势。

该项目改变单一传输式课程学习，围绕社会主义核心价值观、传统文化资源价值、展现文化自信、宣传爱国主义、提升人文主义精神和人格修养的几个要素版块，展开课程内容设计和实践教学课程模块互动。如在书画鉴定与收藏课程的基础上，对书画鉴藏领域所包含的爱国精神的艺术藏品的递藏历史和爱国事件内容加以凝练和教学内容设计，提炼爱国精神的课程思政版块。该项目注重教学大纲的设计，注重课程思政内容凝练。在贯穿艺术类专业课程思政教学过程中，完成多层次多维度的单元版块的内容教学实践设计，以实现不断提炼和延伸其各个课程思政版块的内容和内涵，特点与特色，努力实现以专业特色和专业领域特点探索高校思政课的新途径和新方法，推动优秀传统文化与高校思政课的衔接与转化。

2. 甘肃省宕昌县文化扶贫实践项目

新闻传播学专业为更好地在实践中助力国家脱贫攻坚战役，带领由部分研究生和本科生组成的团队，利用专业优势，与宕昌县相关合作社开展项目合作。通过品牌策划、创意设计等方式，为宕昌县哈达铺镇玉岗粉条、宕昌百花蜜等农特产品品牌的创建提供咨询与设计支持，构建独特农产品品牌形象，激发农产品发展的内生创造动力，促进当地资源优势向产业优势的转化。其中团队为宕昌县哈达铺玉岗村粉条厂提供了“哈达铺甘妹儿粉条品牌策划”。

该项目通过深入详尽的前期调查与分析，精准定位甘肃省及其周边省份三四线城市中年妇女消费者，创意设计“哈达铺甘妹儿粉条”品牌名称、品牌LOGO以及包装设计，以品牌蜂窝模型理论为基础提取“安全营养、绿色健康”为品牌核心价值和诉求点，以

“家人吃得好，才是真的好”为品牌口号，全方位策划“互联网 + 电商”双 11 大促、CUFE 扶贫 · 哈达铺甘妹儿粉条“好点子”创意大赛等系列营销推广活动，塑造“哈达铺甘妹儿粉条”亲切、依恋、怀念的慈爱母亲品牌形象，帮助当地取得了可喜的销售成绩。

与此同时，视觉传达专业的李静、王昭、何明夏老师分别就宕昌南阳树莓品牌、IP 形象设计等事宜展开帮扶活动。

3.“财宝儿战疫日记”实训项目

在校团委开展“榜样中财”评选活动中，学院由研究生和本科生组成的“财宝儿战疫插画组”团队创作的名为“财宝儿战疫日记”的漫画系列推送，荣获“榜样 · 战疫先锋”奖。该漫画以中央财经大学吉祥物“财宝”作为主角，以当天抗疫进展及同学们的居家生活为主题，在疫情期间一直持续推出，用于宣传防控知识，发布学校政策。从 2020 年 1 月至今，该漫画系列每日一推，推送累计近 400 篇，已经成为央财师生了解抗疫和学校情况、分享居家生活的重要渠道。笔墨丹青于手，绘疫情间人世百态，抗疫宣传于心，笔耕不辍挺起一份责任与担当。在这项活动中，学生们也受到了良好的政治思想教育。

四、研究生课程思政教学改革成效

（一）课程思政的意识日益深入人心

课程思政是 2014 年之后才出现的一个新概念，在教育部的文件中反复提及课程思政也是近几年的事情。因此，以往很多专业教师认为，思想政治教育是思想政治理论课的职责，跟其他课程没有关系。经过近一两年来的学习教育，越来越多的专业教师尤其是研究生导师们认识到，课程思政是其培养研究生工作中的重要组成部分，并且开始有意识地在其专业课程教学中主动弘扬中华优秀传统文化，注重对学生思想品德的锻造。在 2020 年的各类教学、科研的项目申报中，与课程思政相联系的项目越来越多。艺术系李静老师的《小课堂，大思政——新时代课程思政融合发展研究》还获得了学校 2020 年党建重点课题。

（二）在实践实训教学中进行思政育人成效显著

学院的思政育人实践实训项目成效显著，一些项目已经获得了良好的社会反响。如“财宝儿战疫日记”实训项目已被收录到《第三届高校宣传工作创新案例》，之后又被收录为其“推广案例”。新闻系谭云明老师带领研究生团队已连续几年前往湖南湘西贫困地区做产业扶贫和乡村振兴调研。每次调研结束后，或撰写调研报告，或出版专著，通过调研，分析不同贫困地区脱贫扶贫的举措、效果和启示，为中国其他地区的脱贫致富提供借鉴和启发。《中国教育报》《中国新闻出版广电报》等主流媒体对此进行了深度报道，引起了社会的广泛关注。学院文创德育示范基地面向全校学生开展国宝级非遗花丝镶嵌文化体验课程，学生文创作品入选了 2020 年中国国际服贸交易会文化服务专题展，是全国唯一入选高校。

五、研究生课程思政教学改革阻力及解决措施

（一）改革阻力

1. 对于课程思政的重要性认识不足

虽然已经有越来越多的老师开始在身体力行地践行课程思政理念，取得了一些成效，但学院仍然有相当一部分老师仍然认为课程思政与己无关，在研究生教育教学中只注重专业能力培养，不重视思想政治教育。一些教师不主动、不积极参加课程思政的相关活动，或者参加课程思政活动时持敷衍态度，流于走形式。

2. 对于如何进行课程思政的育人经验不足

有学者指出，课程思政是指“依托、借助于专业课、通识课而进行的思想政治教育实践活动，或者是将思想政治教育寓于、融入专业课、通识课的教育实践活动”①。但如何在专业课和通识课中结合教学内容进行思想政治教育，即课程思政的方法，是一个不小的难题。不少教师因为对此缺乏经验而陷入心有余而力不足的境地。

3. 尚未构建起研究生课程大思政的育人格局

课程思政是一个系统工程，需要行政领导、专业教师、教研室、学生、学生工作人员等多方面因素的共同探索、努力才能够完成。学院还需对此进行较长时间的专题研究和讨论，逐步建立学院的课程思政的育人格局。

（二）解决措施

1. 提高学院全体人员对课程思政的认识

认真组织学习习近平总书记和教育部关于课程思政、“三全育人”的重要讲话和文件精神，不断推动习近平新时代中国特色社会主义思想进教材、进课堂、进头脑，不断融合中华优秀传统文化到专业教学内容中，激发教师和学生对社会主义祖国的认同感和中华民族的自豪感。

2. 提高专业教师课程思政的意识和能力

专业教师尤其是研究生导师是研究生培养的第一责任人，提高其主动、积极开展课程思政的意识，加强其课程思政育人的能力至关重要。学院将通过聘请高水平专家开展讲座、请有经验的老师相互交流、相关教改课题负责人对其研究成果进行汇报等多种方式，切实提升专业教师课程思政的意识和能力。

3. 构建学院研究生课程思政的大育人格局

学院将调动行政领导、专业教师、教研室、学生、学生工作人员等多方面因素，对学院课程思政的育人格局进行多次专题研究和讨论，充分吸取国内先进高校的课程思政研究和实践成果，逐步建立起学院课程思政的大育人格局。

---

① 赵继伟．“课程思政”：含义、理念、问题与对策．湖北经济学院学报，2019（2）。

16. 外国语学院研究生课程思政教学改革成果总结报告

一、研究生课程思政教学改革总体情况

从“思政课程”到“课程思政”，思想政治教育形式与日俱进。其中，“课程思政”更是打通了全员全程全方位“三全育人”的“最后一公里”。研究生课程思政教学改革的成效体现在学院具有学科与学校特色、守正创新特点的各个培养环节中。

学院研究生课程思政教学工作分为三部分：第一部分为公共外语课程思政教学；第二部分为外国语言文学专业一级学科的研究生课程思政教学工作；第三部分为翻译专业硕士研究生的课程思政教学工作。公共外语教学板块中的课程思政教学紧随学校相关部门的工作安排，积极调整教学内容和教学方式，力争将课程打造成为具有思政元素、发挥思政功能的公共基础课。同时，学院将外国语言文学专业一级学科的研究生和翻译专业硕士研究生的思政教学作为工作重点，从培养方案的制定、到课程体系的建设，再到对指导教师的培养、课堂教学内容的把控，师生对课程思政理念形成共识，基本实现学科专业课程教学全面覆盖，教学形式多样，教学成果丰硕的局面。

二、研究生课程思政教学内容设计情况

（一）设计目标

1. 结合外国语言文学一级学科学术性强和翻译专业硕士实践性要求高的特点，在人才培养目标等各个环节中落实课程思政要求，构建形式多样、层次递进、相互支撑的课程思政体系。

2. 开发一到两门具有思政元素并能发挥思政功能的专业课程思政品牌课程，提炼具有可推广意义的课程思政教学改革典型经验和特色做法。

（二）设计思路

1. 通过修订课程教学大纲等途径，进一步挖掘学院公共基础课、专业课、实践课等各个课程类型之间实施课程思政教学的内在关联度，在教学目标、教学设计和课程考核各

方面体现思政元素。

2. 充分利用小学期的教学环节，开发具有一定特色的专业课程思政品牌课程。

三、研究生课程思政教学实施过程

（一）实施方法

1. 学院通过党总支、教工党支部、研究生党支部等各个部门环节宣传和引导教师深入挖掘和提炼各类课程教学中所蕴含的思想政治教育资源，创新课程思政教育教学方式，注重探索专业知识与思政元素的融合贯通，鼓励教师开发课程思政教学品牌课程。

2. 组织教师共同修订课程教学大纲，根据本学科课程思政目标，引导各个课程教师积极挖掘课程教学中的思政元素，为建构课程思政教学体系奠定基础。

（二）实施案例

1. 利用小学期教学时间，为外国语言文学专业研究生开设具有本学科特色的思政课程“中日近代关系史中的周作人文学研究”。周作人的文学成就，以及其在特殊历史时期的社会任职，始终都是中日两国学界的关注重点。通过对周作人印章、斋号的讲解，可以看出周作人本人对这段历史的认知变化。学生在了解周作人的学术成就，以及作家个案研究方法的同时，通过学者的学术成长变化又加深了对中国历史的了解。

2. 充分挖掘导师科研潜力，追本溯源“课程思政”。深入理解和认同“课程思政”这一概念才能更好地将这一理念贯穿于研究生教育的全过程，因此学院鼓励研究生导师结合自己的专业对“课程思政”这一概念进行深入思考和积极探索，考察课程思政概念形成过程，立足社会主义大学的根本立场，追根溯源，探讨难点、症结和行动思路。探索成果已经形成专著《应用语言学视角下的课程实证研究》，于 2020 年 12 月在暨南大学出版社出版。

四、研究生课程思政教学改革成效

经过近一年的工作探索，外国语学院的研究生课程思政教学工作取得一定的成效，基本实现了课程思政教学全覆盖局面，并在师生当中达成广泛共识，特别是小学期专业特色的课程思政教学课程的开设，更是得到学生一致认同。充分将课程思政元素融入创新创业等实践类课程。基本实现在各个环节有机融入课程思政理念。此外，科研专著《应用语言学视角下的课程思政探究》的出版加深了本专业学生从本专业视角对“课程思政”这一概念的理解和学习，激发了学生对“课程思政”追本溯源的热情。

五、研究生课程思政教学改革阻力及解决措施

研究生课程思政教学改革虽然取得了一定的成效，但是，还有一些问题有待解决。最大的改革阻力是教师开发课程思政品牌课程的动力不足，教师比较倾向于在课程教学过程中融入思政元素，但很少思考根据学科特色、结合各方面条件，开发具有一定特色的课程思政品牌课程。

对于以上问题，外国语学院将采取与任课教师沟通座谈的形式，积极鼓励和引导教师开发课程。首先，利用小学期灵活多样的教学方式特点尝试开发课程，经过一定的沉淀积累，在春秋两个学期开课；其次，待课程内容成熟后，尝试走出本学科专业学生范围，进一步向全校学生推广，为建立课程思政元素库和资源库奠定基础。

17. 信息学院研究生课程思政教学改革成果总结报告

一、研究生课程思政教学改革总体情况

信息学院积极落实研究生课程思政理念，持续深化课程思政教学改革，始终将“立德树人”作为教育教学工作的中心环节，把思想政治工作贯穿教育教学全过程，进一步提升专业基础课和专业课任课教师对课程思政教学改革的思想认识和育人水平，将课堂教学专业教育与思政育人紧密结合，将思政元素融入工程伦理、大数据分析、智能计算系统、金融科技创新、量子密码学、数据挖掘与机器学习、数据安全与隐私保护、区块链与数字货币、银行信息系统架构设计、金融安全管理与风险评估、学术论文写作等专业课，在专业教育中增强学生的价值认同与道路自信，将国家安全（信息安全）、自主创新、工程伦理、隐私保护、学术规范等融入专业教学，实现全员育人、全程育人、全方位育人，探索构建全员、全课程的大思政教育教学体系。

二、研究生课程思政教学内容设计情况

（一）设计目标

信息学院致力于信息技术创新，以“新工科”与“新经济”的发展为契机，以经济信息管理交叉学科建设为重点，培养具有前瞻视野和创新能力的高级管理人才和财经科技精英。研究生课程思政教学内容设计目标是注重科学思维训练和国家安全（信息安全）、自主创新、工程伦理、隐私保护、学术规范教育，培养学生自主创新、精益求精的大国工匠精神，培养学生科技强国的责任感和使命感，激发学生科技报国的家国情怀和使命担当。

（二）设计思路

在信息技术特别是云计算、大数据、人工智能、区块链、量子密码等背景下，采用精细的、浸润式的隐性教育，以情动人、以理服人，在润物无声、化育无形的过程中增强思想政治教育实效。将国家安全（信息安全）、自主创新、工程伦理、隐私保护、学术规范等思政元素潜移默化融入专业课教学。以学生为中心、教师为引导者，以学生的好奇心、

好胜心和成就感为驱动力，打造思维激发模式的交互式课堂；以递进问题促进学生逐步深入地思考，培养学生科学探究能力；立足“互联网 +”的教学新格局，引入如 MOOC 和“雨课堂”等平台，为“学生自主学习 + 高效课堂”提供技术支撑；学以致用，无限扩张课堂教学外延，以教学知识点为链条，搭建融合课堂兴趣的场景教学，力争实现从传递知识到培养能力的教育变革。

三、研究生课程思政教学实施过程

（一）实施方法

“教育者先受教育”，引导教师把教书育人和自我修养结合起来，真正做到以德立身、以德立学、以德施教，这是课程思政的关键点和难点。教师立足课程自身的特点，把深藏于知识表层符号、结构之下的人文精神与价值意义发掘出来，在对知识的解释中将内含的精神和价值外化为教学实践，内化为学生的精神涵养和价值追求，实现价值引领、知识教育、能力培养的有机统一。

（二）实施案例

1. 工程伦理课程的内容，直接契合《高等学校课程思政建设指导纲要》中对于“注重强化学生工程伦理教育，激发学生科技报国的家国情怀和使命担当”的要求，适用于所有工科专业的学生，是深入推进课程思政改革和创新、扩大影响面的重要抓手。

课程将“如何做一名合格的软件（网络空间安全）工程师”作为贯穿性主题，介绍工程与伦理的基本概论，工程中的风险、安全与责任，工程中的价值、利益与公正，工程活动中的环境伦理及工程师的职业伦理等。精心设计案例，将最新的事件案例引入其中，比如西安地铁 3 号线电缆的质量问题、五星级酒店顾客信息泄密的信息安全问题等，创新教学方法，全班同学分为 12 个小组，通过分组讨论与展示等多种形式，理论联系实际，着力培养学生的伦理意识和伦理责任感，在研讨中加深对国家安全（信息安全）和人工智能伦理、工程伦理问题的思考。

小组调研、研讨和展示极大调动了学生的积极性，大家踊跃发言，课堂气氛活跃。在由学生自发组队的自选话题讨论课上，学生需要在前期查阅大量资料、分析其中的伦理问题、制作 PPT，最终推选出代表在课堂上宣讲，其他组员随时补充，在互动中提升学生的成就感和学习热情。

在这样的“发现—分析—解决”问题的锻炼中，学生们实践能力大大提升，收获感满满。“非常锻炼人也非常警醒人”，“这门课让我们辨是非、知对错”。而在资料搜集、自主讨论、PPT 制作、课堂汇报中，学生们也深感分析、解决问题的能力不断提升，逻辑思维和语言表达能力也显著增强。

2. 在大数据分析、数据挖掘与机器学习等课程中，数据科学研究的“非独立同分布”

关系是很好的思政元素。现有理论和商业系统大都假设数据是独立同分布的（IID），而大数据/复杂数据本质上却是非独立同分布的（non-IID），即一个对象的属性和行为，或多或少地会影响另一个对象，比如推荐系统中用户之间存在的夫妻关系、父子关系等都会对推荐商品产生一定程度的影响，因此需要纳入评分公式以提升推荐质量。非独立同分布中存在耦合关系，即共现关系、近邻关系、依赖关系、链接关系、相关关系或因果关系等，也正是世界各国关系的真实反映，与习近平总书记提出的“人类命运共同体”理念也有着很多内在的契合性和外在的协同性。一个国家是不能独立于世界之外的，各国彼此之间应该相互理解、互相尊重，才能合作共赢。

以新冠肺炎疫情防控为例，在以习近平同志为核心的党中央统一领导、统一指挥下，各地各部门各司其职、协调联动，紧急行动、全力奋战，彰显出中国特色社会主义制度集中力量办大事的巨大优势。我国政府采取了一系列措施阻止疫情向国外扩散，甚至以不惜封城为代价，其目的就是要杜绝病毒的“输入和输出”，力争实现“武汉胜则湖北胜，湖北胜则中国胜”，通过一系列科学有效的措施，终于控制住了病毒的蔓延。我国为保护全世界人民生命健康安全贡献了中国力量和中国智慧，其背后遵循的正是“人类命运共同体”思想。

四、研究生课程思政教学改革成效

专业课加入思政元素后，实现了知识传授与价值引领的有机结合，学生们对国家安全（信息安全）、自主创新、工程伦理、隐私保护和学术规范等有了更深刻的认识。充分激发了学生上课的积极性，可以帮助学生形成正确的世界观、人生观、价值观，大大增强了学生的社会使命感和主人翁意识。从而在润物无声、化育无形的过程中增强了课程思政的实效。

五、研究生课程思政教学改革阻力及解决措施

1. 思政素材的原创开发：引导教师立足课程自身的特点，把科学思维训练和国家安全（信息安全）、自主创新、工程伦理、隐私保护、学术规范教育，把做人做事的基本道理、社会主义核心价值观的要求、实现民族复兴的理想和责任融入专业课程教学中。通过多种方式收集素材，形成思政素材库，结合课程教学关键点进行原创开发。

2. 课程思政教学评价：探索课程思政改革教学评价方式，寻找课程思政学习成效的量化评价手段。健全考核评价体系，将课程思政成果纳入职称评定、工作考核等内容。

18. 财经研究院研究生课程思政教学改革成果总结报告

一、研究生课程思政教学改革总体情况

区域经济学研究方法这门课程虽然只是一门方法论课程，但是始终将“立德树人”作为课程教学工作的中心原则，把思想政治教育工作贯穿于方法论教育教学的全过程，进一步提升研究院德智体美劳全方位育人的水平。通过案例教学与课堂软件操作，让同学们深刻认识到，在运用方法论撰写毕业论文的过程中，坚持原创、求真求实、严谨治学、精益求精等科研品质的重要性。

二、研究生课程思政教学内容设计情况

（一）设计目标

1. 课程设计以提高学生对社会主义核心价值观的认识为目标

社会主义核心价值观的基本内容是富强、民主、文明、和谐、自由、平等、公正、法治、爱国、敬业、诚信、友善。其中，与本课程结合较为紧密的目标为爱国、敬业和诚信。本课程通过案例教学，提高学生对爱国、敬业、诚信的认识。

2. 课程设计以提高学生的创新思维和学术修养为目标

创新思维是学生从事科学研究不可或缺的思维，坚持原创是开展科学研究必须坚持的一种精神。同时，求真求实、严谨治学、不畏困难、精益求精是学生产生高质量科研成果所必备的学术修养。因此本课程以提高学生的创新思维和学术修养为目标。

（二）设计思路

1. 结合中国改革成功案例进行方法论教学，让同学们潜移默化地感知到中国制度的优越性，强化学生对中国改革开放以来取得重大成果的认可度，提升学生对中国特有政治社会经济体制的制度自信。

2. 结合高质量文献进行案例教学，通过对某篇突破性文献的深入分析，强调该文献在方法运用上的创新性贡献，让同学们对科研领域的创新性及原创精神有更深刻的认识。

3. 采用案例教学与布置实际软件操作作业的方式，让学生运用课堂所授方法对某个具体问题收集数据进行量化分析，帮助学生意识到在实际自行开展科研工作的过程中，求真求实、严谨治学、不畏困难、精益求精等品质的重要性。

三、研究生课程思政教学实施过程

（一）实施方法

1. 使用中国改革成功案例进行方法论教学。
2. 学生先自行阅读文献，老师再提炼出文章的精华与创新性贡献。
3. 让学生使用真实数据、运用计量软件对经济问题进行量化分析。

（二）实施案例

1. 以林毅夫 1992 年分析家庭联产责任承包制对农作物产值的影响文献作为案例，一方面分析该文章在方法运用上的创新之处，另一方面肯定该文章关于家庭联产责任承包制极大提高了农作物产值的结论，宣扬中国制度自信，培养学生爱国情怀。

2. 布置数据分析作业，给学生中国健康与营养调查（CHNS）数据库的真实数据，让学生分析财政收支分权对地方居民收入差距的影响。教材里案例的数据往往通过简单回归就能得到结论，而真实数据的案例分析不像教材那么完美，需要学生花费心思才能寻找出数据之间隐藏的因果关系，从而锻炼学生求真求实、严谨治学、不畏困难的坚韧品质。

四、研究生课程思政教学改革成效

通过上述将思政教育融入课程教学的方法，区域经济学研究方法课程在研究生课程思政教学改革取得了如下成效：一方面，提升了学生对中国特有制度的认识与肯定，增强了学生的爱国主义情怀；另一方面，通过文献阅读、案例分析以及实际作业训练，提升了学生在数据分析和科学研究中求真求实、严谨治学、不畏困难、精益求精的优秀品质。

五、研究生课程思政教学改革阻力及解决措施

（一）改革阻力

在课程思政教学改革实践过程中发现，如果说教成分太重、融入思政教育过于刻意，学生明显接受较为困难，思政教育的效果不明显。

（二）解决措施

在今后的课程思政教学改革过程中，应该精心设计课程内容，将思政教育充分融入案例分析中，少说教多称述事实，潜移默化地培养学生爱国主义精神、提升求真求实、严谨治学、不畏困难、精益求精等优秀品质，使课程思政教育达到润物细无声的水平。

附录：财经研究院在专业英语课程中引入课程思政

课堂教学是教书育人的主渠道，习近平总书记在全国高校思想政治工作会议上指出："思想政治理论课要坚持在改进中加强，提升思想政治教育亲和力和针对性，满足学生成长发展需求和期待，其他各门课都要守好一段渠、种好责任田，使各类课程与思想政治理论课同向同行，形成协同效应。"在专业英语中引入课程思政，能够使学生在坚定正确政治立场和中国特色社会主义信仰的基础上，通过国际研究和比较，正确认识中国特色，全面客观认识当代中国、看待外部世界；能够使中国特色社会主义具体化，脚踏实地深入专业研究，展望全球具有国际视野，把远大抱负和实际行动相结合。

一、挖掘课程思政的核心问题

（一）在区域经济学专业英语课程中挖掘课程思政元素

习近平总书记在全国高校思想政治工作会议上的重要讲话（以下简称"重要讲话"）中指出：我国高等教育肩负着培养德智体美全面发展的社会主义事业建设者和接班人的重大任务，必须坚持正确政治方向。高校立身之本在于立德树人。只有培养出一流人才的高校，才能够成为世界一流大学。

在教育部《大学英语教学指南》中明确提出：高校开设大学英语课程，一方面是满足国家战略需求，为国家改革开放和经济社会发展服务，另一方面是满足学生专业学习、国际交流、继续深造、工作就业等方面的需要。大学英语是本科期间占用课时最长的课程之一，2007 年教育部印发的《大学英语课程教学要求》中明确指出，大学阶段的英语教学要求分为三个层次，即一般要求、较高要求和更高要求。其中，更高要求是指学生在听、说、读、写方面的能力能够达到听懂专业课程和英语讲座、在国际会议和专业交流中宣读论文并参加讨论、比较顺利地阅读所学专业的英语文献和资料、能够用英语撰写所学专业的简短的报告和论文。随着研究生时期进入到专业学习阶段，学生一方面要提高专业素养，另一方面要提高科研水平，在这种要求下，英语的桥梁作用更加凸显。

经济学相关的专业英语，其本质是人文社会科学，并非像自然科学仅仅基于自然规律和普遍性认知之上，而是具有价值观立场导向的。英语能力的社会化趋势表明，英语已经成为学生的必备素质之一，且对于"全方位人才"来说，英语不仅是自如使用的交流工具，更要通过英语深入了解西方文化、历史、政治、社会等诸多方面，势必会与我国独特的历史、独特的文化、独特的国情产生冲突。这就要求学生必须坚持正确政治方向、坚定信仰社会主义核心价值观，能够在客观发生的文明冲突中，发挥主观能动性，树立正确的世界观、人生观、价值观。

（二）在区域经济学专业英语课程中引导学生正确认识中国特色和国际比较

课程思政必然要以专业技能知识的传播为载体，这样的专业课更具有感染力和说服力，也能够最大化发挥课堂主渠道的功能。区域经济学专业英语课程涉及美国、欧洲、非洲、南美、中亚等多地区的城市与农村相关的研究话题，想要真正研究明白一个话题，需要全方位研究与这个话题相关的文化、国情、政策、研究人员等诸多方面。这一研究过程，有利于学生深入了解某个地区或国家。在进行相关国际比较时，能够客观认识当代中国、客观看待外部世界，不会因为信息不对称造成认知和结论的偏颇。

（三）在区域经济学专业英语课程中引导学生学习中国特色社会主义理论

从毛主席的《论十大关系》到小平同志的“两个大局”，再到江泽民总书记的区域协调发展观和胡锦涛总书记的统筹区域发展观，到习近平总书记的《推动形成优势互补高质量发展的区域经济布局》，是中国特色社会主义理论的重要构成。在中国特色社会主义区域协调发展理论指导下的中国的区域经济发展，具有丰富的实践内涵。但不可否认的是，区域经济学的理论源头可以追溯到杜能、韦伯等人创立的区位理论，区域经济学产生广泛的国际影响得益于区域科学的兴盛，区域经济学被纳入主流经济学分析框架归功于新经济地理学的建模技巧。因此，想要深入学习区域经济学相关理论，需要广泛、扎实的阅读经典文献和前沿文献，从文献原文中把握区域经济学的发展脉络、理论机理和理论前沿。同时，要深刻剖析中国区域经济发展的现实逻辑，使用一般规律和理论分析中国区域经济现象，只有以理论为支撑的学习和分析，才不会觉得区域战略、区域政策、区域规划是空洞的。广泛地阅读英文文献、研究国外发展，是为了全方位、更深入地了解理论和实际的发展历史、现状和趋势，绝不是为了改个参数、换批数据发篇论文，更不是受到现有理论的桎梏，将中国问题完全套入既有理论研究范式。要激励学生敢于创新、勇于开拓。

二、推行课程思政的方案设计

区域经济学专业英语课程的设置，目的不仅仅是提高学生的英语水平，更重要的是使学生具备使用英语的能力，实现专业文献阅读、学术论文写作、学术交流等方面的国际化。课程以老师专题讲解、文献解读、学生课堂演示三位一体的方式进行，增强课堂互动，鼓励学生主动思考，激发学生研究潜力。此外，本课程进行讲解和研读的文献，将形成区域经济学专业文献库，由经典文献和前沿文献两部分构成，经典文献以 1950—2010 年发表或出版的论文为主体，前沿文献以 2010 年以后发表的论文为主体，并依据时效动态更新。

（一）区域经济学专业英语课程目标实现路径

为了实现区域经济学专业英语课程的目标，设定如下四条实现路径：

1. 通过带领、指导学生阅读专业英文文献，使学生掌握文献检索、文献综述的方法。

2. 通过带领学生阅读理论文献，使学生明确国际著名区域经济学家（包括空间经济学、区域科学、经济地理、新经济地理学等相关学科）对于区域经济学基本问题的观点，厘清区域经济学发展脉络。

3. 通过带领学生阅读实证文献，使学生了解常用的实证方法，掌握实证论文写作规范；对实证文献研究的国家（地区）进行更进一步的拓展研究，了解该国家（地区）与文章主题相关的历史发展、政策制定等，并与我国相关问题进行对比研究。

4. 通过带领学生阅读最新文献，使学生了解区域经济学研究前沿，把握该学科发展动态和趋势。

（二）区域经济学专业英语课程设计

区域经济学专业英语课程分为四个篇章，分布在16次课中，具体课程设计如专栏1所示。

专栏1　区域经济学《专业英语》课程设计

第一篇　区域经济学的发展及其与相关学科的关系

第1次课　讲授区域经济学与相关学科的关系及其发展

1. 区域经济学的发展脉络；

2. 新经济地理学的源起与兴盛；

3. 区域经济学与区域科学、新经济地理学、经济地理学、空间经济学等相关学科的关系。

第2—3次课　阅读并讲解文献

要求学生阅读文献1—3，并尝试回答如下问题：

1. 区域经济学与区域科学、空间经济学、经济地理学、区位经济学（区位论）之间的关系是什么？

2. 区域经济学包括区位理论吗？为什么？

3. 何为新区域经济学？区域经济学的未来趋势是什么？

4. 区域发展理论的未来方向是什么？

文献1　The History, Status, and Future of Regional Science: An American Perspective

文献2　The State of Regional Economics: A Survey Article

文献3　Regional economics: A new economic geography perspective

第二篇　新经济地理学基本内容与研究前沿

第4次课　讲授新经济地理学的发展、争论与研究前沿

1. 新经济地理学研究的基本内容；

2. 新经济地理学的争论；

3. 新经济地理学的发展前沿。

第 5—6 次课　阅读并讲解文献

要求学生阅读文献 4—5，并尝试回答如下问题：

1. 该文重点想说明什么问题？能否用 3—4 句话概括其基本内容？

2. 能否说明哈里斯与普雷德阐明的基本原理？其与缪尔达尔的循环累积因果理论一致吗？

3. 如何说明收益递增对空间经济格局的影响？

4. “迪克西特—斯蒂格利茨模型、冰山理论、进化理论与计算机模型”的作用是什么？你对它们的内容是否清楚？

5. 请详细解释文中图 1 与图 2 所要说明的观点。

6. 什么是“跑道经济”？运用这一特殊理论模型旨在说明什么空间问题？

文献 5　Space：the Final Frontier

文献 6　Is geographical economics imperializing economic geography

第三篇　区域经济政策与区域规划

第 7 次课　区域经济政策和规划

1. 区域政策的发展；

2. 区域规划的演进。

第 8—9 次课　要求学生阅读文献 7—8，并尝试回答如下问题：

1. 区域规划与区域政策发生了什么变化？

2. 国内外区域规划和区域政策有何区别？

文献 7　Regional Science，Regional Policy，and the “New” Regional Economics：Future Possibilities in Historical Perspective

文献 8　Continuity and change in regional planning and policy

第四篇　空间计量经济学

第 10—12 次课　要求学生阅读文献 9—10，并尝试回答如下问题：

1. 空间计量经济学的发展脉络是什么？

2. 常用的空间统计方法有哪些？选择其中一种谈谈你的理解。

文献 9　What Can Be Learned from Spatial Economics？

文献 10　Spatial econometrics in RSUE：Retrospect and prospect

第五篇　实证分析

第 13—16 次课　要求学生阅读文献 11—14，或自己寻找感兴趣的前沿文献，由学生进行讲解，在思考文献本身内容的同时，思考并总结如何写出一篇规范的实证论文

文献 11　Heterogeneous Firms，Agglomeration and Economic Geography

文献 12 Why is New York America's Largest City
文献 13 Urban traffific externalities Quasi – experimental evidence from housing prices
文献 14 The Colonial Origins of Comparative Development An Empirical Investigation

（三）区域经济学专业英语挖掘课程思政的实施效果

学生分为 5 个小组，每个小组经过讨论选取一篇文献进行精读，并挖掘文献作者、文献时代背景、文献研究内容与中国对比等多方面内容，全方位解读文献。每个小组的工作由 3 部分构成：一是文献原文翻译，二是课堂展示 PPT，三是文献解读和阅读心得。

1. 第一小组展示

第一小组由丁一、河涌、苏鹏三位学生组成，他们阅读的文献是 *Space：The Final Frontier*（Paul Krugman，2018），这篇文章是新经济地理学奠基人之一保罗·克鲁格曼介绍新经济地理学发展脉络、建模技巧、发展现状和未来方向的综述性文章。学生对文章涉及的理论发展基础和时代背景进行了扩展性研究，对比分析了中国区域发展中的集聚现象，并具体分析了深圳的区位特征及由此带来的珠三角地区空间集聚。

2. 第二小组展示

第二小组由吴洪丽、李家政、刘明光、袁嘉琳四位同学组成，他们阅读的文献是 *Why is New York America's Largest City*?（Edward L. Glaeser，2005）。本组学生的展示亮点如下：

（1）学生的课堂展示中，引入了视频资源，寻找了与纽约发展相关的纪录片，剪辑成 10 分钟左右的视频，使学生们对纽约发展历程有了直观认识。

（2）学生对文章涉及的重要文献进行了扩展阅读，厘清了文章写作的理论支撑与背景资料；并将文中涉及的图表与时代背景相对应。

（3）学生将纽约与底特律、洛杉矶等城市进行了深入的对比分析，结合作者的研究方式，分析了洛杉矶的兴起，并与我国大湾区建设进行了对比分析。

专栏 2 部分文献解读与讨论展示

城市转型有三种类型：一是以制造业活动为主的城市，因为制造业活动减少，并且未因新的部门增长而得到补偿，导致整个城市经济活力下降。20 世纪上半叶，底特律聚集了通用、福特、克莱斯勒等汽车产业巨头，成为举世闻名的“汽车城”。然而由于其工业转型失败，导致经济衰退，进一步引起城市的犯罪率激增和社会动荡，城市舒适性与便利性受到破坏。再加上传统社会管理方式的失败进一步推动人口外迁，特别是高素质人才的外流加剧了底特律的衰败，最终成为“鬼城”。

二是以老式制造业与新兴经济部门如服务业或高科技行业的混合式经济的城市，在这些城市中，增长与衰退并存。纽约属于第二类城市，既有老式制造业，又有新兴经济部门。它在重塑过程中，逐步形成了一个以金融和企业管理为导向的服务型城市，这也是纽约为什么能够从制造业衰退中幸存下来的原因。

三是较新的城市，其增长与新兴经济的兴起相关，特别是高科技和企业化服务业。从20世纪60年代至80年代早期，纽约、芝加哥的制造业有较大幅度的下降，但是，洛杉矶经济持续显著的扩张趋势。洛杉矶80年代的国防合同稳步增加，1985年达到高峰，直到冷战结束时这一趋势才有所减缓。这一现象与纽约、芝加哥的衰退形成强烈对比。联邦政府国防投入是洛杉矶经济发展的强大主力，但是洛杉矶较早的从以制造业为中心调整到着重发展服务业、高科技行业，这种生产模式的转变是其经济能长期繁荣的主要原因。由于洛杉矶较早的实行了重工业的限制工业化方针，而转向多元经济结构，使大都市区经济更具弹性和活力，抵抗经济衰退的能力也更强。

3. 第三组展示

第三组由艾丽婷、马雪瑶、王正娟三位学生组成，她们研读的文献是 *The History, Status, and Future of Regional Science: An American Perspective*（Andrew M. Isserman，1995）。这一组展示的亮点主要有：

（1）以叙事的口吻，讲述了区域科学的发展，并从中厘清了区域科学的脉络，深入解释了“空间的含义”。

（2）扩展阅读了本文作者，也是区域科学奠基人艾萨德的代表性著作，并深入剖析了著名的波多黎各案例。

（3）将区域科学的兴衰历程与中国区域经济学发展相结合，尝试提出中国区域经济学发展的未来方向。

4. 第四小组展示

第四组由王琳、樊美玲、魏诗谣三位学生组成，她们研读的文献是 Urban traffific externalities: Quasi - experimental evidence from housing prices（Ioulia V. Ossokina and Gerard Verweij，2015）。本组学生展示亮点如下：

（1）对文章涉及的专业名词进行了专门讲解。

（2）本文是一篇关于荷兰海牙城市交通外部性的实证研究文章，学生们对当地交通规划和相关政策进行了梳理和总结，是更好地理解文章的重要基础。

（3）通过对本文的研读，学生对交通对房价影响的相关研究进行了文献综述。

5. 第五小组展示

第五小组由张迪、岳晓笛、杨雨然三位学生组成，她们研读的文献是 *Heterogeneous Agglomeration*（Giulia Faggio，Olmo Silva，William C. Strange）。这篇文章的理论性较强，本组学生成果展示的亮点如下：

（1）对本文涉及的集聚经济微观基础、马歇尔外部性、异质性等相关理论进行了文献综述，使同学们能够更好地理解本文的理论基础。

（2）在文献解读部分具体分析了现实空间的集聚现象。

专栏3 文献解读与讨论节选

专业化集聚倾向于产业规模不断扩大，这对中小城市经济发展起至关重要；比如意大利的服装业、瑞士的钟表业、美国“硅谷”的电子产业、我国浙江的小商品集聚区等。而在大城市中，可能会容纳由多个专业化集聚组成的多样化集聚，如广州就是以石油化工制造业、电子信息制造业、金融业等为主的产业多样化程度高的大都市。地方产业多样化有利于促进知识溢出和经济增长，即 Jacobs 溢出。这些多样性带来的外部性则包括多样化产业集聚带来的城市规模效应和产业间的分工、互补和竞争效应，各种人口流动和集聚带来创新效应，创新知识和技术在产业间的跨界扩散带来的知识溢出效应。例如，纽约的谷物和棉花商人发现了国内和国际金融交易的需求，促进了金融期货业务的产生；旧金山食品加工业的创新推动了设备租赁业务，这个业务也并非由金融业者发现。这类溢出的作用机制可以理解为通过与其他产业相互作用，使单个产业研究范围扩大，而且由于异质的产业之间往往不存在竞争，因而相对于马歇尔溢出来说，不同产业间更愿意相互交流。

三、引入课程思政的心得体会

区域经济学专业英语是系统性的专业文献研读课程，对于刚接触专业的研究生来讲，并非是一堂轻松的课程。需要在课下有 100 分的准备，才能够在课上有 10 分的展示。但是，如果能够跟着课程节奏走下来，是有益于专业学习、英文文献研读、论文写作等能力的提升的。

在区域经济学专业英语引入课程思政最大的体会有二：

一是要转变师生之间“施教”与“被教”的关系。课程中良好的互动，取决于师生关系的转变，在这一课程中，思想的火花更多的是通过不限形式的讨论产生的。在专业上，老师是引领者、指路人，但是，在对实际经济现象的分析中，对同一现象，不同生活经历、教育背景的学生会产生不同的理解和解读，只要坚持正确的政治立场和共产主义信仰，学生们不同的理解和解读没有绝对的对与错。老师能够给学生以思想、专业上的启迪，学生能够给老师带来新的灵感和认识，才是这门课成功的标志。

二是在区域经济学专业英语课程中引入课程思政，最关键的因素是老师本身的政治素养和专业水平。老师不仅要关注专业发展，更要将专业的发展置于国家和世界发展大势之中，不是简单地给出结论，而是能够将理论和实践、历史和逻辑放在自己的课程体系中。脚踏实地，做好专业研究；放眼全球，把握世界格局；立德为范，努力成为先进思想文化的传播者、党执政的坚定支持者，更好担起学生健康成长指导者和引路人的责任。

19. 中国财政发展协同创新中心研究生课程思政教学改革成果总结报告

一、研究生课程思政教学改革总体情况

在全国高校思想政治工作会议上，习近平总书记强调："要加强课堂教学中思想政治教育，思想政治教育理论课改进中加强，其他课程要与思想政治教育理论课有效地协同。高校要符合人才发展需求，坚持立德树人的根本任务，做到以树人为核心，以立德为根本，加快课程思政建设。"2020 年中共中央办公厅、国务院办公厅发布《关于深化新时代学校思想政治理论课改革创新的若干意见》，要求把思想政治教育贯穿人才培养体系，全面推进高校课程思政建设，发挥好每门课程的育人作用，提高高校人才培养质量。

中国财政发展协同创新中心（以下简称"中心"）结合自身教学科研工作特点，积极尝试研究生课程思政教学改革。具体而言，中心的教学可以分为技术方法类和专题课程类两部分。技术方法类包括高级微观经济学、博弈论、学术论文写作等工具方法课程，专题课程类包括财政政策和货币政策、国际税收原理、国际税收筹划、比较税制等财政学专业课程。在研究生课程思政教学改革过程中，中心坚持以价值引领、能力提升、理论创新为目标，秉承理论联系实际、一般规律结合中国国情的思路，从历史背景还原、中国现状讲解两方面入手使抽象知识具体化，促进了学生对国家和体制的认同、对专业理论的更深入理解以及对自身发展与国家命运紧密联系的认识。

二、研究生课程思政教学内容设计情况

（一）设计目标

1. 价值引领

运用习近平新时代中国特色社会主义思想来分析和解读当代中国经济的发展历程和经济建设所取得的巨大成就。一方面可以对西方传统经济理论的缺陷进行批判，另一方面可以将道路自信、理论自信、制度自信和文化自信贯穿于教学的全过程，培育学生的民族自信心和自豪感，实现思政教育与专业课的共振效果，达到育人树德的目的。此外，在专业

课程的教学过程中，引导学生了解世情国情党情民情，将维护国家税收利益作为本专业学生的责任和使命，增强对党的创新理论的政治认同、思想认同、情感认同，坚定中国特色社会主义道路自信、理论自信、制度自信、文化自信。

2. 能力提升

把习近平新时代中国特色社会主义思想渗透到每一章节的内容中，赋予课程的育德功能和思政能力，在提升专业能力的同时培养学生正确的人生观、价值观和世界观。在充分解释专业课核心内容的基础上，引导学生对比经典假设与中国改革现实之间的异同，以理解中国改革开放过程中哪些成就是经济规律的展现，哪些成就是我国独辟蹊径克服困难的结果，进而把创新、协调、绿色、开放、共享的新发展理念，深化供给侧结构性改革，培育和践行社会主义核心价值观等思政元素融入课堂教学中。

3. 理论创新

充分讨论包括中国传统社会的国家治理与财政制度、中国传统社会的工商业与市场以及中国传统社会发展的“难题”等研究中国传统社会的热点问题，增强学生对国内外经济发展现状和趋势的分析、判断、决策能力，以及在新时代对新知识、新技能的应变能力和创新能力。让学生具备马克思主义分析方法，自觉站在国家和人民的立场上正确分析中国经济发展内在逻辑，能够运用习近平新时代中国特色社会主义思想讲好、讲透、讲懂中国故事，以真正实现理论创新。

（二）设计思路

1. 历史背景还原

从西方经济理论的发展进程来看，从看不见的手的革命、新古典学派的边际革命到凯恩斯主义的国家干预革命，再到弗里德曼的货币主义革命、博弈论和信息经济学革命等等。这些理论的产生、发展和修正，都是以当时的经济实践与历史经验为基础与条件的。因此，经济学的发展应建立在历史语境充分把握的基础上。

2. 中国现状讲解

通过课程思政的教学改革，中心教师在教学工作中不但注重讲授数学模型的设定和推导，还特别加入了对模型背后社会经济现象的讲解，以及为什么将此现象抽象类比为此数学模型，在此过程中放大了什么因素、忽略了什么因素。如此，学生便可以理解哪些经济学原理适用于解释中国现实、哪些不适用以及为什么。在此基础上，进一步引申讲解我国改革开放以来取得的伟大成就、当前面临的国际国内挑战以及习近平新时代中国特色社会主义思想，从而促使学生能够在掌握基本理论的基础上，密切结合中国经济发展的历程和中国共产党在推动中国经济发展的决定性作用，思考中国经济发展的动力、源泉以及学生个人对未来经济发展的贡献，掌握财政政策和货币政策理论所运用的基本研究方法，对经济现象做出分析和评价。

三、研究生课程思政教学实施过程

（一）实施方法

高校是党领导下的高校，必须始终坚持以马克思主义为指导。这决定了作为大学最重要功能的课程教学应具有鲜明的价值取向和意识形态属性。中心的课程培养方案设计着力于发掘思想政治教育资源，本着习总书记新时代中国特色社会主义思想为方向，以铸魂育人、立德树人为使命，把中国传统文化精髓、人文关怀意识等思政元素融入具体教学中，培养学生成为懂知识、有文化、体现时代发展、拥有家国情怀的应用型人才。

1. 充分融入与提前设计

将课程思政融入课堂教学内容，落实到课程目标设计、教学大纲修订、教材选用、教案课件编写等各方面，贯穿于课堂授课、案例讨论、作业论文等各环节。创新课堂教学模式，激发学生学习兴趣，引导学生深入思考、主动提问，将课程思政与专业知识学习不断融合、同步推进。

2. 理论引领与实践指导

结合马克思主义思想，指导学生的具体实践，赋予学生民族责任感。加强教师自身的思政能力建设，积极参加各类教师培训活动，通过不断学习，提高自己的思想政治水平，不断深入挖掘个人研究领域和教学课程内容中蕴含的思想政治教育资源，提高课程思政教学改革能力。

3. 案例讲解与朋辈分享

通过课程思政的教学改革，学生在掌握财政政策和货币政策理论所运用的基本研究方法的基础之上，能够对典型经济现象和案例做出分析并展开讨论。思政教育体现在具体案例的思考当中，同时朋辈分享的形式能够促进培养学生思考和分析问题、预测发展趋势和形成判断决策的能力。

（二）实施案例

习近平新时代中国特色社会主义思想是当代中国最鲜活的马克思主义，中心老师们牢记“课程思政”的新时代使命，把这一党的理论创新成果融入课堂教学之中，深刻昭示新理论的真理力量、生动实践和国际比较，引领师生显著增强“四个意识”、更加坚定“四个自信”。中心的教学实践中，始终坚持将立德树人任务的落实归根结底到依靠广大教师的课堂教育来实现。“所有课堂都有育人功能”，这是习近平教育思想的重要内涵，也是“课程思政”的概念起源，并为此提供了丰富的案例实践：

1. 主体课程的历史视角：从历史中找素材

对历史的尊重是马克思主义思想最为重视的一环。课程内容与思政教育的融合，历史是最好的载体。中心设置的经济学主体课程中就蕴含着丰富的思想政治资源。

如中心教师姚东旻、王麒植、周世愚、罗伟杰等讲授的经济学主体课程，充分回顾了在20世纪二三十年代学者对中国历史时期的商业、商品、货币、城市等各方面内容展开的探讨。虽然很多研究尚未归结到“市场”与市场史的层面，但他们对古代商业与货币等问题的多方面探讨，事实上已揭开中国古代传统市场研究的序幕。而市场在中国被明确提出并用于指导中国经济史研究，要到20世纪80年代以后。尤其在90年代初，随着中国改革开放进程加剧，受到中国建设社会主义市场经济体制改革目标的现实驱动，在马克思主义经济学的框架下，对历史时期的中国传统市场及其发展史开展全面探讨，教育学生尊重历史。通过讲解16至19世纪中日两国货币流通制度的演进路径发生的两次重要分流，带领学生回顾中国从积贫积弱走向民族富强的历程，提升学生的民族责任感。

中心李慧青老师在讲授财政政策的时候，将中日两国在2008年金融危机中的表现进行比较，中国政府强有力的宏观经济政策的调控使中国迅速缓解了经济危机所带来的负面影响，使中国经济总量同时期迅速地赶超日本位居世界第二。这样的案例对比教学让学生感同身受，增强了民族自信心和自豪感。通过对历史事件的回顾，培养学生的爱党热情。抗战胜利之初，国民党当局混乱无序的经济接收，给社会生产造成了极大的破坏。大批工厂、企业、商店在接收中倒闭、停工，使战后经济丧失了恢复活力的能力，也为之后的恶性通货膨胀埋下了伏笔。此时，中共控制的地区却实行强硬的政府管制，资源调配、人力动员上均处于有组织的状态中。虽然在整体实力上，共产党所控制的地区不及国统区富有，但有力的动员使中共在资源控制能力上远比国民党有效得多。可以说共产党把解放区的每一分钱都用在了战争中，而国民党却由于经济秩序混乱，无法有效调动资源用于内战。内战初期，国民党政府仰仗手中的外汇存底和美国的军事援助还能支撑大局，但是在外汇用尽、外援渐无的情况下，财政便吃紧起来，最后只能滥发纸币应急，恶性通货膨胀就一发不可收拾。

2. 前沿学科的国际视野：讲好中国故事

以中心耿纯老师主讲的国际税收原理课程和国际税收案例分析课程为例，在讲授“常设机构”概念时，结合数字经济发展对传统常设机构的挑战，以及我国在数字经济发展方面的现实情况、OECD等国际组织对数字经济时代相关税收政策的最新研究，启发学生思考中国应如何应对数字经济对国际税收管辖权的巨大挑战，面对世界百年未有之大变局，中国在参与国际税收协调的工作中应如何推动多边合作，在国际舞台发出“中国声音”。通过对“苹果公司避税案”“星巴克公司避税案”等学生熟知的著名跨国集团避税案例的分析，使学生了解跨国公司常用的避税手段，以及各国税务机关的反避税工作。进一步地，结合跨国公司在中国的经营活动，以及一些中国国内各地税务局的反避税实践，使学生树立维护国家税收权益的责任意识，激发学生掌握扎实的专业基础、在未来工作中为国家奉献的动力和决心。情景教学充分利用多媒体、网络视频等现代化教学工具和手段，在课堂上向学生生动展现各国在经济发展过程中的历史画面，让学生身临其境地感受到财政政策和货币政策产生的时代背景，增强课堂教学的体验感，提高课堂教学的趣味性和学生对经济政策理论的感性认识。

3. 研究能力的持续提升：关注学风建设

思政教育以思辨性为突出特征，肩负着立德树人的功能，培养学生理性思维能力是其题中之意。作为专业必修的学术论文写作课程，与课程思政教育在内涵上融会贯通，与思政教育相结合可以有效改进灌输结论式的教学模式。为更好进行教学研究探索，中心丁怡老师讲授的学术论文写作课程设置了“学术论文模拟开题”分享环节，要求每一位研究生都要按照学校正式要求按规定提交自己的开题报告，研究生和本科生共提交 22 份开题报告。由 4 名博士生担任评委，并指定上一位完成讲演的同学也要进行评论或提问。博士生张鹏远、严文宏、沈婷月和刘子畅就内容进行了细致点评并针对其发表单位，文献的有效引用、符号规范等内容进行补充讲解并提出修改意见，指导同学们更好地掌握学术论文写作规范。研究生韦天宇因基础扎实、思路开阔，被邀请参与担任本科生模拟开题的评委。现场讨论气氛热烈，收到了很好的效果。课程创新性地采用了朋辈教育的形式，是对本科生和研究生学术论文写作课程新型模式的探索。通过邀请优秀博士生担任模拟开题的评委加答疑的方式，丰富教学的内容与形式；同时搭建中心本科生、研究生和博士生之间沟通的桥梁，帮助本科生和研究生更加深入地了解科研，进行学术研究。同时也激发博士生之间的讨论，通过对不同选题的评论和研究方法的探讨，提高学术批评水平。

四、研究生课程思政教学改革成效

国势之强由于人，人才之成出于学。中心课程的思政教育再创新是将思政课程与专业课程有机结合，以推进课程思政建设为目标，以专业课程为载体，增强课程的育人功能和引领作用，有效推动课程中德育与智育的协同互补；并将“科学报国”植入课堂，对本科生、研究生、博士生三个层面的带动，最终实现探索教学规律，将教学方法凝练、升华为教育理论并进行推广，提升教学质量，助力学校“双一流”建设。

从学生层面来说，学生不但能更好地理解教材的知识，而且通过理论联系实际的解读，也更好地理解了我国发展过程所面临的阻碍和改革的核心问题。学生通过学习和反思而对党的方针路线产生认同感，比生搬硬套思政教条所得的盲信更加科学也更加坚定。不仅在学习中国经济发展的历史，也将其视为一种方法，一种思维工具，一种教育途径，使学生充分了解中国的历史，培育学生的民族责任感和独立思考能力。

从教师层面来说，目前的研究生课程思政教学改革工作仍在实践和探索过程中。思政教学改革对中心教师们的思想政治水平提出了更高的要求，对课程内容的理解和定位也要有新的高度。由于与时事结合越来越紧密，学生对于主动运用所学分析学科领域的新发展、新变化的需求也越来越强烈。作为教师，要在课程思政教学改革过程中不断进步，才能够更好地将思政内容与自己所讲授的专业课程内容融合提炼，以学生感兴趣的方式进行讲授。

五、研究生课程思政教学改革阻力及解决措施

（一）改革阻力

中心研究生课程思政教学改革在稳步推进的过程中也遇到了一些问题。综合而言体现为两大阻力。一是缺乏多元化的教学手段和有效的教学方法。当前学生就业压力和升学压力普遍较大，对于学术真理的追求有浮躁的倾向，需要向学生强调诚信是立身之本，社会对原创性缺失、不遵守学术规范的学术不端行为采取零容忍态度，做学问要克服浮躁心理，秉承脚踏实地的治学态度，潜心钻研打造学术精品。充分利用多媒体、网络视频等现代化教学工具和手段，在课堂上向学生生动展现各国在经济发展过程中的历史画面，让学生身临其境地感受到财政政策和货币政策产生的时代背景，增强课堂教学的体验感，提高课堂教学的趣味性和学生对经济政策理论的感性认识。

二是与思政课任课教师未能有效协作和充分沟通。思政课程与其他专业之间的“两张皮”是长期以来的问题。要实现课程思政与思政课程的同向同行，应把思想政治理论教育融入日常工作、教育教学和课程思政体系建设当中去。如何把单纯的思政教育课堂拓展到专业课程教育教学过程中，拓宽学生接受思政教育的空间对中心教师提出了新的挑战。另外，与担任思政课教学主力的马克思主义学院教师交流较少，应积极寻求以建设“大思政”格局为契机，推动各专业课程思政建设发展的机会。

（二）解决措施

综合来看，中心研究生课程思政教学改革遇到阻力的解决措施为：

一是提高自身育人意识。课程思政建设要优化教育目标、人才培养目标、关注实践操作、提升德育水平。专业教师要通过言传身教来感染学生、教化学生，在教育教学过程中展现教师的学术道德与水平、职业道德与能力、了解学生的学习状态、密切关注学生成长。课程思政建设应汲取思政课程在理论与实际、学习与生活、求知与求真等方面的经验，创新大学生的学习方式、思维方式、生活方式，以形成全面协调发展的思政大课程。在课堂教学方面，专业课老师在教学设计、教学过程、教学层次、教学环节上要融入德育内容。

二是在尊重和了解学生特色的基础上充分挖掘课程中的思政元素。中心作为学科前沿的研究平台，在人才培养方面具有鲜明的特色。人才培养需要紧密围绕价值、知识、能力三个最基本也是最重要的因素。但如果在知识传授、能力培养时丢掉了价值观教育，就等于生命机体失去了活的灵魂，人没有了精气神。价值是关乎立德树人的第一要务，价值塑造比知识传授和能力培养更重要。

三是基于专业特色优化和创新教学手段和方法。积极贯彻落实学校党委的统一领导，围绕教材、教法、课程、课堂、评价等方面下功夫，发挥中心特色优势和创新能力，用老师授课、朋辈教育引导、个人陈述点评的方式努力回答好、解决好我们党“为谁培养人”

“培养什么样的人”“如何培养人”三个根本问题。

四是反映时代特点和发展要求。课程思政建设是个系统工程。国家是课程思政建设的总指挥官，课程思政建设需要顶层设计，统筹安排，把控大局。因此课程思政建设不能脱离实际情况，要接地气，要与各门专业课程的传承与发展相结合。在推进课程思政体系建设的同时，要从自身实际情况出发，切勿好高骛远。课程思政建设要优化教育目标，人才培养目标，关注实践操作，提升德育水平。

五是加强示范效应。以各专业教师为主体，以思政理论课教师为辅助，充分吸收并发挥思政课教师在政治教育方面的经验。积极引入思政课教师作为课程思政的共建人，实现公共课教师与专业课教师之间的资源共享、共建、共同发展。

20. 国际文化交流学院研究生课程思政教学改革成果总结报告

一、研究生课程思政教学改革总体情况

学院现设汉语国际教育硕士专业学位授权点。本专业致力于培养适应汉语国际推广工作，胜任多种教学任务的高层次、应用型、复合型、国际化专门人才。为了达到以上培养目标，我们开设了以核心课程为主导，模块拓展和实践训练为补充的课程体系。其中，核心课程包括汉语作为第二语言教学、第二语言习得、课堂教学案例与分析、中华文化与传播、跨文化交际。拓展课程包括语言类、教学类、文化类和教育类课程。实践训练课程包括教学方法类和中华才艺类。经过系统学习后，本专业学位获得者能具有熟练的汉语作为第二语言教学能力和良好的文化传播能力、外语能力、跨文化交际能力，以及具备一定的财经专业知识。

对于汉语国际教育硕士专业学位研究生（以下简称“汉硕生”）来说，他们不仅仅承载着传播思想、传播真理、塑造灵魂的时代重任，更承载着服务中华民族伟大复兴的重要使命以及肩负着传播中华文化的重任。我们在各门专业课中除了肩负专业知识传授和专业技能的培养以外，还肩负着培养学生对中国和中国文化的热爱之情，使中国汉硕生能增加中国传统文化知识的根底、增强跨文化交际技能和自己作为一名中国人的责任感和自豪感，使外国汉硕生能进一步了解、认同、喜爱中国优秀的传统文化，成为知华、爱华的国际友人。在教学过程中，各门专业课教师在授课过程中有意识地将思政元素融入教学内容中，尝试从不同角度将专业课程教学与思政教学有机结合，以达到立德树人的目的。

现以王艺璇老师的课堂教学案例与分析为范例，通过该门课程来具体展示学院在专业课中如何做到思政教育与专业教育的融合。

二、研究生课程思政教学内容设计情况

（一）设计目标

我们认为，通过了解自身未来的职责才能更好的有所担当，作为对外汉语教师，家国情怀和专业伦理是必须具有的意识和观念，应该深藏在每一位教师的心中。空洞的说教无

法帮助学生真正树立社会主义核心价值观，也无助于培养其应有的情怀，而拥有了应有的情怀和相关政治素养，才能使学生在以后的教学中游刃有余解决海外学生提出的敏感问题。课堂教学案例与分析是学院汉硕生的一门重要技能课，在课程设置和安排上，我们不仅注重培训学生的教学技能、文化传播技能，而且重视培养学生应对、处理与汉语教学和中华传统文化传播相关的突发事件的能力。因而在案例择取上，我们主要选择两类案例：其一，侧重语言要素和语言技能，即通过案例分析，学生掌握汉语教学中的必备技能和文化传播方法；其二，偏重对外汉语教学中教师的职责和担当的培养，在案例的选择上，择取涉外教学中处理应急事件的真实案例，帮助学生正确认识到对外汉语教师在涉外事件中应持有的立场并真切感受到其所肩负的责任。

我们希望通过案例教学，帮助学生在学习专业知识的同时，引导学生树立家国情怀和专业伦理的观念。

（二）设计思路

课堂教学案例与分析这门课将思政元素融合进课程中，总体教学思路为：实证、案例先行，理论、总结在后。通过“阅读真实案例”—“互动讨论”—“总结”三大步骤实施课堂教学，具体教学流程为：

首先，择取具有典型性的真实案例，使学生对即将面对的海外教学工作和可能面对的涉外事件有感性的认识，同时引发学生对相关问题的思考。

其次，教师根据案例提出问题，开展课堂讨论活动。采取师生互动、生生互动的方式讨论案例。

最后，教师总结、点评案例，使学生对案例有理性的认识，同时增加了处理类似事件的经验。

三、研究生课程思政教学方法、实施过程及实施案例

（一）实施方法及实施过程

课堂教学案例与分析课程主要采用案例教学法和互动式问答两种教学方法，具体的实施过程为：

1. 通过阅读案例和观看视频让学生进入模拟环境；
2. 教师根据案例提出问题，引起学生思考；
3. 学生分小组讨论并陈述观点；
4. 教师点评学生陈述并总结案例。

（二）实施案例

我们以“我是中国人花钱请来的”这节课为例，展示如何将思政元素融入课堂教学案

例与分析这门课程中。

1. 导言

随着中国国家实力的增强和国际影响力的日益扩大，越来越多的外国友人选择来中国进行交流和学习。其中不乏通过申请中国政府奖学金、孔子学院奖学金等进入中国高校接受学历教育的留学生。请大家首先阅读下面这个案例，并以小组的形式讨论这位老师的做法是否恰当？如果是你，你会怎么做？

2. 课堂教学中使用的案例

在高级汉语的课堂上，有几位留学生在课上随意聊天，影响课堂秩序。老师提醒多次无效，依旧我行我素。最后，老师勒令学生站到教室后面罚站，但是其中一名留学生情绪很抵触，拒绝接受罚站，并扬言“我是拿着奖学金来的，是中国人花钱请我来的，你凭什么这么对我？”这名教师一气之下直接将这名留学生赶出了课堂。

3. 课堂讨论

在课程开始之前，学生被分成两个小组。

教师：这位老师的做法是否恰当？如果是你，你会怎么做？

研究生小组一：这位老师做得不是很恰当，但是也没错啊！谁让他们上课说话呢！但是，如果是我，可能不会让学生罚站，也不会把学生赶出去，毕竟影响不太好。

教师：对，使用罚站这一惩罚方式并将学生赶出课堂这种方法确实过激，我们面对的是来自其他国家的留学生，“外事无小事”，很多留学生都是被国家选送到中国进行进一步学习的，他们回国后非常有可能从事与中国有关的事务，我们作为对外汉语教师，不仅仅是教授汉语，也是一名“外交人员”，如果我们不能较好地处理这些事情，从小处来说，这可能会伤害到留学生的自尊心和情感，对教师和学校有不良情绪；从大处来说，这可能影响他们对中国的印象。因此，必须谨慎对待，不可以意气用事。可是这几名学生在说话，影响了课堂教学秩序，你不打算做任何处理吗？

研究生小组一：可能再次警告吧？这个怎么办？老师，太难了！

教师：另一个小组也说说，如何既保证课堂纪律，又不伤害学生感情？

研究生小组二：我们同意前面同学的意见，至于怎么做，我们认为可以再次警告，并且告诉那几名留学生，如果再说话，就扣掉他们的平时成绩。他们应该很在意分数，所以可能就不说话了吧？

4. 教师分析案例及点评

教师：大家可以从学校的规定和留学生来中国的目的两个角度进行分析。第一，从学校的规定来说，大家一定要让留学生明白，他们现在是在中国的高校进行学习，中国有中国的法律，中国的大学有中国大学的制度和规定，当这些学生踏上中国的土地，进入中国的大学进行学习的时候，他们就必须遵守中国的法律，中国高校的制度和规定。课堂纪律是为了保障教学秩序而设立的教学制度，学生必须遵守这一制度，没有商量的余地。第二，从留学生来中国的目的来说，大家可以告诫学生，你们得到奖学金来中国留学，这代表了中国对大家是友好的，希望大家可以来中国得到很好的教育。另外，不管是学生所在的国家派他们过来或者他们自己愿意过来学习，也是花了代价的，时间对于每个人都是平等的，来到中国，花了 4 年的时间学习，相信各位留学生不是来浪费时间的，而是希望自己在这四年中掌握好本领，使自己将来有一个更好的未来。

5. 教师总结

教师：在面对这样的情况时，我首先强调规则意识，为的是让留学生明白，作为一名就读于中国大学的学生应该遵守中国高校的管理制度。其次，在处理这件事情上，我没有一味地责令留学生如何去做，而是要有理、有利、有节地对学生进行疏导。当学生说出“我是中国人花钱请来的”这句话的时候，他已经轻视了中国人民的感情。我们作为教师，要尊重和呵护每一位学生，但是，在遇到这种问题时，我们要守护尊严、表明立场，勇于直面，而不是回避。我相信，在座的每一位研究生都热爱咱们的大中国，但是，这种热爱在必要的时候要以必要的方式展现出来。对外汉语教师的职责不仅仅是教授汉语、传播文化，也肩负着“外交”的重任。

跟大家分享一个真实的故事。我的一位老师曾经是一名汉语教师，后来从事外交工作。有一次，在涉外谈判时，双方代表就某一问题僵持不下，中间只能休会。休息期间，对方代表团中的一名重要成员发现中方代表团中竟然有自己曾经的汉语老师，也就是我的那位老师，于是，两人坐下回忆在北语的时光，气氛十分融洽。后来，待到休息结束，双方重回谈判桌，对方主动做出一定的让步，最后，谈判圆满结束。

大家试想，如果这位外方代表在中国学习期间与我的这位老师产生言语争执，心中存下不良情绪，那么，多年后，在外交场合、在谈判桌上，还会有峰回路转的可能吗？大家切记“外事无小事”。

希望通过今天的案例分析，让大家了解并理解一名汉语教师应具备的素质，以及责任和担当。

四、研究生课程思政教学改革成效

（一）工作成效

通过分享和分析对外汉语教学中的真实案例，汉硕生们真切感受到了一名汉语教师的责任以及需要担当的使命。很多学生表示：他们曾经以为只要懂得汉语知识就可以教汉语、做对外汉语教师。通过学习和分析思政元素的教学案例，才真正明白作为一名从事汉语教学和中华文化传播的工作者，不仅要学好专业知识，还要从观念上和心理上树立起家国情怀的观念。

（二）取得的经验

1. 结合课程的内容和特点，寻找所涉及的思政元素

每门课程都有自己所特有的内容和特点，为了防止专业教育和思政教育“两张皮”的

现象，必须从课程自身的内容出发，寻找思政教育能与之相契合的结合点，在润物细无声中将专业教育和思政教育结合起来。

2. 根据学科特色将思政因素有机融入专业教学中

不同学科在培养方式和模式上各有特色，因此，如何让思政因素融入专业教学中是十分重要。我们尝试通过分享和分析教学案例，以“润物细无声”的方式，将对外汉语教师所必需的思想政治素质教育融入专业课的教学中，力求专业训练和思政培养并进式发展。

3. 学院教师团结协作、凝心聚力贡献智慧

这门课程虽然是由王艺璇老师一人作为任课教师，但是，课上所使用的案例很多都是来自学院中具有丰富管理经验和教学经验的教师。李春玲教授、原绍锋教授、王国庆教授、陈香副教授在这门课程的准备阶段无私地分享了自己的教学经历和管理经验，为这门课程提供了大量真实的教学案例。由此可见，课程的建设不能仅依靠个人，而是有赖于学院各位老师的大力支持和共同努力。

五、研究生课程思政教学改革阻力及解决措施

（一）存在问题

1. 还需进一步系统性地将思政元素与专业课相结合

学院汉硕生毕业后将成为国际学生汉语教师，在我们的培养方案以及具体的课程设置中都注重培养学生的中国优秀传统文化知识和跨文化交际知识和技能。思政元素在每门专业课程之中都有充分的体现，但还需要进一步系统性地梳理思政元素与专业知识的蕴涵关系，以达到更好的培养目的。

2. 思政元素与专业教育相融合的方法较单一

如何根据专业课的内容和形式，使思政元素与专业内容很好地结合，使思政教育润物细无声，这也是需要解决的一大问题。

（二）解决措施

1. 进一步凝心聚力，系统性地将思政元素与专业课相结合

我们将进一步宣传思政教育的紧迫性和重要性，从政策上对现有课程进行积极思政改革工作，通过设立课题等方式，促进教师在教学中能系统做到专业课与思政元素相结合。

2. 进一步探讨思政教育与专业教育相结合的方法

组建思政教育与专业教育研究组，作为重要的咨询组织，为任课教师提供思政教育与专业教育相结合的建议，并于教师实践中加以指导。

附件：对外汉语教师的职责与担当

一、课程目标和教学思路

（一）课程目标

教育兴则国兴，教育强则国强。对于汉语国际教育专业研究生来说，“教育”不仅仅承载着传播思想、传播真理、塑造灵魂的时代重任，更承载着服务中华民族伟大复兴的重要使命以及肩负着传播中华文化的重任。因此，思政教育与专业教育密不可分，必须同时推进，力求将思政元素融入专业学习中，从而达到真正意义上的“立德树人”。

据此，课堂教学案例与分析这门课程在设置和安排上，不仅注重培训学生的教学技能、文化传播技能，而且重视培养学生处理与汉语教学和文化传播相关的突发事件应对能力。前者在案例择取上主要侧重语言要素和语言技能，即通过案例分析，学生掌握汉语教学中的必备技能和文化传播方法；后者则是偏重对外汉语教学中教师的职责和担当的培养，在案例的选择上，择取涉外教学中处理应急事件的真实案例，帮助学生正确认识到对外汉语教师在涉外事件中应持有的立场并真切感受到其所肩负的责任。

通过了解自身未来的职责才能更好的有所担当，作为对外汉语教师，家国情怀和专业伦理是必须具有的意识和观念，是应该深藏在每一位教师的心中。空洞的说教无法帮助学生真正树立社会主义核心价值观，也无助于培养其应有的情怀。因此，我们通过案例教学，帮助学生在学习专业知识的同时，引导学生树立家国情怀和专业伦理的观念，以期学生在未来可以尽快适应汉语国际推广工作，传播中华文化、促进中外交流，成为胜任多种教学任务的高层次、应用型、复合型、国际化专门人才。

（二）教学思路

课堂教学案例与分析课程将思政元素融合进课程中，这一部分的总体教学思路为：实证、案例先行，理论、总结在后。通过阅读真实案例、互动讨论和总结三大步骤实施课堂教学，具体教学思路为：

首先，择取具有典型性的真实案例，使学生对即将面对的海外教学工作和可能面对的涉外事件有感性的认识。

其次，教师根据案例提出问题，开展课堂讨论活动。采取师生互动、生生互动的方式，讨论案例。

最后，教师总结、点评案例，使学生对案例有理性的认识，同时增加了处理类似事件的经验。

二、实施方法与过程案例

（一）实施方法与过程的总体设计

课堂教学案例与分析课程主要采用案例教学法和互动式问答两种实施方法，具体的实施过程为：（1）通过阅读案例和观看视频让学生进入模拟环境；（2）教师根据案例提出问题，引起学生思考；（3）学生分小组讨论并陈述观点；（4）教师点评学生陈述并总结案例。

（二）教学案例

我们以“我是中国人花钱请来的”这节课为例，展示在课堂教学内容及安排上，如何将思政元素融入课堂教学案例与分析这门研究生专业课中。

1. 导言

随着中国国家实力的增强和国际影响力的日益扩大，越来越多的外国友人选择来中国进行交流和学习。其中不乏通过申请中国政府奖学金、孔子学院奖学金等进入中国高校接受学历教育的留学生。请大家首先阅读下面这个案例，并以小组的形式讨论这位老师的做法是否恰当？如果是你，你会怎么做？

2. 案例

在高级汉语的课堂上，有几位留学生在课上随意聊天，影响课堂秩序。老师提醒多次无效，依旧我行我素。最后，老师勒令学生站到教室后面罚站，但是其中一名留学生情绪很抵触，拒绝接受罚站，并扬言“我是拿着奖学金来的，是中国人花钱请我来的，你凭什么这么对我？”这名教师一气之下直接将这名留学生赶出了课堂。

3. 讨论

在课程开始之前，学生被分成两个小组。

教师：这位老师的做法是否恰当？如果是你，你会怎么做？

研究生小组一：这位老师做得不是很恰当，但是也没错啊！谁让他们上课说话呢！但是，如果是我，可能不会让学生罚站，也不会把学生赶出去，毕竟影响不太好。

教师：对，使用罚站这一惩罚方式并将学生赶出课堂这种方法确实过激，我们面对着的是来自其他国家的留学生，“外事无小事”，很多留学生都是被国家选送到中国进行进一步学习的，他们回国后非常有可能从事与中国有关的事务，我们作为对外汉语教师，不仅仅是教授汉语，也是一名“外交人员”，如果我们不能较好地处理这些事情，从小处来说，这可能会伤害到留学生的自尊心和情感，对教师和学校有不良情绪；从大处来说，这可能影响他们对中国的印象。因此，必须谨慎对待，不可以意气用事。可是这几名学生在说话，影响了课堂教学秩序，你不打算做任何处理吗？

研究生小组一：可能再次警告吧？这个怎么办？老师，太难了！

教师：另一个小组也说说，如何既保证课堂纪律，又不伤害学生感情？

研究生小组二：我们同意前面同学的意见，至于怎么做，我们认为可以再次警告，并且告诉那几名留学生，如果再说话，就扣掉他们的平时成绩。他们应该很在意分数，所以可能就不说话了吧？

4. 教师分析案例及点评

教师：大家还记得大禹治水的故事吗？大禹从鲧治水的失败中汲取教训，改变了

“堵”的办法，对洪水进行疏导。我们作为教师也是要这样，无论是罚站还是用平时成绩“吓唬”学生都是“堵”的办法，留学生心中是“不服气的”，甚至从此可能有了抵触情绪，这是我们最不想看到的。其实，刚刚这个案例改编自我的经历，只是我的处理方法与上文中的教师不太一样，具体处理方式是这样的（PPT 展示文字，情景再现）：

教师：刚刚这位同学说“我是中国人花钱请来的”，那么，大家觉得中国人为什么要花钱“请”你来？

留学生：为了传播中国文化。

教师：大家都是学金融、会计专业的，应该知道投资和回报。那我们不妨讨论一下，中国政府提供高额奖学金给大家仅仅是为了传播中华文化？从投入和产出上来看简直是不成比例。中国在海外有那么多的孔子学院，分布在世界各地，常常举办各种文化传播活动，这个影响力难道比一个研究生的影响力要小吗？而且孔院的花费肯定是要低于各位的奖学金总额的，这样看来，并不划算。另外，从各位的专业上来看，未来是要在自己的国家从事金融类工作的，试问，你们在和数字打交道的时候，难道还要跟别人说，我给你讲讲中国古代的数学家祖冲之吧？（学生们大笑）这么说来，在座的各位对中国没什么益处，这是赔本的，但是为什么政府还是会提供奖学金和学习机会给大家？难道在中国所有的孩子们都得到了极好的保障了吗？或者中国的钱太多了，没地方花？

（学生们摇头）

留学生：不是的，我的本科论文写的是中国的留守儿童问题，很多留守儿童需要政府拿钱来帮助他们上学。

教师：是的，我们的国家不是因为钱太多没地方花才给大家发奖学金的，因为中国的孩子也需要政府的帮助。孟子说过，“老吾老以及人之老，幼吾幼以及人之幼。”意思是把别人的父母当作自己父母一样的孝顺，把别人家的孩子当作自己孩子一样的疼爱。虽然大家不是中国人，但对中国人民来说，都是孩子，都会被关照和疼爱；孟子还说过“独乐乐不如众乐乐。”这是说，自己一个人高兴，不如大家一起快乐！所以，中国政府拿出优质的教育资源跟世界各地的人民一起分享。孟子是中国人心中的圣人，他的思想一直影响着我们。这种宽广的胸怀和这份博爱几千年来一直流淌在中国人民的血液中，我们不仅爱自己的同胞，也同样爱着和尊重着世界上的每一个生命。无论是中国的领导人，还是民众，都是如此。我们的国家主席习近平提出了“一带一路”，这才有了在座各位来华留学的机会。这就是为什么，中国是发展中国家，却一定要帮助其他国家的人民。大家是来自世界各地的研究生，是自己国家的希望和栋梁，你现在的每一分努力、每一点进步，在日后都有可能造福于自己的国家和百姓。如果为了自己而学习，在遇到困难的时候，你可能会放弃，但是，如果你想到了自己肩上扛着一个国家和民族的希望，那么再难再苦，你也不会放弃！亲爱的同学们，你们的祖国正在发展，她在等着你学成归国！所以，请珍惜可以努力的日子，珍惜中国政府为大家提供的宝贵学习机会，珍视中国人民的情感，不断丰富自己、完善自己！最后，我送大家一句我勉励和鞭策自己的话：树凌云志，怀报国心！

5. 教师总结

教师：大家可以看到，在处理这件事情上，我没有一味地责令留学生如何去做，而是要有理、有利、有节地对学生进行疏导。当学生说出“我是中国人花钱请来的”这句话的时候，他已经轻视了中国人民的感情。我们作为教师，要尊重和呵护每一位学生，但是，在遇到这种问题时，我们要守护尊严、表明立场，勇于直面，而不是回避。我相信，在座的每一位研究生都热爱咱们的大中国，但是，这种热爱在必要的时候要以必要的方式展现出来。对外汉语教师的职责不仅仅是教授汉语、传播文化，也肩负着“外交”的重任。

跟大家分享一个真实的故事。我的一位老师曾经是一名汉语教师，后来从事外交工作。有一次，在涉外谈判时，双方代表就某一问题僵持不下，中间只能休会。休息期间，对方代表团中的一名重要成员发现中方代表团中竟然有自己曾经的汉语老师，也就是我的那位老师，于是，两人坐下回忆在北语的时光，气氛十分融洽。后来，待到休息结束，双方重回谈判桌，对方主动做出一定的让步，最后，谈判圆满结束。

大家试想，如果这位外方代表在中国学习期间与我的这位老师产生言语争执，心中存下不良情绪，那么，多年后，在外交场合、在谈判桌上，还会有峰回路转的可能吗？大家切记“外事无小事”。

回到我们分析的教学案例，后来，我自己没想到的是，学生们一起鼓掌，下课后围着我继续问问题，一起讨论，没了情绪。这一刻，我真的特别骄傲：我为我的祖国骄傲，我为自己是一名中国人而骄傲。而且，特别让我高兴的是，从此以后，没有再出现课堂上随意聊天这种事情，留学生们的学习热情很高，学习态度也较之前端正了。我们今天分析的这个案例就发生在我身上，实实在在地存在。希望通过今天的案例分析，让大家了解并理解一名汉语教师应具备的素质，以及责任和担当。

三、工作成效及取得的经验

（一）工作成效

通过分享和分析对外汉语教学中的真实案例，研究生们真切感受到了一名汉语教师的责任以及需要担当的使命。很多学生表示：他们曾经以为只要懂得汉语知识就可以教汉语、做对外汉语教师。通过学习和分析思政元素的教学案例，才正真明白作为一名从事汉语教学和中华文化传播的工作者，不仅要学好专业知识，还要从观念上和心理上树立起家国情怀的观念。

（二）取得的经验

1. 根据学科特色将思政因素有机融入专业教学中

不同学科在培养方式和模式上各有特色，因此，如何让思政因素融入专业教学中是十分重要且亟待解决的问题。我们尝试通过分享和分析教学案例，以“润物细无声”的方式，将对外汉语教师所必需的思想政治素质教育融入专业课的教学中，力求专业训练和思政培养并进式发展。

2. 学院教师团结协作、凝心聚力贡献智慧

这门课程虽然是由我一人作为任课教师，但是，课上所使用的案例很多都是来自学院中具有丰富管理经验和教学经验的教师。李春玲教授、原绍锋教授、王国庆教授、陈香副教授在这门课程的准备阶段无私地分享了自己的教学经历和管理经验，为这门课程提供了大量真实的教学案例。因此，课程的建设不能仅依靠个人，而是有赖于学院各位老师的大力支持和共同努力。

21. 中国经济与管理研究院研究生课程思政教学改革成果总结报告

根据2021年国家统计局最近的数据计算，2020年我国国内生产总值（GDP）首次突破100万亿元大关。这是什么概念呢？按照不变价计算，我们的经济总量比1978年改革开放开始增长了约40倍，占世界经济比重也从1.7%增长到17%，翻了10倍。我国正在以更快的速度赶超美国。近几年来，我们每一个人都能切身感受到经济的飞速发展以及对我们的生活方方面面的影响。

中国经济与管理研究院的教师的主要研究方向之一就是经济学和金融学，我们关注中国的经济发展，关注中国与世界其他国家的互动，关注居民的福利。教师们的研究会自然而然带入到课堂，与学生分享他们的研究成果，从经济学的角度向学生打开认识这个世界的一扇窗，与学生共同探讨和发现经济运行的规律，解释经济生活中的一些现象，评估政策并给出政策建议。我们的思政教学改革就是这样自然而然地进行着。这里我们想着重总结一下思政教学中对“四个自信”的学习和落实情况。

一、研究生课程思政教学改革总体情况

习近平总书记认为，坚持四个自信是教育工作者的重要工作内容之一。习总书记“站在新时代坚持和发展中国特色社会主义、实现中华民族伟大复兴的中国梦的全局和战略高度，创造性地提出文化自信的时代命题，把我们党对中国特色社会主义的认识、对文化地位作用和发展规律的认识提升到一个全新境界”。2016年7月，习总书记在庆祝中国共产党成立95周年大会上，正式把文化自信与道路自信、理论自信、制度自信一起，并列为中国特色社会主义“四个自信”，强调“要坚定文化自信、坚定什么样的文化自信，以及如何在文艺、哲学社会科学、传统文化传承等工作中坚定文化自信的一系列重大问题”（求是，2019①）。作为社会科学工作者，教师在教学中坚持“四个自信”是义不容辞的。

坚持“四个自信”不是喊口号，不是强硬地灌输给学生，而是用事实去说话，用数据去展现，用爱国之心去体会。在这个设计框架下，教师客观地评价了我国改革开放以来取得的成绩，有力地展示了经济学证据，并在与学生的互动中解答他们的疑惑，鼓励学生对

① http：//www. qstheory. cn/dukan/qs/2019 -06/16/c_ 1124628546. htm.

经济问题深入地思考，教会学生用经济学手段作出判断，而不是不加筛选地接受媒体的各类信息。

加上学院长久以来提供的扎实的经济学训练，学生已经可以使用经济学模型和方法，对我国的经济问题进行稳健的分析。从学生的讨论和课程论文看得出来，学生对我国的经济问题的研究兴趣浓厚，对于很多政策给予了肯定，对于存在的问题也能够主动思考一些政策建议，以期我国能够越发展越好，意即实现中华民族伟大复兴。

二、研究生课程思政教学的实施

许多学者的研究表明，中国在政党制度、经济制度、组织人事制度方面有一定的优势，保障了中国的经济崛起。新中国成立 70 年以来，尤其是改革开放之后的这 40 年间，我国的经济飞速发展是大家有目共睹的，我们还有理由不对我们的理论、文化、制度和道路自信吗？在我们的经济学类的教授过程中，我们展现了很多的证据——理论的和实证的——这些证据展示了我们的政治制度以及很多改革都能够解释中国的成功，通过使用严谨的分析，学生能够很信服地建立起来对伟大祖国的自信和拳拳爱国之心。

接下来，我们以发展经济学和劳动经济学这两门课程为例，展示一下思政教学如何体现在课程的讲授当中，以及取得了什么样的成效。发展经济学的课程内容主要涉及了发展中国家的经济问题，在课堂中，我们尤其注重中国的经济发展问题，同时对比美国、OECD 等发达国家，也对比印度等其他发展中国家，2020 年课程的主题涉及贫困、收入不平等、教育制度、区域、创业、身份认同等。劳动经济学的研究生课程设计也着重围绕着我国的劳动力市场经济展开。学习发展经济学和劳动经济学这两门课的学生因为具备了高级宏观和高级微观经济学基础，同时掌握了高级计量经济学，可以对发展经济学的一些主题进行深入的计量分析，而不是停留在描述性的论述上面，因此，他们可以展开有理有据地分析，并且认为研究的结果令人信服。自然而然地，对我国的经济发展很有信心。以下是几个案例。

1. 我们应该制度自信，这首先体现在对我们党的领导的自信上。中国共产党代表的是我们国家的整体利益而不是像西方政党一样的部分利益。我们能够让学生在学习经济学当中，加深理解并建立共产党领导的制度自信。我们知道，物质是基础，精神是上层建筑。在这两门课当中我们也涉及了一些非货币化的指标的研究。这里举一个例子。课程中的一个主题是人们捐赠或进行利他行为的背后动机是什么。在课堂教学当中，我们让学生参与了经济学实验，使用科学的手段来测度党员是不是更有可能捐赠以及是否捐赠更多？按照《中国共产党章程》，党员应该具备帮助他人、无私奉献等这些优良品质。那么，我们想通过实证研究来测量一下在现实生活中党员是否比其他人更利他，更有可能捐赠？同时，我们使用了中国的 CLDS 2014 年数据库，发现党员比非党员每年进行捐赠的概率高出大约 11%，考虑到样本中，平均的捐赠率只有大约 8%，因此，显而易见，党员比非党员在捐赠概率方面的差距，是非常大的。这个证据是和我们党一直以来“代表整个国家和中国最广大人民根本利益”的宗旨是一致的。

2. 中国的崛起是因为我们有制度的优势。有一些学者认为，中国之所以经济成功，是因为劳动力便宜，人口众多。但这些说法用来解释中国这40年来创造的经济奇迹是远远不够的。我国一直实行的是社会主义市场经济，以公有制为主体，并有多种所有制同时存在。一方面，我们能借助看不见的手，发挥了市场资源配置高效率的力量，同时，我们有别于其他发达国家的经济体制特征是，我们还有来自政府“看得见的手”，极大改善了基础设施等公共设施和提供了丰富的公共产品。在我们的课程中，多次探讨了收入不平等的主题。这是很多发展中国家面临的极大的挑战，也是很多发达国家无法解决的问题：例如，美国的收入不平等日益加剧，贫富差距拉大，经济学家称其为“大象的鼻子”的现象——前1%富有的人占据着越来越多的财富。然而，我国的收入不平等虽然在改革开放之后有所增加，但近十几年来不平等的趋势日渐缓慢，甚至有所下降；我们的GDP没有减慢，现在已经是世界第二大经济体。在课程中，我们认真学习和戒毒了著名的经济学家Piketty发表在经济学顶刊中的一篇论文①。他用了多个并且相对更为完备的数据库进行测算，发现中国的独有的混合式经济体制——公共部门的份额大约占到1/3至1/2——这有助于解释在中国收入不平等并没有加剧。另外，收入不平等是跟人们的幸福指数息息相关的，从这一点上来看我们的制度安排是非常有效的，是能够保障人民幸福的，我们还能有什么理由不增加制度自信呢?

3. 在过去的几年里，我们国家创造了一个历史的奇迹——那就是消除了贫困；这意味着，近8亿中国人口，也就是世界上将近80%的贫困人口，摆脱了贫困。在课程当中，我们专门对贫困这一主题做了探讨，学习了诺贝尔经济学得主Abhijit Banerjee和Esther Duflo的书籍和多篇论文，探讨了造成贫困的多种因素，展示了非洲国家以及印度等发展中国家的贫困问题。我们发现，我国的政治制度以及公共政策（包括教育、医疗、农业政策、扶贫等）都关乎消除贫困这一主题。当我们再回到中国解决贫困的讨论中时，阅读发展经济学中关于这样的政策评估的论文，我们发现，正是因为我们的一系列政策起到了积极的作用——提高全民的教育水平，保障农村和贫困人口的医疗卫生条件，加大政府转移支付等——我们的贫困人口得以迅速下降。这又一次说明了我国制度的优势，在这样的国际比较中，我们又坚定了中国制度自信。

三、研究生课程思政教学改革成效

以下节选了几位研究生的课程论文的研究内容，他们使用严谨的计量经济学手段，研

---

① Piketty, Thomas, Li Yang, and Gabriel Zucman. 2019. “Capital Accumulation, Private Property, and Rising Inequality in China, 1978－2015.” *American Economic Review*, 109 (7): 2469－2496.

究了教育是否提高了我国居民的幸福感，新《劳动保护法》是否改善了城镇非正规就业群体的福利，参加新农保是否会提高家庭教育投入，等等。可以看出来，学生通过课堂学习，增长了专业知识，也对我国经济快速发展的多方面因素，尤其是制度优势和政策效应，有了更深刻的认识，有助于学生相信和坚定发展中国特色社会主义、实现中华民族伟大复兴的中国梦的路线。

编号	主题
1	本文采用中国家庭收入调查（CHIP）2007 年、2013 年的数据检验教育对主观幸福感的影响及其机制。教育对主观幸福感具有显著的正向影响，我国不存在“教育与幸福悖论”。同时，城镇居民从教育中获得的幸福感要大于农村居民；男性从教育中获得的幸福感要大于女性；西部地区的教育收益率大于东部和中部地区。
2	本文基于 2007 年和 2013 年中国家庭收入调查的混合截面数据，以《劳动保护法》实施为准实验。研究发现，《劳动保护法》实施后，城镇非正规就业群体的家庭消费和主观幸福感显著提高，其中农民工群体的福利改善程度高于城镇非正规就业群体，其主要影响机制是降低工作时长、提高社会保险覆盖和增加工资收入。
3	基于 2006—2018 年 245 个地级市的面板数据，本文从社会互动视角检验了地方政府隐性债务扩张中的“同群效应”及其成因。本文为深刻认识地方政府隐性债务问题和化解地方政府隐性债务风险提供了经验证据。
4	本文利用中国家庭追踪调查（CFPS）2010 年和 2012 年调查数据，通过构造两期面板数据并结合双向固定效应和工具变量等方法从实证角度探究了家庭参与新农保对于家庭教育投入的影响。新农保政策的实施，对于家庭的教育投入具有显著的正向影响作用；具体而言：家庭参与新农保将会增加家庭的教育投入约 65% 到 75%，而家庭领取新农保将会显著促进家庭教育投入约 65% 至 180%，这一效应与已有研究相比都相当显著。

22. 中国金融发展研究院研究生课程思政教学改革成果报告

一、研究生课程思政教学改革总体情况

研究院积极落实和推进研究生课程思政教学改革，认真积极落实和推进党的十九大精神和习近平新时代中国特色社会主义思想进课堂、进大脑，突出思想引领，坚持立德树人，提升研究院研究生专业课程教学的德育内涵，培养具有社会主义核心价值观，家国情怀，具有国际视野和创新思维的专业化国际金融人才。研究院课程思政主要是在入学教育、专业课程以及社会实践教育上进行，以养成学生积极的态度，培养研究生自我管理、自我监督、自我约束和自我规划的能力，养成学生坚持做好每一件事的品德为目标，潜移默化的在每一节课堂上进行实施。研究院课程思政教学改革成果汇报如下：

在培养态度方面，研究院教师在日常教学过程中端正自己的态度，认真备好每一节课，上好每一节课。严格要求研究生，上课不睡觉，不玩手机。除此之外，教师也以身作则，一言一行、一举一动、举手投足，都会对研究生的学习乃至人生产生影响，因此不管是在课堂上，还是平时办公室与研究生座谈的时候，时刻注意自己身为教师和导师的形象，对研究生进行思想政治教育和德育引导。

在培养研究生自我管理、自我监督、自我约束能力方面，主要是平时的作业汇报、小组论文展示和各种教学任务严格管理。平时的作业汇报以及小组论文作业展示，都严格要求研究生认真对待，此项在课程成绩中占了很大比重，在很大程度上调动了学生的积极性。从布置、实施和验收课程作业以及汇报展示作业的各个阶段，通过正面教育与纪律约束加以引导，通过正面榜样教育和反面案例加以启发和警示。

在培养研究生自我规划能力和养成坚持做好每一件事的品德方面，主要是以榜样激励为主。金融学有着悠久的历史，国外金融学界均具有很多传奇的金融人士，许多金融学者都有着非常励志的人生经历，比如我院院长华人500强经济学家吴仰儒教授。教师在课堂中通过讲授金融学界知名学者和金融业界成功人士的曾经辉煌成就，鼓励研究生不断努力，向更高的目标前进，不断规划自身的职业生涯前景，做好每件事。

二、研究生课程思政教学内容涉及情况

（一）设计目标

1. 深刻认识和理解社会主义核心价值观。
2. 践行社会主义核心价值观。
3. 培养学生的专业功底，力争达到独当一面的能力。

（二）设计思路

1. 使用研究院教师最新的研究思路和教学方法指导研究生。

2. 采用双导师制指导研究生，业界导师和学院老师共同指导研究生，提升研究生的创新思维，树立正确的人生价值观。

3. 采用国际院校培养标准和国际一流研究成果贯穿研究生整个教学培养过程。

4. 课堂教学中引入案例分析，通过案例分析，让研究生进行实践探索和分享想法，提升研究生思想思考深度。

三、研究生课程思政教学实施过程

（一）实施方法

1. 院领导和分管人员每次均进行事先详尽讨论和安排思政教学方式方法。

2. 积极发挥研究生骨干力量，充分发挥班干部的作用，及时沟通，把我们的思政方案安排意图和实施方法提前通知同学们，并且倾听和采纳研究生的合理建议。

3. 积极与专业机构开展密切的合作。研究院与 CFA 协会共同举办过多次的华北地区 CFA 投资大赛，并且派遣研究生队伍参赛。通过这些活动，研究院研究生可以得到他们的专业精准指导，老师的耐心辅导，提高了研究生积极参与和投入的热情。研究院全体教职工积极参与每次大赛的组织实施，派出的代表队均取得了优异成绩，极大激励学生的学习热情和积极性。

（二）实施案例

1. 入学教育

每年秋季学期，研究院举行“入学引航筑梦想，新生学子期未来”为主题的研究生新生入学教育系列活动，包括：校纪校规、研究生手册的学习，心理健康教育，职业规划教育，院长谈治学，校史馆参观学习，师生见面交流会。

心理健康教育和职业规划教育，由研究院心理咨询师、研究生辅导员王文忠老师负责

讲授，他通过案例引入分析和探讨以及经验分享，提升研究生心理健康水平和职业生涯规划能力。

师生见面交流会过程中，研究院所有专业课老师均需要向研究生介绍自己的求学背景和经历，研究兴趣，回答研究生的提问并给研究生生活提供建议，以此提升研究生对未来的展望和对当下的把握能力。

2. 专业课堂的思政教育

我们进行的双导师制度，指导同学做论文和就业指导，一是业界导师把关，主要看每位同学的论文是否抓住了中国经济金融市场的关键问题，更重要的是同学的论文一定要符合业界实际要求和他们工作的探索；二是我们自己老师把关正规的学术指导，是否符合学术规范，主要体现在三个方面：第一，论文必须具有创新点，一定要讲清楚每篇论文跟现有文献的差别；第二，必须国际视野，具体的实施方法就是检查同学对国际文献的熟悉程度，并且认真查找是否有国内外学者对特定的中国研究题目，进行了哪些探索。更重要的是要用国际前沿研究方法应用到分析中国实际问题；第三，学术修养主要讲究严谨和诚实，我们在对学生的论文指导中，多次强调诚实，忠实原始数据的准确性，强调模型的严谨性。我们把严谨的标准定得比较高，不管是从理论还是实证都强调了这两点。这是我们对同学学术修养的最基本的要求。

研究院与上海期货交易所共同开展了合作培养金融期货期权人才项目。由上交所派遣业界高管人士来校授课，讲授专业的期货期权实操知识并且模拟期货期权交易，以此培养研究生对金融期权市场的独立思考以及未来趋势把控能力，进而提升研究生全方位的创新思维和国际视野。

此外，研究院积极邀请业界知名专家来校作报告，并形成了每两周 1 次的业界报告讲座，开创了业界精英教育讲座，并由研究生将每次讲座内容总结分享到公众号：CAFD 知享，以此来提升和加深研究生的业界实操知识。

3. 专业实践实习教育

研究院高度重视研究生专业实践实习教育。寒暑假期间，研究院专门组织研究生到企业进行社会实践参观活动，比如 2020 年 1 月初，研究院研究生辅导员带领数十名的研究生前往天津商品交易所、建设银行自贸区分行、京津科研所以及张家口进行参观调研，观摩区域经济金融的发展。通过参观和观摩交流，让同学们看到了我国金融界大好发展势头，让他们感受到将来金融业工作重要性，让他们预先强烈感觉到国家栋梁的重大使命感，大大地提升研究生爱国情怀以及用专业知识服务祖国经济金融业的发展。再如 2020 年 10 月研究院专业课教师以及辅导员共同带领研究生新生前往汇安基金公司参观调研和座谈交流，提升研究生对金融行业的认知水平。

4. CFA 投资大赛

研究院高度重视与 CFA 协会举办多次的华北地区投资大赛，认真组织和选拔代表队参与此项赛事，邀请业界指导老师来指导代表队。每次代表队均取得优异成绩，极大提升了研究生的爱校情怀。

5. 研究生党员教育

研究院积极发挥研究生党员骨干作用，充分调动党员的积极性，来参与研究生思政教育工作。组织各年级同学参观军事博物馆，香山公园双清别墅纪念馆。这些活动提升研究生爱国精神。

四、研究生课程思政教学改革成效

1. 通过研究生课程思政教学，研究院研究生思想积极上进，积极践行社会主义核心价值观，没有考试作弊、学术不诚信情况发生，没有违法乱纪、违反校纪校规的情况发生。研究院研究生积极响应学校的号召，践行学校的规章制度，听从学院老师的安排，积极参加校内外的志愿活动，提升自己的人生价值。

2. 从入学教育到毕业教育整个研究生培养过程中，研究院将思政教育贯穿其中，全方位培养研究生的社会主义核心价值观，学术修养和国际视野。研究院研究生职业生涯目标非常明确，能迅速适应各种场合并在自己专业领域有所成就。研究院毕业的校友已经拥有自己的事业并回馈母院，每年资助研究院师生进行学术研究，开展校友杯论文大赛。

23. 中国公共财政与政策研究院研究生课程思政教学改革成果总结报告

一、研究生课程思政教学改革总体情况

以习近平总书记在全国高校思想政治工作会议上的重要讲话精神和《教育部等八部门关于加快构建高校思想政治工作体系的意见》（教思政〔2020〕1 号）为指导，中国公共财政与政策研究院（以下简称“研究院”）深入贯彻落实中共中央办公厅、国务院办公厅《关于深化新时代学校思想政治理论课改革创新的若干意见》、教育部《高等学校课程思政建设指导纲要》等文件要求，积极探索研究生课程思政教育改革。

研究院高度重视课程思政教学改革工作，院长、书记带头，全员参与，结合研究生培养课程特点开展思政教育工作。研究院开展研究生课程思政教育要求坚守政治站位和学术道德的底线，把握立德树人为根本的主线，在课堂教学和研究生科研能力培养过程中积极融入习近平中国特色社会主义思想，加强培养学生的专业化和精益求精的工匠精神，研究中国问题，服务中国战略，弘扬中国声音。

经过一段时间的探索，研究院思政教育改革取得初步成效。一是学生对遵循学术道德和科学伦理的底线有更高的认识，近年来无学生发生学术道德问题。二是学生将研究根植中国大地，服务国家战略。研究生论文写作高度重视对中国问题的实证研究，研究选题服务国家战略发展，实证分析细致深入，论文外审评价较好。三是学生就业观念更加务实和注重服务国家战略。研究院研究生就业基本保持 100% 的就业率，就业单位评价较好，近年来研究生毕业生前往西部、基层与政府部门就业人数逐步提高。

二、研究生课程思政教学内容设计情况

（一）设计目标

全面落实课程思政教学以立德树人为根本，以理想信念教育为核心，以培育和践行社会主义核心价值观为主线，以建立完善全员、全程、全方位育人体制机制为关键，与学校“双一流”建设相结合，推进研究生课程思政教育体系建设。

推进习近平新时代中国特色社会主义思想进教材、进课堂、进头脑，将价值塑造、知识传授和能力培养三者融为一体，全面推进课程思政建设，寓价值观引导于知识传授和能力培养之中，帮助学生塑造正确的世界观、人生观、价值观，把立德树人融入思想道德、文化知识、社会实践教育各环节，为国家现代化建设培养具有工匠精神的人才。

（二）设计思路

高度重视，全员参与。研究生课程思政教学改革要做好全过程、全方位的顶层设计，自上而下与自下而上相结合，数量与质量并重。做好在研究生培养中思想道德、文化知识、社会实践教育等各环节的思政教育工作，将思政元素与红色基因融入研究生培养全过程；要求研究院领导班子发挥带头作用，师生党员发挥先锋模范作用，全院教师通力合作，学生积极参与，进一步加强授课教师对课程思政教育的重要性认识；所有专业课思政内容比重进一步提高，不断探索思政教育融入课堂的方式方法，提升课堂教学效果；课内教学与课外实践相结合、网络教育与线下授课相结合，教学与科研相结合，选择好思政课程的路径与载体，让课程思政内容更加鲜活，引导学院教师有意识地将思政课程内容与专业课内容有机结合。

坚守底线，提升素质。思政课改革要坚守底线思维，正确处理好继承与创新的关系，做到创新中有继承，发展中有稳定。思政教育要牢牢把握政治站位和学术道德这两个底线，以不断提高学生政治素质和专业化精神为主线，培养具有社会主义价值观、人类命运共同体世界观、为国奉献为民服务的责任担当人生观的高素质专业化研究人才。要坚守政治站位，牢固树立“四个意识”，坚定“四个自信”，做到“两个维护”，强化责任担当，重视对学生社会主义核心价值观培养；坚守学术道德底线，提升研究生学术道德与学术规范意识，严厉杜绝学术不端行为。坚守底线的同时，要努力提升研究生的专业素质与政治素质，既要锻炼其过硬的专业知识本领，注重专业素质的提升与基本功的训练，包括实证分析能力与研究动手能力，也要积极培养和引导学生有服务国家战略与社会需要的责任感，擦亮“为国而生，与国同行”的中财大名片，抓住建党一百周年的契机，基于研究院实际与特色，搭建好思政课堂。

把握主线，润物无声。以坚守政治站位与学术道德底线为基础，提升研究生专业素养与社会责任感。思政课程的改革自下而上与自上而下相结合，杜绝“贴标签”“两张皮”式的生搬硬套，要与研究院实际情况与特色相结合。多措并举，显性与隐性教育结合，将思政元素“无痕”地融入立德树人的全过程，做好“隐性德育”，激励教师教学与研究生科研结合当地中国特色社会主义建设的成效与国情，解决重大问题，弘扬中国声音，发挥潜移默化的特点，努力实现教师与学生的同频共振，以期“润物无声”“如盐入汤”的育人效果。

三、研究生课程思政教学实施过程

（一）实施方法

1. 坚守第一课堂阵地，做好专业知识教学与德育工作

在专业基础课程中，强调对研究生的专业基础能力培养；在主要专业课程强化教师应用基础理论与中国实践应用的结合教育，锻炼提升学生实证分析能力与研究动手能力；专业课程鼓励使用课程论文考核形式。以小班化教学的模式为基础，在课堂展示环节中，教师要立足中国实践与改革发展发展成就，引导学生进行问题分析，注重社会主义核心价值观教育，重视工匠精神的培养。

2. 构建全员育人、全课程育人、全过程育人思政教育体系

具备思政教育系统工程的思维，发挥领导带头作用，院长通过“院长谈治学”、见面会寄语等活动，勉励学生认真学习专业知识，培养研究能力，将个人发展与国家民族的需要相结合；党总支书记在就业工作中，注重引导学生的择业观，要积极服务国家战略，响应国家号召，积极投身西部志愿服务、投身军营保家卫国、走向基层干事创业。采取多种场合、多种措施加强学术规范与学术道德教育，研究生班会和专业课程要强调学术道德意识，专业写作课程要培养学生规范学术写作能力，教师、学生党支部要突出日常思政教育和学术交流结合，让思政教育工作边界不断延伸。相关学术规范和学术道德纪律纳入所有课程教学大纲。引导学院授课教师与思政老师交流学习，利用好“党建带团建，团建促党建”的思政活动，同步提升课程思政的数量与质量。

3. 导师育人与科研育人相结合

增进教师的育德意识和育德能力，做到精益求精。加强导师政治理论学习和培训，结合主题教育、中心理论组学习等党建活动，实现导师不仅专业造诣深，更要政治站位高。2020 年，院党总支理论学习中心组共计开展 12 次的主题教育学习，专题学习习近平中国特色社会主义思想，十九大，十九届二中、三中、四中、五中全会精神等，讨论领会习近平总书记在全国高校思想政治工作会议上的重要讲话精神，对提高导师政治站位和思想道德水平，用马克思主义和中国特色社会主义思想武装头脑，指导教学科研起到了良好作用。导师要担负起思想政治教育主体责任，把育人放在首位，确立知识传授与价值引领同频共振的教学理念，以课堂教育与科研指导为抓手，鼓励学生更多地把研究成果发表在中国大地上。落实导师责任制，要求导师既要做专业知识的“授业者”“解惑者”，也要做学生价值引导的“传道者”。

（二）实施案例

1. 研究院教师欧阳远芬教授于 2020 年 2 月在学校研究生院推出的“教你宅家搞学术”系列活动中，通过官微向学生介绍疫情期间如何在家开展学术研究，引导学生线上也

要做好论文写作工作，并强调学术规范，与学生一同筑起抗击疫情的钢铁城墙。

2. 2020 年 9 月，研究院院长乔宝云教授在 2020 级新生线上见面会上寄语全体新生，要培养独立的人格和独立的学习研究能力，要把个人的成才与国家、民族和社会的发展需要结合起来。党总支书记李汉军老师坚持开展书记第一课活动，面向研究生新生开展“书记第一课”讲座，为有志加入党组织的学生们，对入党流程、党的政治理论等知识进行答疑解惑，让更多的同学坚定了入党的信念，向党组织递交了入党申请书。

3. 2020 年 10 月，研究院研究生毕业生就业动员会顺利举办，党总支书记李汉军老师对就业形势、毕业去向、简历指导、就业压力应对等问题进行讲解，并重点介绍西部计划、基层就业等政策性就业，鼓励毕业生把青春用在建设祖国最需要的地方去，树立健康的择业观，为祖国发展奉献自己的力量。

4. 2020 年 11 月，研究院主办的海外交流项目讲座顺利开展，党总支书记李汉军老师作为主讲人，向学生介绍申请出国与海外交流学习项目的准备方法与注意事项，同时强调，出国学习后也要做一名爱国的有志青年，要立志将所学的知识用在祖国的建设与发展中来，要传递中国文化、展现中国精神、塑造中国形象。

5. 2020 年秋季学期博士财政分析课程由研究院院长与特聘教授联合开设，本课程教师在讲授财政分析基本模型和应用的基础上，大量开展针对博士毕业论文的选题和写作的讨论。学生在本次课堂上需要多次就选题和研究情况进行报告，教师在授课过程中不断与学生讨论中国实践的特征和分析结合点，并要求学生精益求精，在修订自身选题和研究后数次再行演讲。本次课程要求学生以深入的专业精神不断打磨博士论文，对博士论文结合中国实践、服务中国战略、提升质量起到了良好作用。

6. 博士生党支部活动探索党建活动与学术研究结合。总支书记李汉军自 2019 年 9 月到院工作后负责联系博士生支部，博士生支部是院党建工作基础最扎实的支部，凝聚力强、学习风气好，一直是院各个支部的榜样支部。同时，博士生支部的党建工作也存在一些挑战，如学生科研发表压力大，平时交流沟通少，较难参加太多支部学习活动的问题。有鉴于此，博士生党支部将支部活动与学习科研交流相结合，邀请总支书记、所有积极分子和非党员同学参加，集体学习党的方针政策文件的同时，也进行学术相关的交流，例如讨论近期的研究工作、文献阅读，交流研究方法等，形成一个内容更广泛、更加学术化的交流平台，探索政治理论学习与论文研究工作相结合。

四、研究生课程思政教学改革成效

1. 严抓学术道德建设，形成学术自由与学术规范统一的氛围，研究院研究生未出现过学术道德失范行为。

2. 积极引导学生服务国家战略，近年来，研究院较多研究生毕业生前往西部、基层与政府部门就业，代表去向有：财政部、宁夏社会科学院、北京市海淀区财政局、中国人民银行下属事业单位、地方选调生等。

3. 课程思政既要做好课堂建设，也要引导好课外实践，研究院 2019 级研究生文深雪参加学校“财经人·济世路——小康行”系列主题实践活动，荣获中国青年报社颁发的“优秀实践团队”奖。

五、研究生课程思政教学改革阻力及解决措施

1. 课程思政要尽量做到“隐性德育”，将思政元素“无痕”地融入立德树人的全过程，达到“润物无声”的效果，但在实践过程中，还存在一定的困难，今后要更多地借鉴院外和校外的实践经验，结合学院实际，做好改革的设计。

2. 资源配备目前还有所不足，学院思政岗教师较少，工作开展存在阻力；相关经费与配套设施也相对匮乏，难以对学院教师开展思政课程工作给予配套的激励措施。

24. 人力资本与劳动经济研究中心研究生课程思政教学改革成果总结报告

一、研究生课程思政教学改革总体情况

研究生教育是培养高层次创新人才的主要途径。我国的研究生在学人数从1949年的629人，到2020年已接近300万，我国研究生教育的快速发展，为国家和社会快速发展对高层次人才的需求提供了支撑。2020年7月29日，习近平总书记就研究生教育工作作出重要指示，中国特色社会主义进入新时代，即将在决胜全面建成小康社会、决战脱贫攻坚的基础上迈向建设社会主义现代化国家新征程，党和国家事业发展迫切需要培养造就大批德才兼备的高层次人才。

随着我国科学技术水平的不断提升，学术科研水平也在步步攀升，高层次人才的培养体系也在逐步完善。为确保教育和培养出一批德才兼备、致力于社会主义建设事业的高层次人才，研究生的思政教育始终摆在首要的位置。

高校传统的思想政治教育以枯燥的理论为主要载体，以单一的单向课堂讲授为主要形式，如此灌输式和死记硬背的模式难以达到研究生思想政治教育的目的，更难以满足国家对德才兼备的高层次人才培养的要求。

人力资本与劳动经济研究中心（以下简称“中心”）隶属于中央财经大学“经济学与公共政策优势学科创新平台”，成立于2008年，是一个以研究中国人力资本、劳动力市场及其与经济发展关系为主要研究方向的院级研究中心。中心肩负着高层次科研人才的研究生教学使命，承担着保障研究生思想政治水平和学术科研能力全面发展的教育任务。中心不断探索将研究生的思政教育贯穿在课程教学之中，其他各项教学及行政相关工作均将研究生的思政教育放在首要地位，确保研究生思政教育开展的连贯性和完整性。

二、研究生课程思政教学内容设计情况

（一）设计目标

研究生课程思政教学的设计目标，首先要以习近平新时代中国特色社会主义思想为指导，坚持知识传授与价值引领相结合，运用可以培养大学生理想信念、价值取向、政治信

仰、社会责任的题材与内容，全面提高大学生缘事析理、明辨是非的能力，让研究生成为德才兼备，全面发展的高层次人才。

（二）设计思路

1. 思想政治教育和学术科研教育的有机统一

中心作为高校研究生培养单位，需遵循人才思想政治教育与学术科研教育相统一的教育理念，将德育教育从各个方面和角度贯穿在学科教育的每个环节当中，做到“润物细无声”。

2. 积极寻找专业课程与德育教育的触点

研究生的德育教育不是独立的一门课程，需要所有参与学生专业课教授的教师共同参与，从每一门专业课程的独特性和专业性出发，积极寻找思想政治教育的契机。例如科研学术作风的树立，寻找贴近学生生活和专业课程的人物、事物实例进行教育。使学生在专业课学习的同时，逐步建立起良好的学术科研态度，进而达到德育教育的目的。

3. 为完善的教学管理体系提供制度保障

如果贯穿于专业课各个方面的德育教育是基础，那构建研究生思想政治教育工作与学生管理工作合力机制就是研究生思想政治教育的保障。

研究生的日常管理工作涉及除专业课之外的各个方面，如学生干部的设置和培养、社会实践、学术竞赛、资助奖励等。培养德智体美劳全面发展的高层次人才，是我们学校和学院的培养目标，也是为我国社会提供社会主义事业的建设者和接班人。

三、研究生课程思政教学实施过程

（一）实施方法

1. 提高对研究生思想政治教育的认识

作为培养单位，首先需要将研究生思政教育放在首要位置。从立德树人的角度，应以研究生的实际发展需求为依托，开展思想政治教育，引导研究生运用他们在日常生活中学到的思想政治知识，善待他人，用自己的行为感染周围的人，提高他们的思想政治素养。充分利用辅导员、班集体和宿舍管理的力量，深入了解研究生心理状况，确保及时发现大学生的心理问题，积极采取有效措施。

2. 做好一线教师团队的思想政治引领

教师团队作为培养单位对研究生进行学术和思想教育的一线力量，是对研究生进行思想政治教育的主要抓手，因中心体量较小，没有配备专门的思政教师岗位，因此做好一线教师团队的思想政治引领工作尤为重要。中心每学期都会召开全体教职工大会，由党支部书记主要负责关于教师队伍的思想政治宣传和教育工作，如宣传解读最新政策，及时反馈学术教学和德育教育过程中存在的短板和不足。督促教师关心每一位研究生的思想状况、心理健康等。同时将教师的思想政治站位和态度纳入教师评价体系，督促教师团队对学生的思想政治教育工作加强重视。

3. 充分利用网络信息技术的效率优势

现代化网络技术的发展，为社会的各个方面都带来了不可忽略的发展。互联网具有及时性、互动性、参与性、便利性和渗透性等特点，思想政治教育要充分利用和发挥互联网的优势。利用互联网深入学生群体，及时了解学生的思想动态，利用学生的思维模式快速精准地判断并指导学生在学习和生活的各个方面得到成长和教育。同时我们要深刻理解学生的互联网习性和访问途径，以学生可以接受和喜欢的方式吸引他们的注意力，引导他们对主流媒体的关注，进而达到灌输正确思想意识的目的。

（二）实施案例

1. 打造成熟的学生“教与学”自我管理模式

最为反映中心特点的课程是研究方法，属于研究实践类课程，主要进行人力资本的估算，从论文研读、数据收集、数据处理、程序运算到结果讨论整理及报告撰写，涉及一个完整科研项目的全过程。每年中心研究生二年级学生和李海峥教授共同给新入学的一年级研究生授课，形成了入学第一年“学”第二年“教”的模式，能够让学生们在“教”与“学”的角色转换中对专业课知识从不同的层面进行理解和学习，同时经历过管理和被管理，能够让学生们真真切切地达到锻炼和实践的目的。

这门课程不仅对中心的人力资本项目起到了极其重要的作用，而且学生通过与教授共同进行科研，各方面能力都得到了有效的锻炼，尤其是团队协作精神。同时，由于其跨年级合作交流的特点，课程大大增进了中心各届学生的学术交流，形成了中心良好的传统，成为中心对学生进行思想政治教育最突出的方面。

2. 学生自主负责中心宣传网站的维护

在利用网络技术进行宣传教育方面，最大限度地动员起学生以及学生干部的力量，既能达到调动学生参与中心活动的积极性，同时能够达到对学生进行思想政治教育的目的。

中心的网络门户包括中心网站、微信公众号、宣传墙三个主要平台。自 2020 年开始全部由学生会以及学生干部主要负责维护，包括新闻稿件的撰写、发布和宣传等。所有内容均与学生们的日常学习生活相关，结合学校和中心的最新动态，新闻稿件等由中心党政审核通过后发布到各个平台。通过这种模式，学生们对网站和公众号的关注度有了很大提高，吸引了更多的学生关注主流媒体。

四、研究生课程思政教学改革成效

中心在研究生课程思政教学方面，特别是研究方法实践类课程上形成了中心的特色类教学。

首先，由于此门课程通过频次较高的项目会议形式，每位学生都会参与到项目的各个环节当中，包括数据的收集整理以及每一次的项目汇报等。教师团队能够通过该门课程，对每位学生的性格特点和思想动态进行掌握，从而达到实时教育的目的。

此外，该门课程的内容既是一个整体，同时每位学生都会承担其中一部分内容，而每一部分内容都是必不可少且互相之间都需要紧密的团队合作才能完成。这就要求团队中的每一位学生都要经过不断地磨合从而形成良好的团队精神，学生之间互相帮助、共同成长，形成了一个具有积极作用的良性团队。

这门课程，无论从专业课以及学生的思想态度和实践能力上都取得了很好的效果，是中心课程思政教学的亮点。同时，在学生管理方面，从评奖评优到奖励机制等都一定程度地参考了每名学生在该门课程的各方面表现，最大限度地保障了该门课程在学生思想政治教育方面的作用。

五、研究生课程思政教学改革阻力及解决措施

中心自成立以来研究生教育培养进展顺利，实现了百分之百毕业，百分之百就业。研究生课程思政教学方面也逐渐形成一定的方法和机制，但也存在一些阻力及影响思政教学开展的一些客观因素。

首先，中心的规模偏小，教师除担任任课教师外还有繁重的科研任务，在此基础上对研究生专业课程上进行思政教学方面的精力比较有限。从学生的角度，繁重的课业以及就业的双重压力下，开设专门的研究生思想政治教育课程会非常困难。

其次，研究生思想政治教育缺乏专业化和体系化的指导，因此对研究生课程思政教学方面的指导则更加缺乏。专业课教师对在课程中如何开展研究生思政教育以及开展的内容缺乏专业化和系统化的概念指导。

综合以上两方面因素，研究生课程思政教学的开展，在面临思政教学体量受限问题的同时，还需要增加专门针对研究生课程思政教学改革方面的专业化和系统化的指导资源。

中心针对研究生课程思政教学所遇到的困难，将结合以下措施进行改善。首先，进一步加强教师队伍的思想政治引领工作，切实做好从教学管理方面的辅助和保障工作。中心党支部可专门针对研究生课程思想政治教育进行讨论研究，并通过支部大会和主题党日活动等途径，同步加强研究生思想政治教育。以学生干部和支部委员为突破口，针对研究生的思想政治状况进行深入了解和探究，寻找研究生课程思政教学的切入点。

根据全国研究生教育会的精神，适应党和国家事业发展需要，培养造就大批德才兼备的高层次人才是我们的重要使命。研究生课程思政教育工作更是首要任务，中心将积极探索研究生课程思政改革的方法和途径。进一步提升及完善国际化的人才培养方式，多方面、多维度加强研究生课程思政教育工作，全方位提升人才培养的质量。

第三部分

教　师　篇

1. 经济学院何召鹏：专业课程与思政元素有机融合

课堂教学是育人的主渠道、主阵地，高校所有课程都具有育人功能，所有教师都负有育人职责。课程思政把专业课教学与思政教育结合在一起，实现“知识传授”和“价值引领”有机统一，使专业课程与思想政治理论课同向同行，形成协同效应。

笔者认为，最大程度发挥课程思政育人效果的关键是实现专业课程与思政元素的有机融合，包括思政元素与专业基础理论的有机融合、与专业热点问题的有机融合以及与学生专业兴趣的有机融合，最终实现专业课程教学与思政教育相互促进。在二者的良性互动中，提升当代大学生对中国特色社会主义的认同感和参与度，培养合格的社会主义建设者和接班人。

一、课程思政建设的根本目标要求实现专业课程与思政元素的有机融合

工作目标决定工作思路和工作方法，工作思路和方法都要从根本上服务于工作目标。开展课程思政首先需要明确根本目标是什么。习近平总书记在全国高校思想政治工作会议上明确指出，“高校思想政治工作关系高校培养什么样的人、如何培养人以及为谁培养人这个根本问题”。可以看出，在高校中开展课程思政的根本目标是培养合格的社会主义建设者和接班人。一切工作必须紧紧围绕这一根本目标展开。

通过对根本目标的分解，明确基本的工作思路。笔者认为，合格的社会主义建设者和接班人必须具备如下两方面的素质。

一方面，需要具备坚定的社会主义理想，能够为社会主义建设奋斗和牺牲；另一方面，需要具备扎实的理论功底，能够为社会主义的建设提供专业知识和技能。而要使大学生具备以上两方面的素质，简单而言，必不可少的需要做到以下两点：

一是增进青年学生对于中国特色社会主义的认同感，内化于心；二是促进青年学生更多地参与到中国特色社会主义的建设中来，积极发挥自身的主观能动性，外化于行。

笔者将这两个方面概括为：认同感目标和参与度目标。这两个目标要求课程思政的建设必须实现专业课程与思政元素的有机融合，一方面使当代大学生增进对国家的认同感，另一方面提升参与社会经济发展的能力，最终为社会主义建设培养合格的建设者和接班人。

二、促进专业课程与思政元素有机融合是课程思政建设的关键

课程思政的关键是在专业课程中加入思政素材、与专业课有机融合，实现“知识传授”和“价值引领”有机统一，满足“思想价值引领贯穿教育教学全过程”的要求。因为以专业技能知识为载体加强大学生思想政治教育，比纯粹思政课更有说服力和感染力，可以最大限度地发挥课堂主渠道功能，扭转专业课程重教学、轻育人的情况。

笔者认为，思政教育与专业课学习，二者不是对立的，而是统一的、相互影响、相互促进的关系。一方面，专业课程所传授的专业知识能够为思政教学提供理论素材，有助于学生从更加深刻的理论视角理解思政教学所要传递的观念，这是专业思政课所欠缺的。另一方面，思想政治教育中的元素，能够起到价值传递和思想引领的作用，也为专业课程保持正确的政治方向提供思想保障，为学生正确解读和运用专业课理论提供科学方向。这是理解课程思政的关键。

打个比方说，“思政就像一把‘盐’，溶进专业教育的‘汤’，‘汤’在变得更可口的同时，也能真正让学生获益，达到育人功效”。而如何在专业课程教学中加入思政元素，实现专业课程与思政元素的有机融合成为课程思政成败的关键点。

三、以专业课程与思政元素有机融合的思路挖掘思政元素的方法

要实现专业课程与思政元素的有机融合，提升课程思政的教学效果，可以从如下三个方面挖掘思政元素。

（一）与专业基础理论相结合挖掘思政元素

专业课程中的相关理论是挖掘思政元素最丰富的宝藏，也是课程思政最大的创新之处。尤其是哲学社会科学类的课程，本身就是科学理论与意识形态的统一，因此，专业课理论中必然能够找到适合做思政的内容。

举例而言，高级政治经济学课程中在讲到公有制理论的时候，强调在社会主义国家，只有全体劳动者共同占有生产资料，实现公有制，才能从根本上消灭剥削、消除两极分化，实现共同富裕，也才能符合社会化大生产的要求，解放和发展生产力。而这一理论就可以用来解释我国社会主义初级阶段的基本经济制度，以及为什么强调公有制为主体，为什么要发挥国有经济的主导作用，为什么要强调做强做优做大国有企业。

结合公有制理论能够让同学们更加深刻地认识社会主义的国有企业的本质，也能够更加深刻地认识社会主义所有制特征，并自觉抵制错误思想的侵蚀。这是课程思政的优势。

（二）与专业热点问题相结合挖掘思政元素

建立在专业课的理论基础之上，选择热点现实问题作为切入点，能够有效激发学生的积极性。

比如在抗击疫情的过程中，社会主义制度“集中力量办大事”的优势充分发挥出来，国有企业在抗击疫情的过程中也发挥了重要的作用，这些热点思政元素都可以结合专业课程的理论进行讲授，通过比较分析不同经济制度的国家在抗击疫情的差异，并深入分析社会主义公有制的内在属性和特点，能够使学生通过疫情既能更好地理解社会主义制度的优越性，又能更好地弄懂理论知识。笔者认为，结合当前的专业特点问题，选择思政素材，能够起到活跃课堂氛围，增强学生参与度的重要作用。

应当注意到，融入思政元素要以学生关注的、鲜活的现实问题为切入点，以课堂为出发点，因势利导，鼓励学生个人或团队作延伸性学习或研究。只有结合专业热点问题，引导学生思考和探究国计民生中迫切需要解决的问题，才能做到“思政”与专业相长，达到事半功倍的育人效果。

（三）与学生专业兴趣相结合挖掘思政元素

课程思政要一切从实际出发，而当代大学生的认知能力和思想状况是最大的实际。课程思政的主要参与者就是大学生，因此，课程思政元素的选择还需要紧密结合当代大学生的专业兴趣，有针对性地设计思政教育。

比如财经类大学生在就业的时候热衷于选择金融行业，平时也比较关注金融财经问题。这就要求财经类课程在选择思政元素的时候，能够偏向于金融问题，并具有思政导向型地选择金融案例进行分析。比如当前我国强调金融要服务实体经济，那么在课程中讲授虚拟经济与实体经济关系、金融问题的时候就需要讲清楚金融投机活动过度发展的危害，虚拟经济可能会产生的副作用，使同学们即使到了金融岗位工作，也能够正确认识金融与实体经济的关系，在社会主义经济建设中为国家的长远发展贡献力量。

四、以专业课程与思政元素有机融合思路推动教学方法创新

课程思政因为加入思政教育内容，与传统课程教学的方式方法存在一定的差别。有学者关注到课程思政教学过程的特殊性，认为课程思政中思政教育环节的加入，不能割裂正常的教学节奏，避免在完整知识点内穿插思政内容。可以在课程后期讲解，因为此时学生听了较长时间的课会感到疲惫，讲传递正能量的思政故事和事例反而会激发兴趣。笔者认为，这是一种方法，但这种方法与思政课的区别不大，并不能作为课程思政教学过程中的主要方式。课程思政的有效实现必须在思政教育与专业课教育有机融合的思路下，选择合理的教学方法，发挥二者的相互促进作用。

（一）采取多种有效手段，提升学生的课堂参与度

有学者提出，在“互联网+”时代，大学生的独立意识和自我意识日益增强，传统的你讲我听的填鸭式教育方法容易使学生产生逆反心理，已经无法让学生感到解渴。网络交流的平等性和交互性，有助于营造出师生平等参与互动、开放的氛围，能有效激发受教育者主体作用的发挥。同时，互联网为受教育者提供集声音、图像、文字于一体的画面，能够创新课程思政的教学方式，丰富互联网+课程思政的方法途径。笔者认为，课堂参与度直接关系到课程思政教育的效果，采用多种有效手段，激发学生的学习主体性和参与度，是课程思政有效实施的关键。

（二）课程思政要重视课堂内外，校园内外的协同

课程思政的认同感目标和参与度目标都需要通过课程引导学生关注现实，关注社会主义的实践。这就要求除了开展课堂教学之外，要重视有效利用第二课堂和校外思政资源，形成立体多元化的课程思政体系。课程思政要做好第一课堂、第二课堂的联动，有效发挥文化育人、实践育人、管理育人的力量，做好师生互动，实现全员育人、齐抓共管。同时，将课堂向校外拓展，打通课内课外、校内校外和线上线下等的“立交桥”，实现思想引领在校内外全域的贯穿，实现教育家陶行知先生提出的“生活即教育，社会即学校，教学做合一”。

（三）课程思政应建立在科学准确地讲授专业课程的基础之上

专业课程是课程思政的载体，如果在课程教学中，专业理论的讲授都不能做到准确和清晰，课程思政的效果就会大打折扣。因此，课程思政要求专业课教师能够在准确讲授专业理论的基础上，有机融合思政元素。而且，可以看出，也只有学生能够准确理解和把握相关理论的情况下，才能真正理解思政教学的目标，才能增强认同感和参与度。这两者是相互影响、相互关联的。

总之，做好高校课程思政工作，必须要用好课堂教学这个主渠道，不断提升思想政治教育亲和力和针对性，通过专业课程与思政元素有机融合的思路建设课程思政，有利于满足学生成长发展需求和期待，有利于实现培养合格的社会主义建设者和接班人这一根本目标。

2. 经济学院金星晔：中外经济关系史课程开展思政教学的典型案例介绍

一、课程总体概况和课程建设意义

研究生中外经济关系史课程，获得研究生院课程思想项目的课程资助，由经济学院兰日旭老师、伏霖老师、路乾老师与金星晔老师共同承担。课程主要面向经济学院的研究生。课程是经济学院经济史学系研究生的必修课，也是研究生院课程思政和在线金课建设的立项课程。在新冠肺炎疫情防控的严峻形势下，学校开展了“停课不停教、停课不停学”的网上教学活动。疫情防控期间，课程充分利用各种网络教学手段，同时结合最新的经济史研究成果，以研究促教学，将课程思政元素积极融入课程，充分发挥经济学院课程思政的先行先试优势、线上“经济学家梦工场——微信课堂”的平台优势和经济史学系党支部书记“双带头人”工作室的组织优势，切实对接学生科研需求，在应用专业知识解读和升华的过程中，积极引导青年学生，传递正能量。课堂上，同学们一方面可以了解到经济史的学术前沿，另一方面也能够看到中国在方方面面取得的发展。

本课程的课程思政元素主要来自经济史的相关研究，结合学校经济史研究团队的最新研究成果，启发式地从历史维度去理解近代以来中国为什么落后，以及改革开放以来中国经济和社会的巨大发展，通过大历史观的建立和国际比较，引导学生在加深认识改革开放以来中国经济社会巨大发展成就的同时，从内心深处自发的树立起道路自信、理论自信、制度自信和文化自信，从学术研究上充分认识到西方已有经济史和经济学理论研究的局限性，从认识上树立做一流经济史和经济学理论研究的自信心，为社会主义培养建设者和接班人。

二、课程教学内容设计情况

课程教学目标在于从大历史观和全球化的视角，整合历史学、经济学、社会学中的重要话题，以人类发展和社会变革的为主线，对不同学科领域的内容进行整体认识和融合贯通，促进传统与现代、中国与西方文化的理解与融合，着重培养学生的基本相关知识认知、运用批判性思维分析能力和解决问题的能力，为学生接受专业教育和终身学习提供发展基础。

基本内容包括古代中外投资、古代中外贸易、工业革命与大分流、古代中国的政治经济制度、古代中外人员交流、白银与近代中国、科举考试与近代教育改革、政府与公共财政、战后东亚的经济发展、中国经济的崛起、近现代金融危机、中国与世界等关于中外经济发展和社会制度变迁的专题。

教学方式上，结合本课程研究生专业课特点，通过课堂讲授与讨论，将思政元素融入课程内容中去，“润物细无声”，引导学生开展自主学习、合作学习和探究学习，养成自我建构知识、能力和素质的本领。同时在课堂讲授与讨论的过程中，着重进行问题引领、多维互动的启发式、探究式、讨论式、案例式和体验式教学。加强师生之间互动，注重以人为本，因材施教，做一流研究。

思政元素的提炼和融入，主要体现在三个方面：第一，对中国古代社会的再认识，以事实和最新的经济史研究为依据，重新认识中国古代社会在世界经济中的位置，重新认识中国某些古代制度的值得学习之处，打破对“西方的都是好的”的认识；第二，通过国际比较，再认识近代中国落后的原因；第三，通过对新中国成立以来，尤其是改革开放以来中国经济社会发展的巨大进步的再认识，建立起学生的“四个自信”。

三、思政课程建设的三点经验

（一）以学术前沿为根本

课程以经济史领域学术前沿为教学根本，具体探讨中外经济发展历史、制度与经济发展、中外贸易的演变以及中外金融往来，几个模块的教学首先基于经济史领域的前沿研究问题。举例来说，讲授中外经济发展历史时，细致讲授了利用英国牛津大学教授 Stephen Broadberry 的学术成果，并引领学生们利用文献中提到的 HNA 项目所测算出的最新数据来观察中国在一个较长历史时间内的经济状况以及中国经济在世界经济中地位的变化，提炼中国经验元素。

（二）以“中国自信”为核心的思政元素

在课程学习过程中，学生们对经济史界的大分流有了新的认识，对这一学术问题进行了深入的思考；同时，学生们在学习过程中感受到了祖国的快速发展，夯实了以“中国道路—中国模式—中国方案”为内涵的教学目标，突出“中国自信”的核心思政元素，对中华民族伟大复兴更加充满信心，对立足国情的一流学术研究更加充满信心。举例来讲，在学习中国在世界经济中的地位变迁时，老师引导学生利用一些文献和数据分别进行横向与纵向比较来全面地学习中国长期的经济增长以及中国经济在世界经济所占份额的变迁历程。通过纵向比较，老师讲述了中国经济在世界经济所占份额的发展历程。学生们通过学习，了解到在17世纪，中国经济份额占世界经济份额的比重曾达到34.6%，感受到了中国古代经济的辉煌。在进入现代后，中国经济开始慢慢落后于世界。在新中国成立前期，中国的经济虽有波折但仍然取得了一定的经济成就。在学习改革开放后的中国经济发展历程中，学生学习到了中国经济占世界经济份额从1978年的4.9%提升到2017年的18.2%这一跨越式的发展。在老师的引导下，学生们利用数据计算出这40年中中国的经济增速接近10%。同时，老师也介绍了近40年中国经济结构的变化。学生们从中学习到了在1978—2017年，中国第三产业增加值占GDP的比重从24.6%升至51.6%，第二产业增加值比重从47.7%降至40.5%，第一产业增加值比重从27.7%降至7.9%，感受到了中国经济结构发生的巨大变化。通过纵向的比较学习，学生们深刻体会到了中国的经济在这40年里已经取得了卓越的成就。在纵向比较的基础上，老师同时进行横向比较。一方面选取发展较快的巴西、印度、印度尼西亚等中等发展中国家。在1978年到2017年这40年里，巴西增速为2.97%，印度增速为4.11%，印度尼西亚增速为4.5%。在发展中国家行列，这些国家的经济增速虽然比较高，却还不到中国经济增速的一半。同时，老师还选择欧美发达国家历史上增长最快的40年，经过比对，发现仍然没有中国改革开放经济增长速度快。在通过比较学习后，学生们更加相信中国特色社会主义道路的正确性，对中国制度更加充满信心，对中华民族伟大复兴更加充满信心。

（三）以多种方式为平台

在疫情防控的严峻形势下，课程采用网络教学方式。为了更好地保障教学效果，课程采用了多平台的教学方式，一方面利用好“超星学习通”做好课程的各项准备工作，另一方面，课程建立多种学习交流群，如微信群、Zoom等，来促进交流与学习。在此之外，为了更好地促进学生们自主学习，老师给学生推荐一些该领域内的学者讲座、线上课堂或者书籍等。通过和学生们的多次交流，老师发现这样能够更好地解决学生的疑惑，同时也使得学生有更加深入学习的想法。

总体来说，中外经济关系史课程的网络教学取得了比较好的教学效果，学生们对课程的安排和课程的内容上都比较满意。在课程教学中，老师抓住了此次疫情期间发生的一些比较典型的经济实例，并结合课程内容进行讲解，这让学生们从中感受到了国家的强大。这样一方面丰富了课程内容，另一方面也让学生们能够比较深入地理解老师们讲述的知识，也使得学生们在掌握专业知识的基础上更有民族情怀和民族自豪感。

3. 财政税务学院刘金科：秉承工匠精神，推进课程思政“润物无声”

习近平总书记在2019年学校思想政治理论课教师座谈会指出，办好思想政治理论课，最根本的是要全面贯彻党的教育方针，解决好培养什么人、怎样培养人、为谁培养人这个根本问题。课程思政是以习近平新时代中国特色社会主义思想为指导，以习近平总书记关于教育工作的重要论述为根本遵循，落实立德树人根本任务的重要举措，是构建德智体美劳全面培养的教育体系和高水平人才培养体系的有效切入，也是完善全员全程全方位“三全育人”的重要抓手。

当前中国特色社会主义建设进入新时代，新问题新挑战层出不穷。作为国家治理的基础和重要支柱——税收，其在新背景下如何妥善应对是当前形势提出的新命题。税收教育应同党和国家事业的发展要求相适应，同时代发展的步伐相匹配。为了深入贯彻习总书记关于课程思政的重要讲话精神，实现立德树人的根本教育目标，税收理论与政策课程教学团队秉承工匠精神，努力挖掘发挥本课程自身所蕴含的思想政治教育元素，跳出传统的教学套路，从“高、新、实、深”四个方面，实施课程思政教学工作。把价值观培育和塑造，通过“基因式”融入所有课程，将思政教育贯穿于课程教学全过程，将教书育人的内涵落实在课堂教学主渠道，推进立德树人“润物无声”，取得了良好的教学效果。

一、坚持“高”度负责的态度

坚持把立德树人作为教育的根本任务，培养德智体美劳全面发展的社会主义建设者和接班人，这是课程思政的目的。新时代背景下，课程思政建设对于完成教育任务意义重大。专业课程是思政的重要载体，不仅要在课堂上加强学生对知识的深度学习，还需要融合思政对学生进行正确的道德和素质引领。税收理论与政策课程教学团队围绕促进研究生深度学习的目标，在立德树人精神的指导下，精心设计课堂教学内容与模式，开展税收理论课程思政的教改实践。

在教学工作中，教学团队始终以高度负责尽责的精神，在保障高质量专业知识教学的基础上，提高课程思政的质量和水平。一是精心设计课程思政教学内容。开课前教学团队针对我国新时代新时期的重大热点税收问题就现有教学提纲进行研讨，几易其稿，构建与我国新时代阶段相适应的税收理论与政策课程的教学框架体系。并且，按照课前设计教学框架，利用丰富的网络和教学资源组织课堂课前学习；课堂开展学习活动，按照不同模块，创设研讨式主动学习课堂；课后根据学习评价与反馈及时优化教学安排的脉络，激发学生学习的积极性与自主性，提高课堂的教学质量。二是秉承工匠精神，教学过程精益求精。教学团队不仅及时将税收理论与政策的最新动态都纳入课程教学，并且认真准备课程思政的切入点，在教授学生专业知识的同时，培养学生正确的价值观，将培养合格的社会主义建设者和接班人贯彻到每一个教学细节。三是以学生为中心，注重听取学生反馈。为了更好地实施教学策略，在第一节课采取调查问卷的方式了解学生的构成特征、专业结构、兴趣偏好和未来计划等内容，并针对性地根据学生的基本情况和特征及时调整教学安排和侧重点。在课程结束之后，以调查问卷和访谈的方式，对课程思政的教学效果进行调研，了解学生的想法，听取学生的反馈意见，并对课程思政教学进行反思改进，为下一轮课程思政的顺利推进打下坚实基础。

二、坚持贯彻落实工作"新"

通过问卷调查，教学团队发现部分同学对课程中的思政教学表现出不关心或不喜欢的态度，一方面，因为学生从小到大形成了专业课程只学专业知识的惯性认识；另一方面，教师的授课方式也是一个重要原因。因此，税收理论与政策课程思政教学工作特别注重将教学流程科学合理、教学内容与时俱进和教学方式新颖活泼的紧密结合，将立德树人的精神融入课程教学的每一个环节。一是教学流程方面，把握"课前—课中—课后"关键教学环节。课前问题分析注重对学生问题研判、问题提出能力的培养；课堂引导注重辅导学生在认识和分析党和国家大政方针政策时的思想正确性、政治敏锐性、理论前沿性；课后实践操作注重培养学生的理论分析与实践操作的有机联系。二是教学内容方面，聚焦新时代面临的税收新问题新挑战。比如，个人所得税费用扣除标准提至 5000 元能缩小贫富差距吗？税收如何妥善应对中美贸易战，推动共建"一带一路"向纵深发展？房产税真的能降房价吗？就税收前沿热点话题带领学生开展研究与讨论。三是教学方式方面，探索多样化教学模式。采用丰富、高效的教学方式能够充分调动学生的兴趣，进而潜移默化地培养学生的思政素养，保障"立德树人"的育人效果。在课堂上，坚持以学生为主体的教学理念，设计丰富多样的授课方式。引入微视频、案例讨论、课堂展示、辩论赛等多种教学模式，调动学生参与课堂的积极性，引导学生进行批判性思考，使学生能够做到将理论与政策学习内化于心、外化于行，加强学生的课程参与度，激发学生的主观能动性，从而提升课程思政的亲和力和感染力，培养学生从党和国家大政方针的角度分析国际形势、国家及社会发展趋势，提高学生问题分析和价值判断的正确性、敏锐性，帮助学生在学习过程中形成先进思想、高尚品格和理性认知。寓价值观引导于课堂教学中，实现课程思政"润物无声"。

三、坚持分类指导落"实"践行

课程思政教学工作中，教学团队根据不同的板块内容和学生特点与偏好，因地制宜，加强分类指导和课程设计的落实践行。专业课程思政教学的关键在于将知识传授与价值引领相融合，将思政因素充分融入税收理论与政策的教学中，强化“税”必须自觉服从于“政”的大局意识，“政”中思“税”，以“税”辅“政”，充分发挥专业课程的思想教育作用，让学生在深度学习的同时树立正确的价值观，提升社会责任感。教学团队特别注重挖掘专业课程与思政二者的契合点，进行有机融合。课程根据税收前沿理论动态、税收法治研究、中外税制比较、税制改革前沿热点等不同板块的特点，确定教学重点，引导学生深度学习，坚持爱国和爱党爱社会主义相统一，培育和践行社会主义核心价值观。在找寻专业课程中的思政元素时，注重以问题为导向，结合专业课程在当代社会发展中存在的问题进行教学，引导学生正确认识与专业相关的社会现象，帮助他们树立正确的人生观和价值观，实现专业课程教学与思想政治教育相互促进，共同服务于“为党育人，为国育才”的人才培养目标。

四、坚持“深”入浅出阐释理论

教师是专业课程思政教学的关键主体，只有教师自身坚持教育者先受教育，努力成为先进思想文化的传播者、党执政的坚定支持者，才能更好担起学生健康成长指导者和引路人的责任，以“润物无声”的方式将正确的价值追求、理想信念和家国情怀有效地传递给学生。一是教学团队始终坚持不断提升自身育德能力。在日常教学活动以及与学生的交流中始终注重育德意识，紧密关注国家时政以及与专业相关的热点改革，加强相关理论的学习和与课程的结合，做到深学笃行、与时俱进。在课堂教学中，一方面注重加强理论概括和国际比较，引导学生增长见识、丰富学识，辩证看待发达国家税收制度和改革经验，指导学生沿着求真理、悟道理、明事理的方向前进，而不是盲目推崇国外的制度和做法；另一方面，坚持以爱国主义为首要前提，以求真务实为科学真理，以学术端正为基本底线，培养研究生的科研诚信意识，强化学术研究中的高压线意识。二是注重深入浅出阐释税收理论，充分利用现代技术，提升课程思政课堂教学的效果。在当今网络高速发展的时代，充分利用现代技术可有效提升课程思政的授课效果，依托技术手段，将思政元素由“注入式”向“启发式”转变。在授课过程中，教师可以将现代化信息技术带到课堂。比如通过互联网可以即时接触到全球最前沿最新的税收动态。如数字经济税收治理问题，各国税收应对策略不一，背后蕴含着基本而深刻的税收原理。基于互联网技术聚焦全球税收热点话题讨论，不仅有利于拓展学生的国际视野，而且能够提高学生发现问题、分析问题的能力，并且在问题讨论中正确引导学生的价值取向。同时，教学团队引导学生关注相关公众号进行课外学习，同时开展微信群和 QQ 群的互动讨论等，将思政全方面、多维度地渗透到学生学习和生活的全过程。

4. 保险学院陈华：学业与成长并重，理论与德育并重

正如《易经》所说：“天行健，君子以自强不息；地势坤，君子以厚德载物。”作为一名教育工作者，深处百年未有之大变局的今天，笔者深知这其中教育的重要性。事实上，教育不仅是国家崛起和民族复兴的重要渠道，也是年轻一代实现伟大中国梦的厚重基石。在高等教育中，理论教育是帆，为先进科技生产力的发展提供不竭动力；德育教育是舵，为国家进步与振兴指引方向。正所谓学业与成长并重，将理论教育和德育教育并重的培养方式才是当今社会人才教育真正需要的。为更好地融合理论教育和德育教育，落实习近平总书记多次强调的贯穿“立德树人”思想于高校课堂，笔者将以高级风险管理课程思政建设的经验成果为基础，对课程思政教改进行深度思考，并为后续高等教育课程改革提供思路与借鉴。

一、高级风险管理课程思政教改的背景

（一）课程简介

高级风险管理课程是中央财经大学保险学院的一门专业必修课。该课程的教学目标在于，让学生掌握风险识别和分析的基本模型，掌握风险管理的基本方法，根据课程所学在实际工作中对相关风险进行建模，通过实证分析解决现实问题。

（二）教改前的教学现状

高级风险管理课程的主要受众为保险专业硕士和保险学学术硕士，教学方式为课堂讲授为主，论文分析及模型数值模拟为辅。目前该门课采用的教材以国外教材为主，同时以刘新立主编的《风险管理》教材等为辅。课程的考核通过平时作业、课程小论文和期末闭卷考试相结合的方式。最终的课程成绩由上述三项按照20%、20%和60%的比重加权得出。

上述传统的教学方式显然存在着不足：一是在课程思政的背景下，教学内容较为单一，没有适当融入课程思政元素进行综合性教学；二是教学以课堂讲授为主，形式较为传统单调，学生对该课程的实践价值没有体会，学习心态不可避免地存在一定的功利倾向。

二、高级风险管理课程思政教改的目标与思路

（一）思政教改的目标

高级风险管理课程的教学对象为即将步入社会的研究生群体，此阶段的学生群体心理年龄趋于成熟，对社会有了一定程度上的接触。在实际社会和虚拟网络世界交融的当下，这批学生群体逐渐开始形成独立的人生观、价值观和世界观，他们对于自身、对国家、对社会的看法和认知也是信息接收和主动思考共同作用的结果。因此，对其三观形成和稳定过程中的引导尤为重要。

课程思政作为一种广泛意义上的德育教育方式，打破原有的单一化专门化的思政课程教育方式，把思政教育融入专业课程的教学，构建全方位的综合思想政治教育体系。通过引导课程受众树立正确的三观，课程思政将更加契合把高校毕业生培养为社会主义事业接班人的目标。

（二）思政教改的思路

在专业课程教学中融入思想政治教育早已成为高校教育改革的重点内容，但是要想用好课堂教学的主渠道，充分发挥高校立德树人的作用，就必须深入研究专业知识与思政内容的契合点。结合高级风险管理课程的相关特点，笔者的教研团队提出以下教学改革思路：

1. 充分认识课程的思政元素

高级风险管理作为保险学院为研究生开设的特色精品课程，主要目的是提高研究生的专业技能和全局风险意识，培养其风险管理控制的能力，从而更好地服务于保险行业的整体发展。例如，通过风险度量章节的教学，让学生认识到理性决策的重要性，以及如何从不同的角度看待问题；通过期望效用理论章节中圣彼德堡悖论、Allais 悖论等内容的介绍，培养学生辨证思考的能力；而风险偏好章节中也体现了“利益权衡”“得失取舍”等思政元素；在风险行为决策章节的学习过程中，学生可以通过保险市场上的逆选择和道德风险问题对信息不对称情况下的“利己主义”“利他主义”等行为作出深入分析。

2. 思政元素与课堂教学的有机结合

本课程具有理论与实务紧密融合的特点，将识别出来的思政元素更好地融入日常教学中定能取得令人满意的教学效果。结合前几年的教学探索和经验总结，我们认为思政教育的技巧主要是寓教于乐。因而在教学改革中，我们摒弃原有的单一化教学模式，通过组织开展教学研究和学术探讨，积极参加国内外的各种教学和学术交流活动，及时了解和引入国内外新的教学和科研成果，从而融入“见贤思齐”的思政元素，培养学生虚心求学、不断进取的精神。在日常教学中，我们创新教学方法，在启发式教学的基础上探索研究式教学、案例教学和参与式教学等教学方法，从风险管理的角度融入“利益权衡”“大局意

识”等思政元素，培养学生的自学能力和独立思考能力。

3. 规范思政教学成果的考核标准

对于具有一定创新性的教学理念来说，最困难的地方就是如何衡量其效果作用。课程思政成果的考核不能通过传统的方式进行判定，因为闭卷考试、教师评定等考核方式较为死板，难免陷入传统思政课程的僵局。同时如果没有合理规范的考核标准，教师也会失去将思政元素融入日常教学的动力。我们综合学科特点，并参考德育教育成果的考核方式，尝试用一套新的指标体系评判本课程学习成果。

三、高级风险管理课程思政教改的实施方案

笔者任研究生高级风险管理课程的授课教师已有数余年，对课程改革具有较为深入的思考和研究。在与团队成员研讨后，按照以下方案进行课程思政教改：

（一）多样化教学方式的实施

教学方式改革是高级风险管理课程思政改革的重点内容。我们针对新的教学目的和教学重点，在传统教学方式的基础上，推进工具式教学、研究式教学和参与式教学等教学方法。在充分调动学生积极性的前提下，提高学生风险管理意识，培养学生在习近平新时代中国特色社会主义思想下辩证思考和处理问题的能力。

具体而言，本课程教学中主要运用了以下教学方法：

1. 工具式教学

所谓工具式教学，即在理论教育之余穿插对实用工具的学习。在高级风险管理课程中，大多数教学内容都涉及风险管理的理论模型，因此，我们在教学中结合 EXCEL 的 VBA 或者 MATLAB 等软件编制相应的程序，鼓励学生对风险管理的主要模型进行数值模拟分析，让学生全过程体会从模型建立到分析结果的过程，增强程序编写和逻辑思考的能力，培养学生严谨创新的科学精神素养。

2. 研究式教学

在保险学甚至是整个经济学领域内，风险管理是一个极具研究性的前沿课题。我们在教学中加大了实证分析教学的力度，注重结合国内外相关科研工作对风险管理的理论和实证模型进行介绍。同时，我们还指导学生进行数据收集、数据整理、数据分析和结论作出等各环节的训练，掌握实证研究的基本套路。通过国内外数据信息的整理和分析，我们和学生一同见证我国保险业的迅速发展，并启发学生对国内外风险管理与保险发展水平差异的思考，进一步建立学生对保险行业的专业自信、职业自信，对中国特色社会主义的道路自信、理论自信、制度自信和文化自信。

3. 参与式教学

把实验经济学的分析方法引入课程教学是本次思政教改的一大特色。在风险厌恶测度

以及后续的保险等风险管理手段的采用上，通过引入实验经济学的方法，引导学生掌握风险厌恶测度的具体步骤。学生在设计实验、进行实验的过程中，充分运用到课堂所学的风险管理知识，从实验中更加透彻地理解本课程的基本原理以及“利益权衡”“得失取舍”等思政元素。

（二）课程教材建设的完善

由于国内所编的教材兼顾各层次教学的需要，定位相对不清晰，且教材中缺少对思政元素的融入，不能达到思政教学的目的。因此，我们借鉴了国外教材，结合本次教学改革的目标，对国内研究生《高级风险管理》教材进行了完善。

首先，教材参考高校思政教改专家的建议，结合学科自身特点深入挖掘思政元素，形成了较为完整的框架体系。在理论知识方面，教材中数学推导严密详细，理论框架逻辑清晰，且都来源于国内外成熟的研究成果以及前沿的研究领域。学生在掌握理论体系的同时还能及时了解国内外风险管理现状，这进一步启发学生对科学研究、行业发展和大国崛起的深入思考。

其次，教材结合了与理论相关的实证分析，通过对实证的学习与研讨，有助于理论知识的实际应用。我们还在网站附上实证研究所需的数据及相应的代码，希望能够落实理论与实践相结合的教学要求。

最后，与课堂教学方式相对应，本课程教材结合国内外发展情况，选取了一些贴合时代热点的典型案例附在相应章节之后。这些案例不仅阐释了风险分析怎样在实证中进行开展，还提供了一种能够充分理解风险分析的动机和原因的方式。通过对典型案例的讨论和学习，学生能够理解巩固所学知识，感悟时代发展特点，体会自身肩负责任，最终实现理论和思政全方位教育的目标。

（三）课程考核方式的设计

课程思政教学成果的考核关键点是看学生运用专业知识解决社会问题的能力。在高级风险管理课程中，我们分别从基础理论掌握、程序编写等动手能力和综合应用与创新能力三方面考核学生本门课程的综合素质。例如以无领导小组讨论的形式解决一个与风险管理密切相关的社会热点问题，通过讨论过程中每个人的表现来判断学生对专业知识和思政元素的掌握程度，从而达到思想教育和理论教育并抓的目的。

四、高级风险管理课程思政教改的工作成效与经验思考

（一）思政教改的工作成效

思政教改的工作成效有多种反映维度，包括课堂主体双方的接受程度和课程最终的教学成果。首先，从学生角度来说，高级风险管理的课程思政改革使其第一次跳脱传统受教

方式，在学习专业课的同时也习得了课程中包含的思政元素。这种思维突破让学生的创新潜力得到挖掘，具体表现为，课程教改的一年多时间里，该课程中的多名同学运用课程所学知识进行与课程相关的学术论文创作，并在《保险研究》等核心期刊上发表。其次，从教师角度来说，在进行课程设计的同时，其对课程思政的思考让原本已经框架式的教学方法被打破。这种对传统教学的挑战让课程焕发出新的活力，激发了教师的工作热情，同时也使师生关系更加紧密。最后，从课程整体角度来说，思政教改后的课堂更加活跃，同学们之间的功利性围墙被渐渐打破，“合作共赢”的思政元素得到体现。总体来说，在本课程的思政教改中学业与成长并重得到了印证。

（二）思政教改的经验思考

两届高级风险管理课程思政教改已经取得了阶段性成效，这为接下来高校课程的全面改革提供了一些经验思考。首先，德育教育是一个长期系统的工程，尽管将德育教育融入专业课教育中能起到事半功倍的效果，但是各科目能覆盖到的思政内容仍只是冰山一角，课程思政离不开思政课程的引导和辅助，如何处理好课程思政与思政课程之间的关系是各高校教改目前需要深思的问题。其次，教师作为课程思政的主体有着至关重要的作用，因此改革应当着重强调专业课教师思政能力和教学能力的提升。各高校应尽快建立起以思政课程教师为主的培训咨询小组，负责帮助提高专业课教师的思想政治水平，指导相关教学设计及教材建设等。最后，由于目前课程思政改革仍在探索阶段，国内外也没有足够的教学经验可以参照，因此课程思政改革试点中的反思尤为重要。高校应从多维度考察课程思政的教学成果，既要关注学生的接受程度和学习成效，又要关注教师的教学能力和教学压力，不断修正改革方向，从而更好地发挥课程思政在高校德育教育中的作用。

5. 保险学院张建伟：中国政府获得“国际社会保障协会社会保障杰出成就奖”

一、中国扩大社会保障覆盖面取得卓越成就，荣获“社会保障杰出成就奖”

当地时间2016年11月17日，国际社会保障协会（简称ISSA）在巴拿马首都巴拿马城召开第32届全球大会期间，将“社会保障杰出成就奖”（2014—2016年）授予中华人民共和国政府，以表彰中国近年来在扩大社会保障覆盖面工作中取得的卓越成就。

国际社会保障协会以“在世界范围内，通过技术和管理手段的提升，促进各国社会保障事业的发展，在社会正义和公平的基础上，推动人类社会和经济条件的改善”为宗旨，成立于1927年10月4日，在社会保障领域是世界上规模最大、代表性最广泛的国际组织。其会员主要为各国社会保障经办机构和部分国家的政府机构，目前共有来自超过157个国家的327个会员机构，总部设在日内瓦。1994年，中国当时的劳动部作为正式会员加入该协会。全球大会是国际社会保障协会每三年一次的旗舰活动。此次巴拿马大会为第32届，来自150多个国家的逾1000名社会保障管理者、专家和从业人员参加。“国际社会保障协会社会保障杰出成就奖”是对某一个国家在社会保障方面作出的非凡承诺和杰出成就的世界性认可。获奖基于以下主要原则：一是该项目属国际社会保障协会章程第一条规定的社保项目范畴；二是该国政府对此项目显示了强有力而持久的政治决心；三是该项目效果具有示范性且管理有效；四是该项目对该国人民产生了积极效果，如果能包括保护和预防（积极介入）两方面的因素就更为理想；五是该项目包括其他国家可借鉴的因素。中国政府是第二个被国际社会保障协会授予“社会保障杰出成就奖”的国家，2013年巴西政府因“博尔萨（Bolsa）家庭计划”（一项减贫计划）而获奖。

早在2016年6月，国际社会保障协会就致信习近平主席，他们认为在过去的十年里，中国凭借强有力的政治承诺和诸多重大的管理创新，在社会保障扩面工作方面取得了举世无双的成就。当年11月17日，时任人力资源和社会保障部部长尹蔚民代表中国政府接受了奖项，并与世界各国同行分享了中国推进社会保障体系、完善社会保障制度的基本经验，包括：一是必须坚持以人民为中心的发展思想，增进社会公平正义，促进全民共建共享；二是必须牢固树立改革创新意识，逐步健全和完善社会保障制度体系；三是必须立足中国国情，把国际经验与自身实际紧密结合起来。为积极应对挑战，中国政府坚持创新、协调、绿色、开放、共享的发展理念，把更加公平、更可持续作为社会保障制度建设的努力方向，着力推进制度基本定型，体制机制更加完备，法定人群全面覆盖，基本保障稳固可靠，基金运行安全有效，管理服务高效便捷，努力到2020年全面建成覆盖城乡居民的社会保障体系。

二、中国建成了世界上规模最大的社会保障体系

中国是世界上人口最多的发展中大国，拥有14亿人口，中国政府高度重视不断保障和改善民生，社会保障作为民生安全网，历来受到高度重视，特别是党的十八大以来，以习近平同志为核心的党中央，把社会保障体系建设作为实现共同富裕的重要途径，作出了一系列重大决策部署，取得了举世瞩目的成就。

（一）统筹城乡的社会保障体系框架基本建立

20世纪80年代，中国政府从改革和创建城镇职工社会保障制度起步。2010年，全国人大颁布了社会保险法，标志着中国的社会保障制度进入法制化发展新阶段。2014年，国务院改革机关事业单位养老保险制度，社保体系公平性建设迈出重大步伐。经过不断推进社会保障领域的改革与发展，我国已经形成以社会保险、社会救助、社会福利为基础，以基本养老、基本医疗、最低生活保障制度为重点，以慈善事业、商业人身保险为补充，并且包括社会优抚、军人保险、住房保障等在内的统筹城乡的中国特色社会保障体系框架，涵盖国际劳工组织102号公约的所有保障项目。其中，以养老保险、医疗保险、失业保险、工伤保险、生育保险五项险种所构成的社会保险，是我国社会保障制度体系的核心。

（二）社会保障覆盖范围越来越大

1951年参加劳动保险职工人数只有269万人，而截至2019年年底，参保人数分别为基本养老保险9.67亿人、基本医疗保险13.54亿人、失业保险2.05亿人、工伤保险2.5亿人、生育保险2.41亿人。中国政府出台“同舟计划”“平安计划”“全民参保计划”等有针对性的专项措施，向建筑行业工人、农民工、灵活就业人员等群体扩面，努力促进全体中国人民“人人享有社会保障”。基本养老保险覆盖率达80%以上，覆盖绝大多数法定保障的人群。基本医疗保险覆盖超过95%的国民，基本实现全民医保。城乡居民最低生活保障制度实现应保尽保。自2008年以来，我国大规模实施城镇保障性安居工程，开展农村危房改造工作，建成世界最大的住房保障体系，累计建设各类保障性住房和棚改安置住房8000多万套，帮助2亿多困难群众实现“安居梦”。数千万贫困农民告别破旧的泥草房、土坯房，住上了基本安全房。覆盖全民的社会保障体系基本形成，从根本上改变新中国成立之初社会保障覆盖群体较小、绝大多数劳动群众不能享受基本社会保障的状况。

（三）社会保障水平稳步提高

在坚持保基本、兜底线的前提下，根据经济社会发展水平等因素，稳步提高各项社会保障待遇水平。2005—2020 年，国家已连续 16 年调整企业退休人员基本养老金，自 2016 年以来连续 5 年同步安排适当提高机关事业单位退休人员养老金水平。这充分显示政府惠民的承诺不是摆在口头上，而是实实在在做到位的。全国城乡居民基本养老保险基础养老金最低标准，从月人均 55 元提高至 70 元，进而提高到 88 元。城镇职工和城乡居民医疗保险住院费用报销比例分别达 80% 和 70%，医保基金最高支付限额分别达职工年平均工资和居民年人均可支配收入的 6 倍。同时，失业、工伤、生育保险的待遇水平都随经济增长有了相应提高。社会保障水平也从过去基于免除生存危机的“雪中送炭”式，提高到了保障所有人基本生活的“适度保障”水准。

（四）社会保险基金监管能力逐步增强

社会保险基金预算管理不断加强，预算约束机制基本建立，基金监督制度不断完善。通过全面推进社会保险智能监控工作，提高了基金监管效率，监控效果大大增强。通过开展社会监督试点，建立了惩防并举机制，推动了社保欺诈入刑工作，依据《中华人民共和国刑法》第 266 条解释，深化部门合作，依托信息技术，强力推进社会保险反欺诈工作。

（五）社会保险公共服务体系不断健全

借助互联网、大数据等信息技术，不断提高社会保障领域公共服务能力建设，强化电子社保应用，以社会保险标准为引领，积极推动社会保险“三化”建设。

三、中国扩大社会保障覆盖面的“秘密武器”

国际社会保障协会主席斯杜威表示，中国政府获得“社会保障杰出成就奖”，将进一步鼓励全世界各国政府关注并学习中国经验，以惠及本国人民。国际社会保障协会秘书长汉斯·霍斯特·康克乐伍斯基先生表示，中国社保扩大的幅度和速度是别国不可比的。他用两个百分比做了形象的解释，“如果不算中国，全世界社保覆盖面只有 50%，算上中国就达到 61%。意味着中国将全球社会保障覆盖率拉升了 11 个百分点”。他还指出，在中国的社会经济和人口条件下，这种进展只有通过社保机构管理能力的显著提升、管理系统的现代化（包括推广社保卡）以及推动全民参保计划等管理创新才能实现。

（一）中国共产党坚持以人民为中心的发展思想，把社会保障作为为人民谋幸福的基本制度安排

新中国成立之初，积贫积弱，百废待兴，但中国共产党领导的人民政府坚持为中国人

民谋幸福的理念，提出了保障劳动群众基本权利、增进社会福利的主张，并逐步在城镇建立了企业劳动保险制度、机关事业单位人员退休养老和公费医疗制度等，在农村建立了初级社会保障体系。1949 年 9 月，具有临时宪法性质的《中国人民政治协商会议共同纲领》明确规定“逐步实行劳动保险制度”。1951 年 2 月 26 日，新中国成立后第一部社会保险法规《中华人民共和国劳动保险条例》颁布。这是一部最高领导人高度重视、深度参与拟定的文件。在中国广大的农村地区，尽管受当时条件所限，保障能力、保障水平比较低，但是依然建立了初级社会保障体系。国家对无法定扶养义务人、无劳动能力、无生活来源的老年人、残疾人、未成年人，给予保吃、保穿、保住、保医、保葬的“五保”扶助制度。在“村提留”“乡统筹”的基础上，通过村民互助自养实现低层次的社会救济和社会福利。赤脚医生、合作医疗制度、农村三级转诊体系，成为解决农村医疗保障问题的重要手段。

在改革开放和社会主义现代化建设新时期，从企业单位保障到社会保障，从企业单一责任到国家、单位、个人三方责任共担，从城镇到农村，从城镇职工到城乡居民，中国社会保障发生了历史性转变，逐步形成了与社会主义市场经济体制相适应的现代社会保障制度体系。

尽管改革开放前后的社会保障制度在制度模式与实践方式上有很大差别，但是都体现了中国共产党全心全意为人民服务的宗旨，以及通过社会保障来保障与改善全体人民的生活并不断提升其生活质量的意志。

进入新时代，中国共产党把坚持在发展中保障和改善民生作为中国特色社会主义基本方略之一，提出了“幼有所育、学有所教、劳有所得、病有所医、老有所养、住有所居、弱有所扶”的民生目标。党的十九大报告明确提出了新时代我国社会保障体系的建设目标，要求按照兜底线、织密网、建机制的要求，全面建成覆盖全民、城乡统筹、权责清晰、保障适度、可持续的多层次社会保障体系。

（二）中国经济高速发展为社会保障事业提供了坚实的物质基础

经济发展的“速度”，夯实了社保基金的“厚度”。国家发展改革委公开数据显示，1952 年，我国国内生产总值（GDP）仅为 679 亿元，1978 年 GDP 增加到 3679 亿元，2018 年突破 90 万亿元大关，2019 年接近 100 万亿元。按不变价计算，2018 年 GDP 比 1952 年增长 174 倍。经济高速增长，经济总量快速增加，为社保发展提供了坚实的物质基础。

利用公共财政实现社会保障兜底，体现了社会主义制度的优越性，使得中国的社会保障体系能强有力地覆盖最广大的人群，特别是弱势群体。比如，截至 2018 年年底，由政府出资，为建档立卡贫困人员代缴城乡居民养老保险参保费，已使 4936 万人受益。又如，城乡居民医保按照个人缴费和政府补贴相结合，实行定额筹资办法，近年来，各级政府持续提高居民医保人均财政补助标准，从 2007 年人均补助 40 元，到 2018 年增至 490 元，2019 年《政府工作报告》提出城乡居民医保人均筹资标准整体提高 60 元，其中财政补助标准新增 30 元，达到每人每年不低于 520 元。

依托国民经济持续高速发展和政府财力的不断提高，中国共产党能够将自己的理想付诸实施，使得中国政府能够如愿采取有力且有效的社保行动。

（三）信息技术推动社会保障覆盖加速扩大

借助互联网、大数据、人工智能等信息技术，我国社保公共服务能力和水平不断提升。“金保工程”建设，“互联网 + 人社”行动计划实施，有力地推动了社保数据共享和互联互通。1999 年 12 月，全国第一张社保卡在上海首发。截至 2019 年 8 月，全国社保卡持卡人数达 12.93 亿人，覆盖 92% 以上人口，提前完成“十三五”规划任务。

四、发展社会保障只有连续不断的新起点没有终点

社会保障事业的发展是一个持续不断的进程，只有连续不断的新起点而不会有终点，人民对福利的诉求源自内心并且会随着国家发展而不断升级。面对社会保障领域中的各种现实问题与挑战，中国还需要更大的政治勇气与政治智慧来加快促使社会保障制度真正走向成熟、定型，立足于国家治理与人民世代福祉，通过全面深化改革来优化制度安排，持续不断地通过健全社会保障制度来增进人民福祉并使之持续发展。

基于中国共产党为人民谋幸福、为民族谋复兴的不变初心，基于中国成立 70 年来不断创造发展奇迹的生动实践，基于中国人民为了追求美好生活自强不息的坚定意志，我们有信心，继续为世界探索更好的社会保障制度，提供中国智慧、中国方案。

6. 国际经济与贸易学院张晓涛：将《习近平谈治国理政》相关内容纳入教学内容

一、课程主要历史沿革及时代使命

国际直接投资与跨国公司管理课程目前是学校国际贸易学硕士（学术型）、国际商务硕士（专业硕士）两个专业的必修课程。自学校2004年招收第一届国际贸易学硕士研究生开始，这门课程就被列为专业必修核心课程。2010年学校增设国际商务硕士专业学位，根据MIB全国教指委的指导性意见，国际直接投资与跨国公司课程被指定作为全国开设该专业学位学校培养方案的必修课程。近16年来授课人数近1200人。

历经16年的课程建设，主讲教师及课程团队不断总结经验，根据理论与时代发展不断完善授课内容，探索教学方法创新、融入思政元素，根据学术硕士和专业硕士不同的培养目标及需求，逐渐引入案例教学、参与式教学，目前已经形成完善的课程体系，课程获得2015年中央财经大学研究生精品课程建设项目立项，结项被评为优秀。我作为课程负责人坚持不断探索教育教学改革，完成了北京高等教育教学改革面上项目，项目成果获得北京市高等教育学会第九次高等教育科学研究优秀成果二等奖，公开发表多篇教改论文，出版教改专著一部。

21世纪以来，随着中国经济发展进入新常态，中国由“引进来”向“引进来”与“走出去”并重的阶段转变，中国企业跨国经营的水平与能力不断提高。在开放经济的新格局下，自贸区建设、“一带一路”倡议、国际产能合作等问题成为重大实践问题，同时具有重大的理论价值。适应全球化与中国开放经济新格局，这门课程将在课程思政方面进行探索与改革，为培养“德、智、体、美、劳”全面发展的国际经贸、国际商务人才作出新的贡献。

二、习近平治国理政思想嵌入课程的目的

（一）任课教师需要坚定四个自信，不忘初心、牢记使命

党的十九大的主题是“不忘初心，牢记使命，高举中国特色社会主义伟大旗帜，决胜全面建成小康社会，夺取新时代中国特色社会主义伟大胜利，为实现中华民族伟大复兴的

中国梦不懈奋斗”。高校教师需要坚定四个自信，不忘初心、牢记使命。坚定中国特色社会主义道路自信，就是要深刻认识中国特色主义道路是实现社会主义现代化的必由之路，是创造人民美好生活的必由之路。坚定中国特色社会主义理论自信，就是要深刻认识中国特色社会主义理论体系是指导党和人民沿着中国特色社会主义道路实现中华民族伟大复兴的正确理论。坚定中国特色社会主义制度自信，就是要深刻认识中国特色社会主义制度是当代中国发展进步的根本制度保障，集中体现了中国特色社会主义的特点和优势。坚定中国特色社会主义文化自信，就是要深刻认识在5000多年文明发展中孕育的中华优秀传统文化，在党和人民伟大斗争中孕育的革命文化和社会主义先进文化，积淀着中华民族最深层的精神追求，代表着中华民族独特的精神标识，是激励全党全国各族人民奋勇前进的强大精神力量。

（二）青年学子应该具有家国情怀，担当建设者和接班人的重任

作为教师需要深入了解中国的经济现实，从中国的经济现象分析问题存在的原因、解决问题可以动员的资源以及破解如何推动改革前进等问题，能够更好地让青年学子理解，过去40多年中国经济转型为什么在取得这些成绩的同时还存在一些问题，思考怎么才能真正有效地解决这些问题，使学生的理论自信能够从认识世界与改造世界中得到践行。

中国改革开放是人类经济史上一个难得的社会实验，从这场实验当中，需要总结经验、提出新的理论，正如习近平总书记在2016年5月17日哲学社会科学工作座谈会上指出的，“这是一个需要理论而且一定能够产生理论的时代，这是一个需要思想而且一定能够产生思想的时代。我们不能辜负了这个时代。中国经济学家不能辜负这个时代，在政策研究的过程中，也要进行理论创新”。将《习近平谈治国理政》相关内容纳入课程，可以帮助青年学子拓展格局、了解国情、开阔视野，有助于学生在专业领域开展“本土化、规范化、国际化”的研究：一方面，推动中国改革开放持续深化，让我国经济能够继续乘风破浪往前进；另一方面，以“中国模式”“中国经验”“中国智慧”帮助世界上其他国家发展，构建人类命运共同体。

三、嵌入教学内容的课程思政模式

（一）理论纵深

梳理与课程相关的经典理论与文献，立体构建了课程理论框架，对理论体系既有“横切面”上的“解释”“阐明”“应用”“洞察”“自知”和“神入”六个侧面，又在“纵切面”将“理论”的基础分为“需要熟悉的知识”“需要掌握和完成的重要内容”“大概念和核心任务”三个层面，主要包括：洞悉理论发展、演进的脉络，理论与产生时代的关系，理论用于指导现实的意义与启示；进一步提升正确运用知识分析与解决实际经济问题的能力；培养跨文化思考与决策能力、创新与思辨能力。这样立体的理论学习构架有利于

学生实现理论理解的进阶，拓展理论认知的广度和深度，使核心理论、本质问题、深度学习、核心素养培养有了可循的方向与路径。

（二）实践智慧

课程所涉及的领域是中国经济发展最快、最活跃的领域，“一带一路”倡议、国际产能合作、中国企业“走出去”等重大命题的提出，加快了中国全方位对外开放的步伐，推进了国内国际两个大局的统筹，为中国深度参与全球治理开辟了新的国际视野、搭建了新的国际舞台。这一趋势带来的挑战无疑是多方面的，但首先要解决的是，我们多大程度上了解扑面而来的未知世界？如何把这些实践发展与制度变迁逻辑设计到课程内容中去？“立足中国、借鉴国外、挖掘历史、把握当代”是这门课程实践智慧设计中一个重要的理念，把与课程相关的最新实践融入课程，引导学生关注、学习与讨论，比如2020年开始实施的《中国外商投资法》、习近平主席2018年4月博鳌亚洲论坛讲话等，把自己有关开放新格局的文章和评论分享给学生①。

（三）思政嵌入

课程思政最为关键、也是最难解决的是“课程”与“思政”如何一体化的问题，自然融入、浑然天成是一种极高的境界。如果勉强为之，难免出现“两张皮”“两层皮”的现象，不但不能取得好的效果，还可能“尬聊”，甚至成为噱头，南辕北辙，适得其反。

如何在专业目标达成过程中实现思政润物细无声，是课程思政重点与难点。根据课程内容，把习近平总书记关于社会主义经济建设、科技创新、全面开放新格局、大国外交等方面的论述融入相应专题之中，作为课程内容的拓展与延伸，实现思政有机地嵌入专业教学（见下图）。

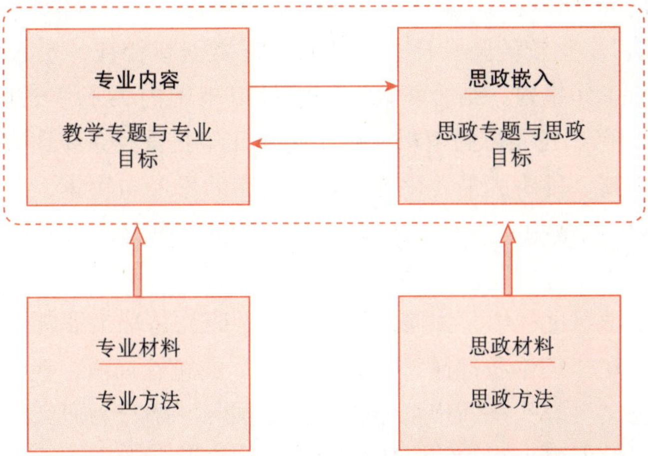

① 本文作者曾在《中国贸易报》发表“提升国家治理能力，推动制度型对外开放”等系列评论和“一带一路”建设领域系列文章。

习近平新时代中国特色社会主义思想，贯通马克思主义哲学、政治经济学、科学社会主义三大组成部分，贯通历史、现实和未来，贯通改革发展稳定、内政外交国防、治党治军治国等各个领域，从理论和实践结合上系统回答新时代坚持和发展什么样的中国特色社会主义、怎样坚持和发展中国特色社会主义的重大时代课题，包括新时代坚持和发展中国特色社会主义的总目标、总任务、总体布局、战略布局和发展方向、发展方式、发展动力、战略步骤、外部条件、政治保证等。

在课程教学方案设计中需要明确每个课程专题需要嵌入的思政目标，准备相应的材料，并考虑以何种方式展开思政教育。本课程共包含了“习近平关于社会主义经济建设的重要论述”“习近平科技创新思想”“习近平关于对外开放的若干讲话和论述”“习近平关于大国外交的重要论述”四个思政专题，下面以“专题二：主流的国际直接投资理论与应用分析”这一部分教学为例说明思政融入教学的方案设计基本思路（见下表）：每个教学专题中设计思政专题，明确达成的思政目标，对应习近平总书记治国理政的具体领域，准备有关材料，采用课件展示、材料阅读及讨论等方法融入教学。

课程内容	专题二：主流的国际直接投资理论与应用分析
思政专题	习近平科技创新思想
思政目标	全面领会习近平总书记的科技创新思想的精髓
思政材料	习近平关于科技创新的若干讲话和论述
思政方法	课件展示、材料阅读及讨论

授课时要考虑引入思政相关内容时机与切入点。比如在阐释“具有一定垄断地位的企业借助其各种垄断优势实现优势扩张型海外投资”这一理论框架和基本内容之后，引出两个延伸思考问题“企业从哪些方面入手可以提升跨国经营的特有优势”“政府如何创造有利于企业增强垄断优势的环境”，进一步引导同学们讨论“一个国家如何建立鼓励原始创新的社会制度与环境”。比较美国、日本、中国等国家创新特征，引入习近平有关创新的重要论述和历年政府工作报告，结合新冠肺炎疫情以来国内关于“SCI”论文评价标准转变的有关讨论分析破除“五唯”的逻辑。由于过去几年我曾经系统研究过习近平科技创新思想，尤其对高校创新、科研成果转化等问题有长期的思考与积累，并有论文在核心期刊发表①，这部分思政内容组织与讲授起来就很有底气和说服力，这样就把理论逻辑与中国现实逻辑统一起来。

在垄断优势理论学习过程中，如何运用该理论做研究是学生非常关心的问题，这个问题解决不好，就会出现“理论我都懂，就是不会用”的尴尬局面，我给同学分享了自己指导的一篇硕士学位论文《寡头垄断市场结构下企业国际并购行为研究——以三一重工和中联重科为例子》，指出如何借鉴尼克博克（Frederick T. Knickerbocker）著作《垄断性反应

① 张晓涛、郭蕊：在习近平科技创新思想指导下推进我国高校科研成果转化，《科学管理研究》，2018 年第 1 期。

与跨国公司》（1973）建立理论框架，谋篇布局，完成对比案例研究。这样的课程设计教会学生写文章、做论文如何从理论框架入手，使学生能够学以致用。

多年的教学与科研经历，我积累了一批本土企业海外投资、国际化经营的案例，建立了课程案例库，有一些案例已经进行了深入研究，正式发表①，因此深谙这些案例蕴含的知识点与教学逻辑，课堂中使用起来得心应手，教学效果比较好。这些资料与案例的运用，能够让学生更深入地体会到中国“引进来”和“走出去”领域的中国故事、中国模式、中国方案、中国智慧，完成了与专业相关的国情国力教育，同学们坚定了四个自信。

四、课程思政探索中的一些体会

“教育就是一棵树摇动一棵树，一朵云推动一朵云，一个灵魂唤醒另一个灵魂”，思政融于课程是一个浸润过程，是一个润物细无声的过程，不宜用力过猛，过度形式化，这与任课教师的经历、阅历、知识积累、科研积累有很大关系。无论采取何种形式，好的课程思政总是相似——那就是“要坚持显性教育和隐性教育相统一，挖掘课程和教学方式中蕴含的思想政治教育资源，实现全员全程全方位育人”。

我深刻认识到习近平新时代中国特色社会主义思想是新时代中国共产党的思想旗帜，是国家政治生活和社会生活的根本指针，是当代中国马克思主义、21 世纪马克思主义。我的课程思政设计融入了自己对中国改革开放的理解和感知。作为一位生于 20 世纪 70 年代中期、成长于改革开放时代的高校教师，从读书到工作，虽然偏安一隅，但有幸从身边的点滴感受到了改革开放带来的翻天覆地变化，对中国从“引进来”到“引进来”与“走出去”并重的开放格局转变有切身体会。毫不夸张地说，没有改革开放，没有这个伟大时代，就没有我今天的一切，正因为有如此的心理体验，每每讲到有关引进外资、中国企业海外经营等问题，我内心是充满感恩、感激与感动。我期望当代中国青年能够养成时刻关注当代中国日新月异变化的自觉意识以及在全球化背景下强烈的家国情怀、责任感与使命感。

教书与育人“两手抓、两手都要硬”才是教师的本分。位卑不敢忘忧国，作为一名专业课教师，虽然学识、能力有限，但“守好一段渠，种好一亩田”的初心永不改变，因为我深知，课堂是学生学习的主要场所，青年是时代最灵敏的晴雨表，做好思政引领好青年就占领了时代制高点，就可以为国家发展、民族兴旺储备源源不断的力量。

---

① 张晓涛．“万华化学”跨国并购：从最佳重组交易到海外产业园区建设．国际贸易，2018（8）．

7. 政府管理学院宋魏巍：坚持思政育人，强化专业教育

习近平总书记在全国高校思想政治工作会议上强调，要坚持把立德树人作为中心环节，把思想政治工作贯穿教育教学全过程，实现全程育人、全方位育人，努力开创我国高等教育事业发展新局面。为深入贯彻习近平总书记重要讲话精神，提升学生思想政治觉悟和道德修养，中央财经大学政府管理学院守好公共决策理论与实践专业课程育人的一段渠，积极探索课程思政教学改革，将思政元素融入课堂教学的全过程，突出思想引领，使专业课程与思想政治教育同向同行，形成协同效应。政府管理学院发挥专业优势，构建以宋魏巍副教授为主讲教师，于鹏教授、崔晶教授、曹堂哲副教授、耿云副教授为专题教师的公共决策理论与实践课程教学团队，围绕立德树人根本任务，以思政教育为价值引领，以专业教育为主要抓手，打造涵养学生的精神高地，综合运用网络教学、实践教学、案例教学、互动体验式教学多种方法，着力实现“价值引领、知识讲授、能力培养”三位一体的教学目标。

一、“公共决策理论与实践”课程思政建设理念

“公共决策理论与实践”课程以习近平新时代中国特色社会主义思想为引领，以学生为主体，以专业知识体系为主线，在课堂教学中注重时事认知、理论提升、素质拓展、能力培养等环节设计。通过时事热点增强公共决策专业知识学习的实践性，通过理论体系强化学生对公共决策知识体系的掌握与理解，通过实际案例分析拓展学生素质、提升学术思维及分析能力，实现“思政—实践—理论—操作”的互动融合（见下图）。

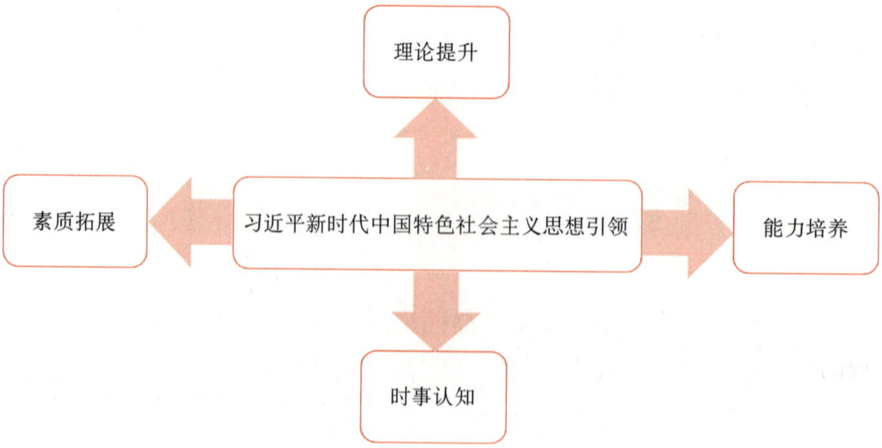

二、“公共决策理论与实践”课程思政设计思路

“公共决策理论与实践”课程将思政融入全流程教学设计，构建思政与专业深度融合的专业知识体系，强调理论联系实际，回归实践应用，润物无声地引导学生将个人成长与祖国前途命运紧密相连。

（一）引入时事热点专题，实现思想引领的潜移默化

将时事热点专题引入“公共决策理论与实践”的课堂教学，精准提炼思政元素。将雄安新区建设、三大攻坚战、改革开放40周年、国家治理体系和治理能力现代化等热点时政专题引入公共决策的课堂教学中，彰显思想引领下的公共决策专业知识学习的时代特色，激发当代青年主动掌握专业知识，领航新时代、建功新征程的奋斗热情。

（二）强化知识体系构建，形成思政与专业学习同频共振

“公共决策理论与实践”课程以公共决策基本知识体系为主线，增加当前我国公共决策的实践案例。通过“理论知识—实践案例”深度结合的课程设计，既提高课程的政治站位和理论高度，又强化公共决策专业教学的知识深度，形成思想政治教育和专业教学的同向同行。

（三）扎根中国决策实践，凸显专业知识的学以致用

课程立足并扎根当代中国决策实践，将中国决策实践经验与公共决策理论与实践课程相结合，让学生充分认识到党和国家的重大决策实践是学习公共决策理论知识的深厚土壤。以思政为引领，以专业为基础，回归公共决策实践，充分发挥专业知识在政治、经济和社会生活中的作用，彰显在公共决策专业学习中学以致用的务实学风。

三、“公共决策理论与实践”课程思政实施过程

“公共决策理论与实践”课程通过“价值引领—专业学习—实践导向”深度融合的教学模式，打通思想政治和专业知识融合渠道，加深学生对习近平新时代中国特色社会主义思想和社会主义核心价值观的实践感知和理论认知。

（一）在课程设计中：挖掘思政元素，形成思想政治引领的课程理念

针对公共决策中的各个环节及专题精准提炼思政元素，以思想政治构建公共决策理论与实践课程的育人格局。在自主学习的过程中，注重培养学生对国家时事热点的认知能力，形成对社会主义核心价值观的深刻理解。如针对“公共决策的价值导向”章节，结合

新冠肺炎疫情防控决策案例，强调人民利益至上的价值取向，体现中国在疫情防控中的制度优势和群众优势。

（二）在课前引导中：解读思政内涵，激发公共决策互动参与的思想共鸣

在课前，以中国公共决策鲜活时政案例为切入点，引导学生提前开展专题学习。在“公共决策过程”这一节课前，围绕改革开放40周年这一主题，解读中国改革开放的历程和所取得的重要成果，展现新时代深化改革开放的决策动力，激发学生主动参与公共决策理论学习与实践的思想共鸣。

（三）在课堂教学中：融入思政理念，打造思政与专业相融合的知识网格

在课堂上，将思政理念融入知识讲授，形成思想政治热点与专业知识协同联动的知识网格。并通过典型案例分析、深度理论讲解、学生互动讨论、动态实践模拟等形式丰富公共决策教学内容，打通思政与专业的融入渠道，实现思想政治与专业知识“如盐化水”式的深度融合，帮助学生将思想政治“内化于心”。

（四）在课后实践中：发挥思政价值，培养高素质、专业化公共管理人才

在课后，引导学生自主学好专业知识，同时做社会主义核心价值观的传播者和践行者。带领学生前往爱国主义教育基地、政府机关、企事业单位开展实践教学，加强对公共决策问题的感性认知。以实践教学为抓手强化学生理论联系实际的实操能力，实现思想政治的“外化于行”，培养既有过硬的专业本领，又有正确的世界观、人生观、价值观的新时代公共管理人才。

四、“公共决策理论与实践”课程思政教学效果

“公共决策理论与实践”课程在提升课堂教学效果的同时，增强专业建设和班级建设的凝聚力，提升学生的获得感和成就感。教学团队以习近平新时代中国特色社会主义思想为引领，建设多元课堂，开发《公共决策理论与实践教学案例集》，开展深度专业研究。在教学团队的指导下，本科、研究生班级获奖80余人次，发表多篇专业论文，多位同学分获国家级大创课题奖励、国家奖学金、中央财经大学优秀共产党员荣誉称号、中央财经大学“研会之星”荣誉称号等。

通过学习“公共决策理论与实践”课程，我不仅领悟到加快我国公共决策科学化、民主化和法制化的进程的重要性，更深刻体会到推进国家治理体系和治理能力现代化的必然性。贯穿课程的思想引领也促使我不断提高自己的政治站位，加深我对社会主义核心价值观的理解，坚定了我以当代青年的责任与担当报效祖国的决心。

——2017级行政管理专业本科生柳欣悦

“公共决策理论与实践”课程的学习让我认识到中国共产党始终坚持的实事求是、群众路线的决策思想是公共决策的根本所在，也让我更加深刻地认识到中国特色社会主义建设事业所取得的伟大成就，我为祖国的强大而自豪。

——2017 级行政管理专业本科生李东

“公共决策理论与实践”课程的学习让我认识到党和国家的每一项重大决策都体现了公共权力的客观性，代表了人民群众的最根本利益。作为新时代的新青年，只有不断提升自己的科学文化水平和专业知识，才能更好地为中华民族伟大复兴而努力奋斗。

——政府管理学院 2018 级行政管理专业研究生宁钰皓

“公共决策理论与实践”课程以公共决策基本理论为蓝本，深耕党和国家重大决策实践案例。公共决策理论和实践的学习让我深刻理解党和国家的决策智慧与决策优势，激发我们青年学子为建设中国特色社会主义事业而努力学习、不断进步。

——政府管理学院 2018 级行政管理专业研究生陈语

“公共决策理论与实践”课程让我更加深刻地认识到中国共产党的领导是中国特色社会主义制度的最大优势，进一步加深了我对社会主义核心价值观的理解，增强了自身的政治意识，坚定了自身的信仰与信念。

——政府管理学院 2019 级行政管理专业研究生杨帆

“公共决策理论与实践”课程在构建决策理论知识体系的基础上，紧密结合中国特色社会主义决策实践。这让我充分认识到了在党的领导下我国社会主义建设事业所取得的伟大成就，以及中国特色社会主义制度无可比拟的优越性。同时我也更加深刻地理解和领悟了社会主义核心价值观的丰富内涵，明确了身为行政管理专业学生的使命，心怀公共精神，肩负社会责任，为中华民族伟大复兴贡献自己的力量。

——政府管理学院 2019 级行政管理专业研究生景欣

8. 法学院尹飞：合同法课程思政教学改革经验成果总结

合同是市场经济社会中最普遍的交往形式。正是无数的合同支撑着我们的日常经济生活，因此合同法教学对弘扬社会主义核心价值观具有十分重大的意义。合同法是调整当事人之间设立、变更、终止财产权利义务的合同关系的法律规范的总称，是市场经济中的基本法律规则，对于打造优良的营商环境、为基本经济制度保驾护航发挥着重要作用。合同法课程面向本科生和研究生开设，是法学核心课程和必修课之一，自法学专业创设之初便开设，历经几十年的发展，已经成为中央财经大学研究生精品课程，在新时代与民法典编纂背景下，合同法课程教学在授课时更应紧扣时代脉搏，回应时代关切，与时俱进，精益求精，结合 2018—2020 年的教学情况，合同法课程思政改革主要获得以下几点成果。

第一，在合同法课程的改革中，贯穿社会主义核心价值观的内容，特别是将社会层面的价值理念与合同法基本原则有机统一。

课堂教学首先围绕《合同法》第一条确立的立法目的进行展开，即《合同法》的制定是为了保护合同当事人的合法权益，维护社会经济秩序，促进社会主义现代化建设。《合同法》是财产法的一大支柱，具有保护人民财产权的重要功能；《合同法》作为交易法，肩负着维护商业社会交易活动动态安全的重要职责；同时，《合同法》作为调整平等主体间设立、变更、终止民事权利义务关系的重要法律，严守着“合同当事人的法律地位平等”的社会价值基础。应当注意到，在现实生活中，订立合同的双方当事人在事实上往往存在着诸多的不平等，如社会地位的悬殊、经济财富的差异、获取信息的不对称等因素，客观上使得双方当事人在磋商中处于不平等的地位。教学改革中着重把握《合同法》第三条规定的“平等原则”，这一原则的确立使得双方当事人可以在法律上获得平等参与缔约的资格，从而使财产权在法律上获得平等保护具有可能性。事实上的不平等永远无法消弭，《合同法》的基本价值在于为经济活动打造了一套可以平等适用的“游戏规则”，以法律条文的形式对社会主义法治的基本价值予以宣示，只有在课堂教学中深刻把握《合同法》在社会价值层面的重要功能才能让学生更好地体会《合同法》具体规则在裁判实务中的适用。

第二，在民法典编纂背景下，合同法课程紧密结合民法典合同编草案审议情况，反映立法中的热点和前沿问题。

民法典的编纂是党中央作出的重大决策部署，是提升国家治理体系与治理能力现代化的强力助推器，受到全国人民的高度期盼。合同法课程改革必须围绕民法典合同编编纂过程中的主要争议进行，在学习原有《合同法》条文的基础上，重点关注民法典合同编草案一审稿、二审稿的具体内容，将合同编的整体概况、典型合同的修改、准合同的定位以及具体条文的争议等内容融入课程改革中。

作为中央财经大学重点打造的研究生精品课程，合同法课堂一直是社会前沿与热点问题讨论的重要理论阵地，依托中央财经大学法学院民商法学科的雄厚实力，学院与中国法学会民法学研究会共计举办四次民法典研讨会，邀请专家学者共同研讨民法典合同编编纂过程中的重大问题，以会议促课程，使合同法课程紧跟学科发展动态，在理论前沿的研究上一直处于各高校中较为领先的地位，在物业服务合同的订立、物业服务合同的期限、业主的抗辩权、建设工程合同的效力、违法分包的后果、项目经理人的代理权、继续性合同的解除等热点问题上正面关注中国实践，培养解决“中国问题”的意识，同时以合同法课程为依托，在“民法典合同编立法研讨会”及其他各分编研讨会上积极发出“中财之声”，为民法典合同编及其他各分编的编纂献言献策，在全院师生的共同努力下，最后提交了包括民法典合同编修订意见在内的162页、近14万字的《中华人民共和国民法典各分编（草案·征求意见稿）修订意见》，获得全国人大常委会法工委相关领导的高度认可。以会促学的新模式使合同法课程在课程思政教学改革中与时代接轨，更具实践意义。

第三，在教学内容方面，增加“社会主义核心价值观与合同法基本原则”板块。

在合同法课程改革之前，教学内容往往“重规则而轻原则”，法律规则作为司法裁判的具体适用是课程讲授的重点，而原则性的条文往往会大而化之，粗略带过。课程改革为教学内容的完善提供了良好契机，合同法的基本原则正是由社会经济生活条件决定的，是以法律形式表现的社会经济生活条件，因此在授课时既要带领学生对规则性条款进行分析，也要融入对原则性条款与时代精神的理解。

如诚实信用原则，诚实信用原则是指当事人在从事民事活动时，应诚实守信，以善意的方式履行义务，不得滥用权利及规避法律或合同规定的义务。诚信原则的核心是“言必信行必果”，在大陆法国家，诚实信用原则被称为“帝王规则”或者最高指导原则。我国《合同法》上很多制度的设计背后都蕴含着诚实信用原则的逻辑：在合同订立阶段，尽管此时合同尚未成立，但当事人之间负有依据诚实信用原则产生的先合同义务，否则可能承担《合同法》第四十二条、第四十三条规定的缔约过失责任；在合同订立后至履行前，当事人应当依据诚实信用原则，认真做好各种履约准备；在合同履行过程中，除约定义务外，还应履行依诚实信用原则所产生的各种附随义务，而当约定的内容不明确时，应当依据诚实信用原则履行义务；在情势变更场合，当事人也应当依据诚实信用原则承担再磋商义务；即使在合同终止以后，当事人仍需承担某些必要的后合同义务，如《合同法》第九十二条规定的通知、协助、保密等义务。只有深刻认识到诚实信用作为社会重要的道德要求，才能对这些法律制度背后的运行逻辑加以理解，反之亦然，只有在成文法中确认诚实信用原则，才能保持和弘扬传统道德和商业道德，才能保障合同严守，维护社会秩序。

再如合同自由原则，这是合同法的基本原则之一，《合同法》通过第四条确立了“当事人依法享有自愿订立合同的权利，任何单位和个人不得非法干预”的原则，因此也称合同自愿原则，该条款内涵外延广泛，涵盖了当事人之间缔约的自由、一方当事人选择合同相对人的自由、签订合同形式的自由、合同内容与违约责任约定的自由以及确立合同纠纷解决机制的自由等内容，这在一方面尊重了当事人在订立合同、确定合同内容、变更和解除合同等全过程、多方面的选择自由，另一方面也确认了当事人之间合法的合意具有优先于法定的任意性规范适用的效力，这不仅是对民法“意思自治”原则的回应，亦是和谐、自由的时代精神的要求。

当然，社会法益的平衡决定了自由是有限度的，合同自由是法律规定范围之内的自由，《合同法》对格式条款、免责条款、显失公平、违约金过高过低等限制性的规定，背后隐含着对社会正义的价值追求。《合同法》上其他基本原则如公序良俗原则、鼓励交易原则、绿色原则等都在一定程度上反映着时代发展的要求。尽管在司法裁判上无法跳过规则直接滑向原则的适用，但从立法技术上，基本原则对具体规则承担着解释功能，在未有规则规制的情况下，基本原则也发挥着补充作用，根据基本原则，结合立法目的，对社会现象作出更为合理的解释，承担兜底性的规范功能，能够更好地回应立法期待。在合同法课程改革中，进行基本原则教学内容的补充，使得学生在理解《合同法》对社会的功能价值上更加完善与娴熟。

第四，在课程后期，开设“社会主义核心价值观与合同法”专题工作坊，由教师和部分同学开展研讨，反映教学改革成果。

自 2015 年以来，私法工作坊已经围绕“民法典编纂背景下的重大误解”“人格尊严民法保护的界限”“不动产交易中的虚假登记”等 16 项主题共开展 22 次研讨活动。2018—2019 学年，私法工作坊作为对接一课堂的二课堂活动，结合合同法课程改革与教学内容，更有针对性地甄选了与合同法课程相关的 3 个专题，开展了 5 次“社会主义核心价值观引领下民法的学习和研究”系列活动。

系列工作坊之一以“人格权积极行使与合同法的交错”为研讨主题，邀请了二十余位师生参加了研讨。在社会主义核心价值观的引领下，工作坊以学科交叉思考问题的新视角开展专题研讨活动，形成了对合同法课程的有效补充。

系列工作坊之二以“债法通则的发现与适用”为研讨主题，旨在探讨完善的债法规则对合同自由的积极作用，以及完备的债法通则对民法典的重大意义。活动期间，大家从债法总则的内容、我国关于债权债务关系的立法等角度阐述我国债法体系和民法典编纂现状，并对如何在现实条件下让合同编发挥债法作用进行多角度探讨，使合同法课程与民法典编纂草案审议情况紧密结合的课程改革成果再次在工作坊的平台上落实并进一步引申。

系列工作坊之三以“法人中的代理及相关法律问题”以及“公司印章相关法律问题”为研讨内容，由指导老师对议题进行详细讲解，并对论文写作进行针对性辅导，之后对学生的研究成果进行公开评议。私法工作坊在平等、轻松、互动的氛围中丰富了教学成果，使课程改革进一步走向细致化、精品化。

私法工作坊是合同法课程思政教学改革试点项目的第二阵地，“社会主义核心价值观引领下的合同法学习”系列活动符合中央财经大学法学院的“坚持价值引领、立足中国实践、聚焦信息时代、着力风险防控”的方针要求，满足法学学科“一流标准、财经特色”

的人才培养需求。同时，私法工作坊为同学们增强专业认同感、使命感，增加交流和表达机会搭建了平台。通过私法工作坊这一形式，加强了师生之间的良性互动，便于老师掌握学生的学习进度，随时调整教学方案，提高教学效率。

第五，利用中国大学 MOOC 平台，进一步扩大合同法课程改革的影响力。

在举国抗疫的关键时期，为坚决贯彻教育部《关于在疫情防控期间做好普通高等学校在线教学组织与管理工作的指导意见》精神，全面落实学校“延期开学不停学”“停课不停教、停课不停学”的整体教学安排，法学院除了 2020 年春季学期本科和研究生课程如期上线超星平台，面向全校全院师生开展线上教学外，还精心打造合同法慕课，在中国大学 MOOC 平台面向全社会免费开放，与全国高校广大教师、学子共克时艰。

合同法慕课授课团队由法学院尹飞教授、武腾副教授、朱晓峰副教授和王叶刚副教授组成。慕课于 2020 年 2 月下旬在中国大学 MOOC 平台上线，至今共有 13000 多人选课并参加学习。课程评分为 4. 8 分，颇受学生好评。

合同法慕课录制正处在合同法课程思政项目建设过程中。课程团队围绕民法典立法活动进行录制，将前沿立法动态融入课程中。在课程中贯穿社会主义核心价值观的内容，尤其注重将社会层面的价值理念与合同法基本原则有机结合。授课团队成员在录制中详细讲解了合同法基本原则特别是诚实信用原则，引起了大家的兴趣和讨论。授课老师还在线上交流区与同学们进行互动、交流，使大家加深对授课内容有了更深刻的理解。在中国 MOOC 平台上开设合同法课程，将合同法课程的参与人数从几百人扩展到一万多人，使得合同法课程思政改革的影响力迅速扩张。

基于上述五项内容，合同法课程作为研究生课程思政教学改革试点项目已取得丰硕成果，在课程设计与教学内容的完善上融入了时代精神，更加关注道德共识、价值理念和文化象征等精神层面的因素，并将这些精神要素浇筑到具体制度与法律条文的教学中去，直面社会实践中的热点、难点问题，回应立法期待，使得合同法课程的学习更能体会到社会生活和社会行为中的伦理道德、价值秩序、意义体系、文化观念等“民族精神”，利用网络平台，进一步巩固和扩大合同法课程改革的影响力，使更多的同学参与到社会主义核心价值观引领下的合同法课程学习中来。合同法课程思政教学改革的目标已基本实现，教学改革的经验成果还需在之后的教学实践中不断检验和完善。

9. 外国语学院师文杰：讲好中国故事，传递家国情怀

课程思政视角下财经高校研究生英语教学改革项目实施过程中，授课教师团队牢记“四个意识”，坚定“四个自信”，强调道路自信、理论自信、文化自信、制度自信。在英语课堂上以学术英语为主要内容、以中国特色社会主义理论体系为指导、以宣传弘扬中国改革开放成就和社会治理经验为载体，授课教师团队开展以“讲好中国故事、传递家国情怀”为主题的教学改革，主要体现在以下几个方面。

第一，弘扬社会主义核心价值观，加深对中国传统文化和道德理解，将中国传统文化和优秀管理理念引入课堂，鼓励学生在国际舞台讲好中国故事。

一是课程改革遵循分类、分层次，基于学生学习需求的原则展开学术英语课程和专门用途英语课程建设与改革，建立满足不同水平、专业和需求的多元化英语综合课程体系。

首先，项目组对中央财经大学研究生英语学习动机与现状进行了调查研究。

项目组对 2018 级、2019 级研究生的学习现状与动机进行了调查研究，共收到 285 份完整问卷。

研究结果表明：学生对研究生英语的需求是多元化的，学生期望学习实用性更强、以英语听说能力为主的课程，以尽快提高英语综合运用能力；学生期望学到与自己所学专业关联度高的学术英语；从学生学习动机和现状来看，大部分学生投入英语学习时间较少，约 67% 的学生平均每天学习英语时间在 1 小时之内，甚至约 11% 的学生几乎每天不花时间学习英语。这种学习现状一定程度上影响了学习的可持续性和水平的提高。

（1）对英语学习的投入：被调查学生英语学习投入时间呈现逐年下降趋势；研究生一年级比研究生二年级学英语投入的时间多，硕士生比博士生投入的时间多。

（2）对学校研究生英语课程设置满意度为 63%：满意度呈现提高趋势；对课程安排的满意度为 78%。

（3）从学习和工作中语言技能需求方面排序，依次是阅读、口语、听力和翻译技能；急切需要提高的技能是口语和听力技能，最擅长的语言技能是阅读技能。

（4）学习英语的主要动机是：找工作需要、学分和学位需要、提高个人文化素养、个人兴趣、出国需要。

（5）研究生对大学英语四、六级考试和出国考试的重要性认同度较低；如果参加出国考试，雅思考试是首选考试。

（6）关于参与课堂活动的积极性方面，48% 的受访者认为自己积极或很积极。

（7）对所选教材的满意度为 63%，对授课方式的满意度为 68%。

（8）关于课程设置和分布学期，大部分学生认为一个学期合适，但是也有近40%的学生认为英语课程应该分布到2个学期或者增加课程到3个学期。

其次，项目组进一步优化完善了多元化研究生英语课程体系。

（1）以研究生英语为代表的学术型硕士学术英语课程。研究生英语为学术型研究生（含硕士和博士生）2学分必修课，学时为一周2节课，共36课时（研究生一年级上学期或下学期开设）。为了提升研究生的英语水平，满足其阅读英语文献、用英语进行撰写学术文章的需求，该课程长期以来都是公共必修课，具有悠久的传统，也是必不可少的研究生课程。班级实行混班制，即每个班由不同专业学生组成，班级人数50人左右。

（2）以工商管理硕士（MBA）商务英语为代表的专业硕士英语课程。课程性质为2学分基础必修课，开设时间为研究生第一学期，共36课时，授课对象为专业硕士，小班分级教学。MPAcc采用大班集中授课，每班60—90人，MPA采用大班集中授课，每班100多人。

MBA商务英语课程目前采用中国教师和外籍教师联合授课，中国教师负责读写技能培养，外籍教师负责听说和文化方面技能与知识传授。中国教师的授课内容由每个授课老师根据自己的教学重点、学术专长和教学经验设计大纲。

以研究生英语和学术英语：经济与管理为代表的博士研究生英语课程。该课程目前采用读写加听说双重目标教学，隔周安排读写课和听说课，满足学生对英语听、说、读、写的全方位要求。听说课强调语言技能教学活动的设计和完善，读写课主要以提升学生的学术阅读和写作水平为教学目标。翻译和写作课堂活动主要围绕学术写作和学术翻译中的问题展开教学，英译汉中学术复杂长句的处理与翻译，汉译英中术语的规范和准确表达；学术写作中的语言规范和文献引用规范。

二是课程改革在英语课堂中增加关于中国传统文化、思想、现代社会治理介绍的应用文体英文翻译。

为了帮助研究生更好地用英文讲述中国文化故事，授课教师在材料内容选取方面增加中国文化和遗产的介绍，具体表现为如下几个方面：

（1）鼓励学生利用课余时间走出校园，参观博物馆、艺术馆和公园，参观期间关注场馆的英文介绍和说明，回到课堂后讲述所见所闻、写出参观心得体会。

比如参观著名皇家园林颐和园时总结遇到的中国建筑的英文词汇：

Temple of Taoism　道观

Shrine of Buddhist　佛龛

Room for living　起居室

House for tea　茶室

Chamber for music　乐坊

Palace for meeting　会客厅

Pavilion for rest and relaxing　观景亭

Pagoda for worship　佛塔

Hall of Buddha　佛殿

Courtyard of residential　四合院（住宅）

用英文记录下观看到的景色和观景的心情，以下为老师分享的观景心得：

Visually imposing pavilions sitting on the hill top

Statues of animals, big or small

Seated fast on roof ridges or by the doors

Looking at ages of boom or bust

To come and go were the residents of Royal

To rise and fall are the periods in cycles

As are travelers of unknown

（2）课堂应用文体翻译材料补充中国文化介绍的汉译英，让学生能用英文讲述中国文化、艺术、园林精髓、重要历史事件和人物、中国国家政府机关职能介绍（财政部职能介绍）等。

翻译案例一：水墨画介绍英译汉练习

水墨画，是中国独具特色的传统艺术形式之一，是中国国画的代表。它大约始于唐代，兴盛于宋代和元代，距今已有一千多年的历史，其间经历了不断的发展、提高和完善。

水墨画的创作工具和材料是具有浓厚中国特色的毛笔、宣纸和墨，其作品特点也与此紧密相关。例如，水和墨相互调和，使作品具有干湿浓淡的层次。水墨和宣纸的交融渗透也使画作善于表现丰富的意象，从而达到独特的审美效果。水墨画在中国绘画史上具有很高的地位，甚至被认为是衡量东方绘画艺术水平的标准。

教师译文：

Ink and wash painting, one unique traditional art of China, is a typical icon of Chinese painting.

The art originated from the period of the Tang Dynasty, and enjoyed its blossoming development/expansion during the periods of Song and Yuan Dynasties. A history of over 1000 years has seen/witnessed the art's continuous development, variation and perfection.

The tools and materials used for ink and wash painting, like calligraphy brush, Xuan paper and ink, are China - specific, which enrich the paintings with Chinese - specific features. Mixing water and ink with varied ratio, for example, gives the paintings different levels of being dry and wet, dark and light.

The integration and infiltration of water, ink, and rice paper enablessuch paintings to convey rich images, and hence to achieve unique aesthetic effects. Ink wash painting enjoys being a prestigious form of art in China's painting domain, and is even reckoned as the benchmark for evaluating oriental painting arts.

其他案例还包括关于儒家思想、中国文化遗产大钟寺博物馆、北京时刻艺术博物馆介绍等。

翻译案例二：大钟寺古钟博物馆介绍汉译英练习

大钟寺古钟博物馆位于北京城名刹大钟寺内。大钟寺原名觉生寺，始建于清雍正十一年（公元1733年），总占地3万平方米，寺庙格局严谨，气势雄伟，曾是皇家祈雨、举行佛事活动的重要场所。因寺内珍藏一口明永乐年间所铸巨大佛钟，故又俗称为“大钟寺”。

教师译文：

Dazhongsi Heritage Bells Museum is housed in a well – known temple in Beijing, Dazhongsi Buddhist Temple（literally Big Bell Temple）. The Temple was named Juesheng Temple when the ground – breaking was started in the 11th year of Yongzheng Reign during Qing Dynasty（AD 1733）, covering a land of 30, 000 square meters with symmetrically precise layout and grand and extravagant design. The Temple used to function as venue for the imperial family to pray for rainfall, and host Buddhist worshiping services. The Temple was nicknamed（widely known as）Dazhongsi as there has been a huge bronze Buddhist bell collected that was cast during the Yongle Reign of Ming Dynasty.

1957年，北京市政府公布觉生寺为市级重要的文物保护单位。1996年12月，觉生寺被国务院公布为全国重点文物保护单位。1980年2月，大钟寺文物保管所成立。1985年10月5日，大钟寺古钟博物馆成立并对外开放，如今大钟寺已经成为一座利用古代建筑开展旅游收藏、展览研究、开发利用古钟文物资源的多功能博物馆。

教师译文：

The Temple was listed in the Key Protected Heritage Sites by Beijing Municipal Government in 1957, and was listed in State Key Protected Heritage Sites by the State Council in 1996. Dazhongsi Commission（Institute）for Preserving Cultural Relics was founded in February 1980. The Heritage Bell Museum was inaugurated and open to visitors on Oct. 5, 1985, which serves as a multifunctional museum for showcasing collectibles, receiving tourists, and undertaking research projects on cultural relics including heritage bells and ancient buildings.

翻译案例三：紫竹院公园介绍汉译英练习

紫竹院公园位于北京西三环内，海淀区白石桥附近，北京首都体育馆西侧。紫竹院公园始建于1953年，因园内西北部有明清时期庙宇——“福荫紫竹院”而得名，既有蜀南竹海的竹园别致，又有兔耳岭的灵石草甸景观。

教师译文：

Situated in the west of Capital Stadium and adjacent to Baishiqiao（White Marble Bridge）, and located within the third North Ring Road of Beijing, Zizhuyan Park（Purple Bamboo Park）was founded in 1953. The park was named after the Fuyin Zizhuyuan（Blessing Zizhuyuan）that is a temple located the north – west of the garden, and remained functional during Ming and Qing Dynasties. The park features the exquisite bamboo forest of southern Sichuan Province in China, as well as unique rockery collection and wide grassy fields.

全园占地47.35公顷，其中水面约占三分之一。南长河、双紫渠穿园而过，形成三湖两岛一堤一河一渠的基本格局。它是一座幽篁百出，翠竿累万，以竹造景，以竹取胜的自然式山水园。2006 年 7 月 1 日起，紫竹院公园免费参观。

教师译文：

Covering an area of 47. 35 hectares, the park has one third of its space shared by lake or moor. One river and one canal wind through the park, dividing the park and offering an overall lay-out featured by natural scenery from three lakes, two isles, one bund, one river and one canal.

The park is a Chinese landscape garden with evergreen bamboo groves and stunning scenes of bamboo forests, lending itself well to activities like walking on circular and narrow trails and seeking tranquility.

The park started to receive visitor with free entry from July 1, 2006.

翻译案例四：财政部网站职责介绍汉译英练习

中华人民共和国财政部主要职能(节选)

- 财政部贯彻落实党中央关于财经工作的方针政策和决策部署，在履行职责过程中坚持和加强党对财政工作的集中统一领导。主要职责是：
- （一）拟订财税发展战略、规划、政策和改革方案并组织实施。分析预测宏观经济形势，参与制定宏观经济政策，提出运用财税政策实施宏观调控和综合平衡社会财力的建议。拟订中央与地方、国家与企业的分配政策，完善鼓励公益事业发展的财税政策。
- （二）起草财政、财务、会计管理的法律、行政法规草案，制定部门规章，并监督执行。组织涉外财政、债务等国际谈判并草签有关协议、协定。
- （三）负责管理中央各项财政收支。编制年度中央预决算草案并组织执行。组织制定经费开支标准、定额，审核批复部门（单位）年度预决算。受国务院委托，向全国人民代表大会及其常委会报告财政预算、执行和决算等情况。负责政府投资基金中央财政出资的资产管理。负责中央预决算公开。

教师译文：

About the Ministry of Finance of the People's Republic of China

The Ministry of Finance (MOF) performs the following duties and responsibilities in line with the centralized leadership from Communist Party of China (CPC), thereof defining and implementing the policy priorities and strategic plans set by Central Committee of CPC. The basic functions of the Ministry of Finance include:

To draft and formulate strategies, priorities, policies and reform plans with regard to fiscal and tax services. To analyze and predict macro – economic growth outlook, to play an active part in setting macro – economic policies and to put forward proposals and solution for macro – regulating and balancing overall societal fiances through fiscal and tax policies. To draft and devise wealth allocation policies for central and local jurisdictions, public and private sectors, amending and updating fiscal and tax policies to promote public welfare sector.

To draft bills and rules for fiscal, financial, accounting standards, and administrative codes, to enact and administrate departmental rules and regulations. To coordinate international negotiations on fiscal and debts programs before initially signing on the related MOUs (Memorandum of Understandings) and agreements.

To Manage central government's revenues and expenditures.

Drafting and implementing central government's annual budget and final account. Working with departments to set their public spending rules and rations, reviewing departmental (divisional) annual budget and final account (performance). Delivering annual report of fiscal budget, spending and final account (performance), commissioned by the State Council, to National People's Congress (and Standing Committee). Managing sovereign wealth funds and assets funded by Ministry of Finance. Making central government's budgets accessible to public transparency.

第二，项目组认真梳理了现有研究生英语课程体系的教学大纲和教学安排，查找现有教学体系“课程思政”环节的不足，组织授课教师认真研判培养目标、教学环节与“思政课程”之间的衔接。

一是项目组对学生开展问卷调查和访谈，加强思想教育引导和爱国情怀的培育。

该调查收集到235个完整数据，表1表明：学生对将中国传统文化、社会治理模式、中国政府的国际倡议引入英语课堂认同率很高，比单纯将思政内容引入英语课堂认同度高很多；表2表明：73%的问卷参与者认为将中国优秀文化引入英语课堂、用外语讲好中国文化故事“重要”或者“很重要”，67%的受访者认为将中国发展模式引入英语课堂、用外语讲好中国社会发展经验“重要”或者“很重要”，72%的受访者认为将中国主导的国际倡议引入英语课堂，用外语讲好中国参与全球治理与人类命运共同体建设“重要”或者“很重要”，如“一带一路”“亚洲基础实施投资银行”等。

表1　研究生对“课程思政”引入英语课堂的认识（N=235）

	“课程思政”的建设方针融入财经高校研究生英语课程体系		加强财经高校研究生英语课程中的思想政治工作		研究生英语课程应该充分弘扬社会主义核心价值观，加强中国文化道德建设	
	人数	占比（%）	人数	占比（%）	人数	占比（%）
很重要	30	13	28	12	43	18
重要	69	29	71	30	81	34
一般	66	28	70	30	69	30
不太重要	33	14	25	11	16	7
不重要	37	16	41	17	26	11

二是课程改革组丰富英语课堂内容，增加中国传统文化、社会发展模式和中国政府倡议项目介绍，鼓励学生在讲述中国故事过程中加深对中国文化的理解，增强文化自信、道路自信、制度自信和理论自信。

第三，项目组充实授课内容，加强官方媒体英文出版物，如中国日报（英文版）、环球时报（英文版）、人民日报（海外版）在课堂中的应用，以批判的视角理解和认识西方媒体的相关报道。

表2　研究生对中国传统文化、社会发展模式和中国政府倡议引入英语课堂的认识（N＝235）

	将中国优秀文化引入英语课堂，用外语讲好中国传统文化故事		将中国社会发展模式引入英语课堂，用外语讲好中国社会发展经验		将中国政府发起的国际倡议，如“一带一路”、“亚基础设施投资银行”引入研究生英语课堂	
	人数	占比（%）	人数	占比（%）	人数	占比（%）
很重要	77	33	65	28	73	31
重要	96	41	92	39	96	41
一般	42	18	50	21	43	18
不太重要	9	4	14	6	9	4
不重要	11	5	14	6	26	6

一是项目组对学生课堂展示的话题分类辅导，学生在课堂展示中增加中国企业、政府在国际舞台上的重要作用的内容，如亚洲基础设施银行（AIIB）、“一带一路”（B&RI）、中国国际进口博览会（CIIE）、中美贸易争端等议题。

二是项目教师引导学生在阅读过程中要加强信息判断和甄别能力，不被西方一些英文报道影响，批判视角阅读和获取英文文献，做到制度自信、文化自信，以身作则，热爱祖国，拥护中国共产党的领导。

第四，项目组教师充分体现英语课程教学中的“德育”内涵，紧紧抓住研究生培养“立德树人”根本任务，以身作则、课堂传递正能量，将中国优秀文学艺术作品翻译为英文，增强英语课的艺术和语言审美效果，产生家国情怀共鸣。

以下为师文杰老师在庆祝中华人民共和国建国70周年之际，受70年巨大成就展感染激励，将部分爱国主义歌曲的中文歌词译为英文，以帮助更多外国人了解中国音乐作品和主旋律。在课堂分享《我和我的祖国》《我的祖国》《歌唱祖国》英文译文，让学生朗读、演唱。

案例一：爱国主义歌曲汉译英《我和我的祖国》

My Motherland and Me
填　词：张藜
谱　曲：秦咏诚
我和我的祖国　一刻也不能分割
My motherland and me，we'll part never
无论我走到哪里　都流出一首赞歌
Wherever I will be，there is always a song for her
我歌唱每一座高山　我歌唱每一条河

I sing for every mountain, and sing by every river
袅袅炊烟　小小村落　路上一道辙
Family glee, village peace, winding trails to home
我最亲爱的祖国　我永远紧贴着你的心窝
My dearest mother land, you are in my heart forever
你用你那　母亲的脉搏　和我诉说
Treat me kind, like a mom's care to children of her
我的祖国和我　像海和浪花一朵
My motherland for me, like ocean for a tiny wave
浪是海的赤子　海是那浪的依托
A wave is a child of sea, and the ocean is the home for any waves
每当大海在微笑　我就是笑的旋涡
When the ocean is in peace, I am the merry wave
我分担着海的忧愁　分享海的欢乐
I see through her sorrow, and share her glee
我最亲爱的祖国　你是大海永不干涸
My dearest motherland, you are the seas go dry never
永远给我　碧浪清波　心中的歌
Give me forever passion and power to sing for her

案例二：爱国主义歌曲汉译英《我的祖国》

My Motherland
填　词：乔羽
谱　曲：刘炽
一条大河波浪宽　风吹稻花香两岸
A home river runs deep and wide. Gentle breezes blow fragrance of harvest
我家就在岸上住　听惯了艄公的号子
I reside by the riverside. Echoing with the melody of sailors yelling
看惯了船上的白帆
My heart beating along the river tides
这是美丽的祖国　是我生长的地方
This is my great homeland, where I was born and raised up
在这片辽阔的土地上　到处都有明媚的风光
Over this land far and wide. Sunshine is brightening everywhere
姑娘好像花儿一样　小伙儿心胸多宽广
Smiling faces of girls bloom like roses. Broad chest and open minds make men heroes

为了开辟新天地　唤醒了沉睡的高山

For exploring new horizon. Bear mountains are going rich and green

让那河流改变了模样

Rivers are made running wide and deep

这是英雄的祖国　是我生长的地方

This is my homeland of heroes where I was born and raised up

在这片古老的土地上　到处都有青春的力量

Over the land of glorious yesterday. Power of youth inspiring everyone

好山好水　好地方　条条大路都宽畅

Nice views of hills and streams of best scenery. Trails and roads running wide and far

朋友来了有好酒　若是那豺狼来了　迎接它的有猎枪

Best wine is served for friends kind. Sticks and guns are set up for those devils offending

这是强大的祖国　是我生长的地方

This is my homeland strong where I was born and raised up

在这片温暖的土地上　到处都有和平的阳光

Over the homeland rich in love. Sunshine of peace is reaching everywhere

案例三：爱国主义歌曲汉译英《歌唱祖国》

Ode to Motherland

填　词：王莘

谱　曲：王莘

五星红旗迎风飘扬　胜利歌声多么嘹亮

Flag of five - star flying high and on. Songs of honor echoing loud and strong

歌唱我们亲爱的祖国　从今走向繁荣富强

Sing for our land of mother for marching on and going strong

五星红旗迎风飘扬　胜利歌声多么嘹亮

Flag of five - star flying high and on. Songs of honor echoing loud and strong

歌唱我们亲爱的祖国　从今走向繁荣富强

Sing for our land of mother for marching on and going strong

越过高山越过平原　跨过奔腾的黄河长江

Walking over high lands. Trespassing wide plains Crossing rivers of torrents strong

宽广美丽的土地　是我们亲爱的家乡

Land of wide and rich is the place of hometown

英雄人民站起来了　我们团结友爱坚强如钢

We rose high like heroes. United by love and willpower strong

五星红旗迎风飘扬　胜利歌声多么嘹亮

Flag of five – star flying high and on. Songs of honoring sung loud and strong

歌唱我们亲爱的祖国 从今走向繁荣富强

We sing for our land of mother for marching on and going strong

五星红旗迎风飘扬 胜利歌声多么嘹亮

Flag of five – star flying high and on. Songs of honor echoing loud and strong

歌唱我们亲爱的祖国 从今走向繁荣富强

Sing for our land of mother for marching on and going strong

越过高山越过平原 跨过奔腾的黄河长江

Walking over high lands. Trespassing wide plains Crossing rivers of torrents strong

宽广美丽的土地 是我们亲爱的家乡

Land of wide and rich is the place of hometown

英雄人民站起来了 我们团结友爱坚强如钢

We rose high like heroes. United by love and willpower strong

我们战胜了多少苦难 才得到今天的解放

Tough days of war have been won to greet liberty with smiling faces

我们爱祖国 我们爱家乡 谁敢侵犯我们就叫他灭亡

Love China love hometown. Poor days of being shamed will be gone.

我们勤劳 我们勇敢 人民共和国正在成长

We are working hard and never give up. People's Republic of China is getting strong

我们领袖毛泽东 指引着前进的方向

Chairman Mao has been a visionary leader Guiding the way ahead

我们的生活天天向上 我们的前程万丈光芒

Marching towards the better life day by day. We are striving to a time of bright sunshine.

案例四：中央财经大学校歌《未来》汉译英

The Vision

作 词：王广谦

谱 曲：戚建波

未来是什么 问问你和我

What is your vision like? Ask yourself for answer

未来是心中的梦 未来是天边的虹

There is a dream in my heart and a rainbow over sky above

未来是什么 问问你和我

What is my dream like? Ask myself for answer

未来是民富国强 未来是水绿草盈

There is future nation strong. There will be green field and blue sky

未来是什么　问问你和我

What is future like? Listen to your heart

未来是脚下的路　未来是远方的灯

It's like the trails ahead and like light – tower afar

未来是什么　问问你和我

What is future like? Listen to your heart

未来是知识无限　未来是创造无穷

It's aspiring for higher and creating wonders

未来是你　未来是我

The vision is for you. The vision is for me

未来是责任　未来是担当

Taking your part for the vision. Leading the role for the nation

未来是你　未来是我

Here is dream for you and the dream for me

未来是奉献　未来是栋梁

Trying to give and serve. You will let nobody down.

课程思政视角下财经高校研究生英语课程体系改革项目组围绕课程思政在研究生英语课堂中的实践开展探索和研究，将研究生英语、学术英语与传递中国传统文化、艺术和思想结合起来，与讲述中国社会治理体系故事结合，在课程思政实施环节突出“用英文讲好中国故事、传递家国情怀”，提升学生的文化自信、道路自信、制度自信和理论自信。实践证明，在中国国际化的道路上，我们除了利用外语学习国外先进管理理念和制度，还要注重利用外语的推广中国文化和中国社会治理模式，为建立人类命运共同体作出语言教师的贡献。

第四部分

学　生　篇

——“全国大学生同上一堂疫情防控思政大课”学习体会

新冠肺炎疫情期间，学校研究生参加了“全国大学生同上一堂疫情防控思政大课”，学生反馈强烈，深受教育。

1. 金融学院研究生董纪元

今天与全国的大学生们一起上了这堂疫情防控思政大课，一起聆听了老师们为我们讲述了在一线奋斗的医务工作者们的故事，让我们在这次突如其来的疫情中看到了中国共产党的带头作用和领导人民共同努力防控疫情。全心全意为人民服务并不是一句口号，关键时刻要冲在前面才是一名合格的共产党员应该做的。在这次疫情大考中，在中央的直接领导下，迅速成立了党中央领导小组，各地基层党组织、党员们纷纷打头阵做先锋，普通的党员群众也积极投入疫情防控中，积极做表率。党中央迅速成立的党中央疫情防控系统发挥的巨大作用，充分彰显了中国共产党在如此巨大公共卫生灾难面前的应对能力，也彰显了当时党中央的集中领导能力。

中国特色社会主义优势是可以完全转换成治理效能的，党中央领导下集中力量办大事，真正做到了一方有难，八方支援。迅速建立起的火神山和雷神山医院，迅速调配的医疗物资和省对市对口支援工作分配充分展示了党中央的集中领导的能力。同时，在疫情防控过程中发现的漏洞和短板党中央也及时进行应对。我们充分认识到中国共产党的领导能力。

这次疫情的防控检验了中国特色社会主义制度的治理能力和应对能力，也证明了中国特色社会主义的优越性。我们要以身为一名中国人而感到光荣，要以党员的身份不断提醒自己，做好社会主义建设事业中的接班人，在祖国需要我们的时候为祖国的发展献出一份力。

2. 会计学院研究生孙任洁

几个月以来，波及全国的新冠肺炎疫情时刻牵动着全国人民的心，每个人都成为这场“攻坚战”的参与者。我们为感染新型冠状病毒不幸逝世的患者感到惋惜，为舍小家为大家、连续多日不眠不休坚持奋战在一线的医疗工作者加油鼓气。我们在他们的奋不顾身中看到了希望汇聚成的耀眼光芒，于是更加坚定且从容地期待着明媚春日的到来。

即使被隔离在家，我辈青年依然不忘贡献自己的微薄之力：捐助爱心善款、捐赠防护物资、捐赠生活必需品……每天打开朋友圈，都能捕捉一个个微小却温暖的字眼。尽管突如其来的疫情让这个冬天显得格外漫长，但大家的善意与担当却点滴累计、照亮了冬夜。

“哪有什么岁月静好，不过是有人替你负重前行”。我们在这场特殊的“战役”中更加体会到担当的意义与责任的重量。即将结束最后的学生生涯、踏上工作岗位，成为一名普通的选调生，我深知平凡的岗位依然有着非比寻常的意义，自己的点滴付出与奉献都将为更美好的明天点亮灯塔！

3. 会计学院研究生邢丹

2020 年不平凡的春节，突如其来的疫情暴发，冲淡了红火的节日氛围，改变了人们的生活轨迹。在这场战“疫”中，我们看到了无数“逆行者”义无反顾的坚定身影，见证了英雄般的中国人民风雨兼程的铮铮傲骨。作为当代高校学子，也许我们不能做最锋利的“矛”，但我们可以做好一线抗疫人员最坚实的“盾”，灾难面前，每个人都需要成为负重前行者，来共同守护国家和人民的岁月静好！

所以，我们看到了“一方有难，八方支援”的壮举，看到了无数“逆行者”刚毅不屈的背影，看到了全国人民的积极配合和万众一心。面对疫情阻击战，快速的部署和强有力的措施保证，是我国公共卫生事业向人民递交的“答卷”，这份“答卷”中，有各地区的快速响应、层层严控，有医用、生活物资的迅速调配，有火神山、雷神山医院的拔地而起、投入使用，在这场战“疫”中，更加体现了我国的制度优势，展现了在党中央的领导下的治理体系的卓越成果。

通过本次思政大课的学习，我深入了解到了在此次抗疫一线的无数感人的事迹和故事，也使我感悟，那些逆行而上的勇士才是能够坚挺起民族的脊梁，才是我们真正应该向之学习的楷模！如钟南山、李兰娟院士以及无数的抗疫一线的战士们，鼓舞着我们，生命之花应该盛开在祖国最需要我们的地方，这才是英雄的中华儿女们应有的态度和风骨！

寒冬将尽，暖春可期，疫霾将散，山河无恙！

武汉加油，中国加油，我们的明天将更加美好！

4. 保险学院研究生王一航

“欲问瘟神何处往，纸船烛火照天烧”。此次疫情对我们国家的应急管理体制和卫生健康体系是一次重大考验，无数白衣天使在这场“疫情阻击战”中交上了满分的答卷。在疫情的头一个月，企业停产停工，学校停课停学，全国人民被迫居家隔离，每一天都有成千的确诊病例。毫无疑问，这是我们失去的一个月。在疫情的后一个月，从武汉到全国、从火神山到雷神山，从方舱医院到社区防控点，所有人同舟抗疫的成果开始显现，各方面的经验教训得到充分总结，社会主义制度体现出了无比的优越性。毋庸置疑，这又是我们得到的一个月。一得一失面前，正是恩格斯关于历史规律“没有哪一次历史灾难不是以巨大的历史进步为补偿的”这一论断的正确体现，也是唯物主义者用辩证、长远的眼光看待问题的实践运用。常言道，多难兴邦，相信我国在经历这次疫情后，应急管理体制必将再上新的台阶！

但盖有非常之功，必待非常之人。这次“战役”之中，4.26 万名抗疫医护人员，女性医务人员 2.8 万名，占整个医疗队的三分之二。她们是母亲妻子女儿，战“疫”中化身战士，坚守岗位。此时此刻，她们正在为国家而“战”，为人类健康而“战”。穿着防护服，戴着护目镜，耐着高温，一天连续 10 个小时以上奋战在抗疫第一线。谁说女子不如男！他们是最美的逆行者，我们必须要向逆行者致敬！

5. 国际经济与贸易学院研究生贾博宇

早春三月，距离新冠肺炎疫情暴发已经两个月有余，我们严谨防控、积极学习的劲头从未松懈。2020 年 3 月 9 日，作为研究生党支部书记联席会秘书长团的一员，我和大家一同收看了“全国大学生同上一堂疫情防控思政大课”，受益匪浅。

在这堂两小时的大课上，艾四林、秦宣、王炳林、冯秀军四位教授为我们解读了以习近平同志为核心的党中央关于疫情防控的决策部署、解析了在抗疫中彰显出的党的领导和中国特色社会主义制度的显著优势，进一步树立了我的理论和制度自信。此后，从历史经验教育，讲到当代青年抗疫风貌，一个个令人或揪心，或感动，抑或鼓舞的事例令我对这次疫情和抗疫一线的同志们有了更加立体的了解，也让我有机会见贤思齐，作为青年党员，进一步对自己高标准、严要求，向优秀的、无私的同志们靠拢。

四节小课中，母校中央财经大学马克思主义学院冯秀军教授的讲授令我感触最深。作为收尾的一课，冯教授将话题落到了青年的作为上。“战‘疫’里的最美青春——谈中国青年的责任与担当”一课中，冯教授指出，我们的使命一直在那里，需要青年的承担。在众多的责任担当中，爱国是第一位。它是中华民族的精神密码，也是中华五千年文明得以薪火相传的关键所在。从过去到现在，有许许多多的青年一代在这片土地发挥着自己的光热，知国爱国，在祖国有需要时冲在前方。这堂课深深地鼓舞了我，也再次提醒我作为青年人，作为青年党员，应该切实提升自身技术水平，真正了解国家国情，扎根中国大地，书写自己的胸有大志、心有大我、肩有大任、行有大德的大写青春。

6. 经济学院研究生郑珽

我们的脚下是拥有五千余年历史沉淀的文明古国，是屹立于东方民族之林的东方大国，是具有伟大团结精神人民的强盛之国。生于这样的国，当立志为我们伟大祖国母亲的繁荣昌盛贡献属于自己的力量！一代人有一代人的长征路，一代人有一代人的使命和担当，中国特色社会主义步入了新时代，中国日益走近世界舞台中央，中华民族距离伟大复兴的目标从未如此之近，我们的发展有了更为广阔的天地可以作为。我们生逢其时，同样也重任在肩，我们要勇作担当民族复兴大任的时代新人，把理想和抱负熔铸在脚踏实地的前进征程中，用中国梦激扬青春梦、将青春梦融入中国梦，在奋斗中释放青春激情、追逐青春理想，在追梦路上书写“奋斗的意义”，努力为国家建设、民族复兴凝聚起磅礴的青春力量！

7. 经济学院研究生陈芳琳

2020 年伊始，一场突如其来的新冠肺炎疫情牵动着千千万万中国人的心。

疫情暴发以来，党中央立即成立疫情防控小组，积极部署防疫工作。习近平总书记提出“坚定信心、同舟共济、科学防治、精准施策”的十六字方针，分类指导各地做好疫情防控工作，不断完善诊疗方案，依法科学有序防控，使得疫情防控形势持续向好，充分彰显了中国共产党领导和中国特色社会主义制度的显著优势。

疫情就是命令，防控就是责任。在党中央的坚强领导下，各省各地各部门密切配合、主动作为，纷纷打响疫情防控阻击战，采取严厉措施防控疫情蔓延，同时派出大量医疗团队、医护人员驰援武汉，充分展现了全国一盘棋，中华民族共克时艰的团结力量。

疫情无情人有情，隔离病毒不隔爱。在抗议前线，广大医务工作者面对疫情“捐躯赴国难，视死忽如归”。年过八旬的钟南山院士多次前往疫情重灾区指导；武汉市金银潭医院院长张定宇身患绝症、妻子被感染，仍然在抗击疫情前线 30 多天……社会各界同舟共济、守望相助，按照党中央的决策部署，社会各界迅速行动参与抗疫工作，几千名工人日夜建设应急医院，全社会捐款捐物，医疗工作者争分夺秒研究病毒、研发药物……充分体现了中国人民战胜疫情的信心和勇气。

没有一个寒冬不会过去，没有一个春天不会来临。待寒冬离去，雪融草青，相信一定有新的相逢将温暖延续。在举国上下的共同努力下，必将取得这场抗“疫”战争的胜利。我们青年一代要将“国家兴亡、匹夫有责”的责任传承，将“苟利国家、生死以之”的精神延续，为实现中华民族的伟大复兴贡献力量！

8. 经济学院研究生杨依婷

伟大的时代需要伟大的精神作为支撑，伟大的事业需要与之同心同向的奋斗者为之奉献。此次疫情大考，作为爱国担当主力军的青年群体，放下了小我，主动请缨汇入抗疫大军之中。披上白衣，他们成了白衣天使；穿上警服，他们蜕变为钢铁战士；戴上袖章，他们就是基层干部……他们心有大我，肩有大任。

“青春虚度无所成，白首衔悲亦何及”。青春是用来奋斗，用来担当的。新时代的长征路上，还会遇到挑战，作为青年的我们定将戮力同心，用行动彰显责任担当，传承伟大民族精神。

9. 管理科学与工程学院研究生费嘉欣

季春三月，草木萌新，在全国人民联合抗“疫”之时，为将高校思政课教学优势转化为防疫斗争的强大力量，教育部社会科学司、人民网联合举办了“全国大学生同上一堂疫情防控思政大课”，四位高校教授通过网络直播的形式，与千万大学生分享疫情防控中体现的制度特色、历史经验、理论知识与青年担当。

课上，我感触最深的是冯秀军教授讲授的“战‘疫’里的最美青春——谈中国青年的责任与担当”一节。习近平总书记曾在给全国青联的贺信中提到“士不可以不弘毅，任重而道远”，以此激励中国青年将国家的前途、民族的命运、人民的幸福作为必须和必将承担的重任。在此次抗击疫情的援鄂医护人员中，“90后”和“00后”达1.2万人，占整个队伍的近三分之一，他们主动请缨、勇赴一线，践行救死扶伤的誓言，这段保家卫国的青春经历也会成为宝贵的精神财富，见证他们破茧成蝶、淬炼成钢。

在历史的长河中，青年人是爱国担当的主力军，从 99 年前由先进青年建立中国共产党早期组织起，青年人在救亡图存、建设国家、强国富民的发展进程中都扮演着不可替代的重要角色。这场来势汹汹的新冠肺炎疫情让我们看到了无数在平凡岗位上奉献的青春脸庞、防护服下坚定的眼神、火神山工地挥洒的汗水、爱心捐赠时温暖的微笑、执勤站岗时忙碌的身影，青年们用自己的方式保家卫国，为了人民共同的福祉而奋斗。

家是最小国，国是千万家，爱国是最大的担当。即使战“疫”需要披荆斩棘，青年一代也必将勇往直前、不负韶华、敢于担当，为打赢疫情狙击战献出自己的力量。

10. 法学院研究生于哲

在新冠肺炎疫情最为严重的时刻，中央及时作出决策，上万名医护人员身赴前线，全世界中华儿女齐心协力，共克难关，党中央领导下的疫情防控举措为世界防治新冠肺炎作出了重要表率。

当前虽然形势一片大好，但是我们作为社会中的一员应该继续遵守防控命令，最后一刻也不能放松，在即将胜利之前保持高度精神集中是极为重要的。咬定青山不放松，不破楼兰终不还。战疫情、稳发展，群策群力、守望相助，我们需在大战中践行初心使命、在大考中交出合格答卷。历史再一次证明，任何困难在中华儿女面前都能被克服，任何挫折都无法阻挡中华民族的复兴。

11. 文化与传媒学院研究生冯越

如今，距离新冠肺炎疫情严格防控已过去了 3 个 14 天，在每天的疫情播报中，武汉累计治愈出院病例超过现有确诊病例、除武汉外湖北省新增确诊病例清零、29 个省区市确诊病例连续多日零新增等，我们欣喜地看到这场战“疫”正在慢慢走向尾声，中国共产党领导下的中国人民正愈加坚定地走向胜利。

“岂曰无衣，与子同裳”。新冠肺炎疫情暴发以来，习近平总书记多次召开会议，就防疫相关工作进行部署，李克强总理也深入武汉抗疫一线，考察指导疫情防控工作，党中央始终与人民群众站在一起。全国各地全力支援武汉，支援湖北，一批又一批的医疗队赴鄂，一次又一次的物资送达，从基本生活保障到艺术作品创作，再到生物技术研发，全都彰显着在这关键时刻全国各族人民的同舟共济、众志成城。

“惟其艰难，方显勇毅”。新冠肺炎疫情的突如其来像是一道难题，但我们确信多难兴邦，也确信危机终将会化为机遇，更有信心在这场艰难的战“疫”中交上一份满意的答卷。历经艰难曲折，中华民族必将在磨难中奋起，不断完善健全突发疫情防治体系，增强忧患意识，保持战略定力。

“同气连枝，共盼春来”。随着总书记科学防治、精准施策的战略要求不断落实，相信在不久的将来，我们会迎来抗击新冠病毒战“疫”的全面胜利，与全国各族人民一起，于春暖花开之时，摘下口罩，相拥相见。

疫情之下，无数的“90后”成为这场战“疫”中的中流砥柱，他们不断挺起胸膛，作为年轻一代的逆行者感动着所有人。作为新时代青年，更需要我们维护国家的绵延生息，薪火相传，要做到胸有大志、心有大我、肩有大任、行有大德。在疫情的特殊时期实现责任与担当，历困苦而破茧成蝶时才是最青春！

12. 文化与传媒学院研究生杨嘉康

2020年3月9日，我收看了“全国大学生同上一堂疫情防控思政大课”，四位教授的讲解令人感触颇深。新冠病毒的出现打破了冬日的宁静，然而也正是在这期间，我看到了我们的大国风范、民族脊梁和未来的希望。

一、大国风范

疫情像是一场大考，在考试面前，我国政治制度的优越性展现得淋漓尽致。西方有媒体指责中国，武汉封城的举动侵犯了公民的人权。然而事实上，这是世界卫生防疫史上前所未有的壮举。习总书记指出，要始终把保护人民群众生命安全和身体健康放在第一位。面对疫情，党和国家以壮士断腕的决心，遏制了病毒的扩散，体现了一个负责任大国的使命与担当。1100万人口的城市封闭，只有在中国才可以做到。一方有难，八方支援，疫情暴发后，全国各地的医护人员驰援武汉，亿万同胞守望相助，共克时艰。网络上一直流传着一句话：此生无悔入华夏，来世还做中国人。生活在中国这片土地上，无时无刻都能感觉到踏实与自豪。我相信我的祖国，它永远是我坚强的后盾。

二、民族脊梁

“没有特殊情况，不要去武汉！”84 岁的钟南山院士疾声呼吁，自己却踏上了逆行的列车。“加油！”李兰娟院士让同事在防护服上写下最简单的两个字，便转身投入了战“疫”。而当她终于走出病房，护目镜和口罩的勒痕却留在了她的脸上，那是属于她的勋章。年事已高的他们本应颐养天年，享受天伦之乐，但他们知道，他们是医生，更是战士，是千万人的希望。除此之外，还有千千万万像他们一样的人，在一线，在自己的岗位上默默付出，发光发热。冯秀军教授指出“灾难面前，没有谁能置身事外，从不存在一个人的桃花源。”雷神山医院十天完工，拾荒老人捐款一万元，医生推迟婚礼，最后却牺牲在工作岗位上。中华民族历来是一个英雄的民族，越是危难关头，越会涌现出无数的民族脊梁。

三、薪火相传

这些天，在手机屏幕上，我看到了太多消息，也因此有了起伏不定的情绪。冯秀军教授说，仿佛一夜之间，“90 后”的孩子们都长大了，他们不再撒娇，在逆境中顶天而立，在责任与担当中破茧成蝶。看到这些，我总会想，年少如我，又能为国为家做些什么呢？或许我还无法成为鲁迅先生笔下拼命硬干、为民请命的国之栋梁，但哪一根栋梁不是从幼苗长成？如今停课不停学，借此机会扎实专业，不也是为将来报效祖国积蓄力量吗？想到这，我默念起《光明与黑暗》里的那句话：“你所站立的那个地方，正是你的中国。你怎么样，中国便怎么样。你是什么，中国便是什么。你有光明，中国便不黑暗。”正所谓青年一代有担当，中华民族才有希望。曾经是你，今天是我，祖国未来的辉煌终将由我们这一代人来创造。

三月，窗外已有些微绿意，虽酣春未至，但已一日暖过一日。无尽的远方，无数的人们，都怀着希望，向未来奔去。

没有一个冬天不可逾越，没有一个春天不会来临。等她来了，天暖了，那珞珈山下绽放的樱花一定会更加鲜艳……

13. 中国金融发展研究院研究生倪婧钰

为了响应国家号召，在疫情期间做好思想政治学习，2020 年 3 月 9 日我收看了“全国大学生同上一堂疫情防控思政大课”直播。四位教授的讲述生动易懂，让人受益匪浅，引发了我的进一步思考。

四位教授的讲授内容虽然各有侧重，但都是基于疫情的大背景下，结合习总书记系列讲话，告诉我们面对疫情时，坚持中国共产党的集中统一领导、集中力量办大事是非常必要的。习近平总书记在重要系列讲话中提出，面对疫情，要确定战略使命、明确战略目标、提出战略要求、制定作战计划。要把人民群众的生命安全和身体健康放在第一位，坚决遏制疫情蔓延势头，坚决打赢疫情防控阻击战。近期，国外的疫情蔓延愈加严重，针对疫情带来的严峻考验，总结中国办法，给出中国经验是我们作为一个发展中大国所要承担的责任与义务。这次疫情不是一座城市的困境，不是一个国家的斗争，而是对全世界人民是否能万众一心、同舟共济的共同考验。

我校冯秀军教授也受邀担任了本次课程的主讲人之一，她从青年人的角度出发，提出了每一位大学生都应该认真思考的问题：疫情面前，我们的青春应如何奋斗？如何担当？中华五千年的历史赋予了我们无穷的底气，这也是中国制度、中国智慧、中国精神、中国力量赋予我们的自信。我们要在战“疫”大考中认识中国，要在奋斗担当中谱写“大写的青春”，心有大我、肩有大任、行有大德。我们这一代青年，没有经历过战争炮火的残酷，没有经历过饥荒灾害的折磨，更多的时候我们是父辈庇佑下的幸福孩子。然而如今，疫情严峻，更多的青年人站了出来，用他们尚且稚嫩的肩膀扛起了阻击病毒的重任，这就是青年人应有的奋斗，应有的担当。

在今后的道路上，无论遇到任何艰难险阻，我们都将扎根中国大地，不负建功立业的人生际遇，不负天将降大任于斯人的时代使命，不负党的期望、人民的期待、民族的重托，用努力奋斗的青春把自己成就为有理想、有本领、有担当的时代新人！

第五部分

课程思政建设有关文件及制度

1. 关于深化新时代学校思想政治理论课改革创新的若干意见

为深入贯彻落实习近平新时代中国特色社会主义思想和党的十九大精神，贯彻落实习近平总书记关于教育的重要论述，特别是在学校思想政治理论课教师座谈会上的重要讲话精神，全面贯彻党的教育方针，解决好培养什么人、怎样培养人、为谁培养人这个根本问题，坚持不懈用习近平新时代中国特色社会主义思想铸魂育人，现就深化新时代学校思想政治理论课（以下简称思政课）改革创新提出如下意见。

一、重要意义和总体要求

1. 重要意义。教育是国之大计、党之大计，承担着立德树人的根本任务。思政课是落实立德树人根本任务的关键课程，发挥着不可替代的作用。党的十八大以来，以习近平同志为核心的党中央高度重视思政课建设，作出一系列重大决策部署，各地区各部门和各级各类学校采取有力措施认真贯彻落实，思政课建设取得显著成效。同时也要看到，面对新形势新任务新挑战，有的地方和学校对思政课重要性认识还不够到位，课堂教学效果还需提升，教材内容不够鲜活，教师选配和培养工作存在短板，体制机制有待完善，评价和支持体系有待健全，大中小学思政课一体化建设需要深化，民办学校、中外合作办学思政课建设相对薄弱，各类课程同思政课建设的协同效应有待增强，学校、家庭、社会协同推动思政课建设的合力没有完全形成，全党全社会关心支持思政课建设的氛围不够浓厚。办好思政课，要放在世界百年未有之大变局、党和国家事业发展全局中来看待，要从坚持和发展中国特色社会主义、建设社会主义现代化强国、实现中华民族伟大复兴的高度来对待。思政课建设只能加强、不能削弱，必须切实增强办好思政课的信心，全面提高思政课质量和水平。

2. 指导思想。全面贯彻党的教育方针，坚持马克思主义指导地位，贯彻落实习近平新时代中国特色社会主义思想，坚持社会主义办学方向，落实立德树人根本任务，坚持教育为人民服务、为中国共产党治国理政服务、为巩固和发展中国特色社会主义制度服务、为改革开放和社会主义现代化建设服务，扎根中国大地办教育，同生产劳动和社会实践相结合，加快推进教育现代化、建设教育强国、办好人民满意的教育，努力培养担当民族复兴大任的时代新人，培养德智体美劳全面发展的社会主义建设者和接班人。

3. 基本原则。一是坚持党对思政课建设的全面领导，把加强和改进思政课建设摆在突出位置。二是坚持思政课建设与党的创新理论武装同步推进，全面推动习近平新时代中国特色社会主义思想进教材进课堂进学生头脑，把社会主义核心价值观贯穿国民教育全过程。三是坚持守正和创新相统一，落实新时代思政课改革创新要求，不断增强思政课的思想性、理论性和亲和力、针对性。四是坚持思政课在课程体系中的政治引领和价值引领作用，统筹大中小学思政课一体化建设，推动各类课程与思政课建设形成协同效应。五是坚持培养高素质专业化思政课教师队伍，积极为这支队伍成长发展搭建平台、创造条件。六是坚持问题导向和目标导向相结合，注重推动思政课建设内涵式发展，全面提升学生思想政治理论素养，实现知、情、意、行的统一。

二、完善思政课课程教材体系

4. 整体规划思政课课程目标。在大中小学循序渐进、螺旋上升地开设思政课，引导学生立德成人、立志成才，树立正确世界观、人生观、价值观，坚定对马克思主义的信仰，坚定对社会主义和共产主义的信念，增强中国特色社会主义道路自信、理论自信、制度自信、文化自信，厚植爱国主义情怀，把爱国情、强国志、报国行自觉融入坚持和发展中国特色社会主义事业、建设社会主义现代化强国、实现中华民族伟大复兴的奋斗之中。大学阶段重在增强使命担当，引导学生矢志不渝听党话跟党走，争做社会主义合格建设者和可靠接班人。高中阶段重在提升政治素养，引导学生衷心拥护党的领导和我国社会主义制度，形成做社会主义建设者和接班人的政治认同。初中阶段重在打牢思想基础，引导学生把党、祖国、人民装在心中，强化做社会主义建设者和接班人的思想意识。小学阶段重在启蒙道德情感，引导学生形成爱党、爱国、爱社会主义、爱人民、爱集体的情感，具有做社会主义建设者和接班人的美好愿望。

5. 调整创新思政课课程体系。加强以习近平新时代中国特色社会主义思想为核心内容的思政课课程群建设。在保持思政课必修课程设置相对稳定基础上，结合大中小学各学段特点构建形成必修课加选修课的课程体系。全国重点马克思主义学院率先全面开设“习近平新时代中国特色社会主义思想概论”课。博士阶段开设“中国马克思主义与当代”，硕士阶段开设“中国特色社会主义理论与实践研究”，本科阶段开设“马克思主义基本原理概论”、“毛泽东思想和中国特色社会主义理论体系概论”、“中国近现代史纲要”、“思想道德修养与法律基础”、“形势与政策”，专科阶段开设“毛泽东思想和中国特色社会主义理论体系概论”、“思想道德修养与法律基础”、“形势与政策”等必修课。各高校要重点围绕习近平新时代中国特色社会主义思想，党史、国史、改革开放史、社会主义发展史，宪法法律，中华优秀传统文化等设定课程模块，开设系列选择性必修课程。高中阶段开设“思想政治”必修课程，围绕学习习近平总书记最新重要讲话精神开设“思想政治”选择性必修课程。初中、小学阶段开设“道德与法治”必修课程，可结合校本课程、兴趣班开设思政类选修课程。

6. 统筹推进思政课课程内容建设。坚持用习近平新时代中国特色社会主义思想铸魂育人，以政治认同、家国情怀、道德修养、法治意识、文化素养为重点，以爱党、爱国、爱社会主义、爱人民、爱集体为主线，坚持爱国和爱党爱社会主义相统一，系统开展马克思主义理论教育，系统进行中国特色社会主义和中国梦教育、社会主义核心价值观教育、法治教育、劳动教育、心理健康教育、中华优秀传统文化教育。遵循学生认知规律设计课程内容，体现不同学段特点，研究生阶段重在开展探究性学习，本专科阶段重在开展理论性学习，高中阶段重在开展常识性学习，初中阶段重在开展体验性学习，小学阶段重在开展启蒙性学习。

7. 加强思政课教材体系建设。国家教材委员会统筹大中小学思政课教材建设，科学制定教材建设规划，注重提升思政课教材的政治性、时代性、科学性、可读性。国家统一开设的大中小学思政课教材全部由国家教材委员会组织统编统审统用，在教材中及时融入马克思主义中国化最新成果、坚持和发展中国特色社会主义最新经验、马克思主义理论学科最新研究进展。地方或学校开设的思政课选修课教材，由各地负责组织审定。研究编制习近平新时代中国特色社会主义思想进课程教材指导纲要，研究编制中华优秀传统文化、革命文化、社会主义先进文化、科技创新文化及总体国家安全观等进课程教材指南，编制中华民族古代历史和革命建设改革时期英雄人物、先进模范进课程教材图谱，分课程组织编写高校思政课专题教学指南，组织专家编写深度解读教材体系的示范教案，实施思政课优秀讲义出版工程，开列马克思主义经典著作、当代中国马克思主义理论著作、中华优秀传统文化典籍书单，建设思政课网络教学资源库。

三、建设一支政治强、情怀深、思维新、视野广、自律严、人格正的思政课教师队伍

8. 加快壮大学校思政课教师队伍。各地在核定编制时要充分考虑思政课教师配备要求。高校要严格按照师生比不低于 1∶350 的比例核定专职思政课教师岗位，在编制内配足，且不得挪作他用，并尽快配备到位。制定关于加强新时代中小学思政课教师队伍建设的意见，加强中小学专职思政课教师配备。各地要统筹解决好思政课教师缺口问题。各高校可在与思政课教学内容相关的学科选择优秀教师进行培训后充实思政课教师队伍，可探索胜任思政课教学的党政管理干部转岗为专职思政课教师机制和办法，积极推动符合条件的辅导员参与思政课教学。高校要积极动员政治素质过硬的相关学科专家转任思政课教师。采取兼职的办法遴选相关单位的骨干支援高校思政课建设。各地应对民办学校指派思政课教师或组建专门讲师团。制定新时代高校思政课教师队伍建设规定。

9. 切实提高思政课教师综合素质。以培育一大批优秀马克思主义理论教育家为目标，制定思政课教师队伍培养培训规划，在中央党校（国家行政学院）及地方党校（行政学院）面向思政课教师举办学习习近平新时代中国特色社会主义思想专题研修班，办好“周

末理论大讲堂”、骨干教师研修班，实施好思政课教师在职攻读马克思主义理论博士学位专项计划。建强高校思政课教师研修基地，依托首批全国重点马克思主义学院所在高校重点开展理论研修，依托高水平师范类院校重点开展教学研修，全面提升每一位思政课教师的理论功底、知识素养。建立一批“新时代高校思想政治理论课教师研学基地”，组织思政课教师在国内考察调研，在深入了解党和人民伟大实践中汲取养分、丰富思想。组织思政课骨干教师赴国外调研，拓宽国际视野，在比较分析中坚定“四个自信”。完善国家、省（自治区、直辖市）、学校三级培训体系。本科院校按在校生总数每生每年不低于40元，专科院校按每生每年不低于30元的标准提取专项经费，用于思政课教师的学术交流、实践研修等，并逐步加大支持力度。中央和地方主流媒体的政论、时政节目要积极推出优秀思政课教师传播理论成果，展示综合素质，增强社会影响力。

10. 切实改革思政课教师评价机制。严把政治关、师德关、业务关，明确与思政课教师教学科研特点相匹配的评价标准，进一步提高评价中教学和教学研究占比。各高校在专业技术职务（职称）评聘工作中，要单独设立马克思主义理论类别，校级专业技术职务（职称）评聘委员会要有同比例的马克思主义理论学科专家。按教师比例核定思政课教师专业技术职务（职称）各类岗位占比，高级专业技术职务（职称）岗位比例不低于学校平均水平，指标不得挪作他用。要将思政课教师在中央和地方主要媒体上发表的理论文章纳入学术成果范畴。实行不合格思政课教师退出机制。

11. 加大思政课教师激励力度。增强教师的职业认同感、荣誉感、责任感，把思政课教师和辅导员中的优秀分子纳入各类高层次人才项目，在“万人计划”、“长江学者奖励计划”、“四个一批”等人才项目中加大倾斜支持力度。各地要因地制宜设立思政课教师和辅导员岗位津贴，纳入绩效工资管理，相应核增学校绩效工资总量。要把思政课教师作为学校干部队伍重要来源，学校党政管理干部原则上应有思政课教师、辅导员或班主任工作经历。党和国家设立的荣誉称号要注重表彰优秀思政课教师，教育部门要大力推选思政课教师年度影响力人物等先进典型。对立场坚定、学养深厚、联系实际、成果突出的思政课教师优秀代表加大宣传力度，发挥示范引领作用。

12. 大力加强思政课教师队伍后备人才培养工作。注重选拔培养高素质人才从事马克思主义理论学习研究和教育教学，统筹推进马克思主义理论学科本硕博一体化人才培养，构建完善马克思主义理论学科本硕博学科体系和课程体系。全国重点马克思主义学院通过提前批次录取或综合考核招生等方式招收马克思主义理论专业本科生，给予推免政策倾斜鼓励优秀马克思主义理论专业本科生攻读硕士学位，采取硕博连读或直接攻读博士学位的方式加强培养。深入实施“高校思想政治理论课教师队伍后备人才培养专项支持计划”，专门招收马克思主义理论学科研究生，并逐步按需增加招生培养指标。加强思政课教师队伍后备人才思想政治工作，加大发展党员力度，提高党员发展质量。

四、不断增强思政课的思想性、理论性和亲和力、针对性

13. 加大思想性、理论性资源供给。进一步建强马克思主义理论学科，进入世界一流大学建设的高校应将马克思主义理论学科设为重点建设学科，为思政课建设提供坚实学科支撑。深入研究坚持和发展中国特色社会主义的重大理论和实践问题，为增强思政课的思想性、理论性提供多角度学术支持。充分发挥马克思主义理论学科的领航作用，大力推进中国特色社会主义学科体系建设。根据需求逐步增加马克思主义理论学科博士学位授权点，支持有关高校联合申报马克思主义理论学科博士学位授权点。组织思政课教师及时学习习近平总书记最新重要讲话精神，及时学习相关文件精神，全面理解和准确把握党中央重大决策部署。

14. 加大思政课教研工作力度。建立健全大中小学思政课教师一体化备课机制，普遍实行思政课教师集体备课制度，全面提升教研水平。遴选学科带头人担任各门课集体备课牵头人，学校领导干部要积极支持和主动参与。建立思政课教师“手拉手”备课机制，发挥思政课建设强校和高水平思政课专家示范带动作用。加强“全国高校思想政治理论课教师网络集体备课平台”建设，完善思政课教师网络备课服务支撑系统。建立纵向跨学段、横向跨学科的交流研修机制，深入开展相邻学段思政课教师教学交流研讨。推动建立思政课教师与其他学科专业教师交流机制。大力推进思政课教学方法改革，提升思政课教师信息化能力素养，推动人工智能等现代信息技术在思政课教学中应用，建设一批国家级虚拟仿真思政课体验教学中心。

15. 切实加强思政课课题研究和成果交流。国家社科基金规划项目、教育部人文社科研究项目等设立思政课教师研究专项，开展思政课教学重点难点问题和教学方法改革创新等研究，逐步加大对相关课题研究的支持力度。各地要参照设立相关项目并给予经费投入。加强马克思主义理论教学科研成果学术阵地建设，首批重点建设10家学术期刊和若干学术网站，支持新创办一定数量的思政课研究学术期刊。制定思政课教师发表文章的重点报刊目录，将《人民日报》《求是》《解放军报》《光明日报》《经济日报》等中央媒体及地方党报党刊列入其中。委托高校马克思主义学院分片建立高校思政课教学创新中心，设立一批思政课教学质量监测基地。在国家级教学成果奖中单列思政课专项，每2年开展1次全国思政课教学展示活动，定期开展优秀思政课示范课巡讲活动。打造一批思政课国家精品在线开放课程，探索建设融媒体思政公开课，推动优质教学资源共享。

16. 全面提升高校马克思主义学院建设水平。强化“马院姓马、在马言马”的鲜明导向，把思政课教学作为高校马克思主义学院基本职责，将马克思主义学院作为重点学院、马克思主义理论学科作为重点学科、思政课作为重点课程加强建设，在发展规划、人才引进、公共资源使用等方面给予马克思主义学院优先保障。建好建强一批全国重点马克思主义学院和示范性马克思主义学院，依托有条件的高校马克思主义学院建设一批习近平新时

代中国特色社会主义思想研究院。建立和完善马克思主义理论学科体系，实施马克思主义理论学科领航工程，在马克思主义理论学习研究宣传上发挥引领带动作用。全面推动各地宣传、教育等部门共建所在地区高校马克思主义学院。实施马克思主义学院院长培养工程，加强马克思主义学院领导班子建设。

17. 整体推进高校课程思政和中小学学科德育。深度挖掘高校各学科门类专业课程和中小学语文、历史、地理、体育、艺术等所有课程蕴含的思想政治教育资源，解决好各类课程与思政课相互配合的问题，发挥所有课程育人功能，构建全面覆盖、类型丰富、层次递进、相互支撑的课程体系，使各类课程与思政课同向同行，形成协同效应。建成一批课程思政示范高校，推出一批课程思政示范课程，选树一批课程思政教学名师和团队，建设一批高校课程思政教学研究示范中心。

五、加强党对思政课建设的领导

18. 严格落实地方党委思政课建设主体责任。地方各级党委要把思政课建设作为党的建设和意识形态工作的标志性工程摆上重要议程，党委常委会每年至少召开 1 次专题会议研究思政课建设，抓住制约思政课建设的突出问题，在工作格局、队伍建设、支持保障等方面采取有效措施。建立和完善省（自治区、直辖市）党委领导班子成员联系高校和讲思政课特别是“形势与政策”课制度，各省（自治区、直辖市）党委和政府主要负责同志每学期结合学习和工作至少讲 1 次课。各地要把民办学校、中外合作办学院校纳入思政课建设整体布局。思政课建设情况纳入各级党委领导班子考核和政治巡视。

19. 推动建立高校党委书记、校长带头抓思政课机制。加强和改进高校领导干部深入基层联系学生工作，推动高校领导干部兼任班主任等工作，建立健全高校党委书记、校长及职能部门力量深入一线了解学生思想动态、服务学生发展的制度性安排。高校党委书记、校长作为思政课建设第一责任人，要结合自身学科背景和工作经历，带头走进课堂听课讲课，带头推动思政课建设，带头联系思政课教师。高校党委常委会每学期至少召开 1 次会议专题研究思政课建设，高校党委书记、校长每学期至少给学生讲授 4 个课时思政课，高校领导班子其他成员每学期至少给学生讲授 2 个课时思政课，可重点讲授“形势与政策”课。开学典礼、毕业典礼讲话等要鲜明体现党的教育方针、积极传播马克思主义科学理论、弘扬社会主义核心价值观。要把思政课建设情况纳入学校党的建设工作考核、办学质量和学科建设评估标准体系。

20. 积极拓展思政课建设格局。中央教育工作领导小组要把思政课建设纳入重要议事日程，教育部、中央宣传部等部门要牵头抓好思政课建设，中央军委政治工作部要指导抓好军队院校思政课建设。教育部成立大中小学思政课一体化建设指导委员会，加强对不同类型思政课建设分类指导。有关部门和各地要保证思政课管理人员配备，确保事有人干、责有人负。强化中考、高考、研究生招生考试对学生学习思政课的指挥棒作用，将思政课学习实践情况等作为重要内容纳入综合素质评价体系，探索记入本人档案，作为学生评奖评优重要标准，作为加入中国少年先锋队、中国共产主义青年团、中国共产党的重要参考。坚持开门办思政课，推动思政课实践教学与学生社会实践活动、志愿服务活动结合，思政小课堂和社会大课堂结合，鼓励党政机关、企事业单位等就近与高校对接，挂牌建立思政课实践教学基地，完善思政课实践教学机制。制定关于加快构建高校思想政治工作体系的意见，汇聚办好思政课合力。加大正面宣传和舆论引导力度，推动形成全党全社会努力办好思政课、教师认真讲好思政课、学生积极学好思政课的良好氛围。

2. 高等学校课程思政建设指导纲要

为深入贯彻落实习近平总书记关于教育的重要论述和全国教育大会精神，贯彻落实中共中央办公厅、国务院办公厅《关于深化新时代学校思想政治理论课改革创新的若干意见》，把思想政治教育贯穿人才培养体系，全面推进高校课程思政建设，发挥好每门课程的育人作用，提高高校人才培养质量，特制定本纲要。

一、全面推进课程思政建设是落实立德树人根本任务的战略举措

培养什么人、怎样培养人、为谁培养人是教育的根本问题，立德树人成效是检验高校一切工作的根本标准。落实立德树人根本任务，必须将价值塑造、知识传授和能力培养三者融为一体、不可割裂。全面推进课程思政建设，就是要寓价值观引导于知识传授和能力培养之中，帮助学生塑造正确的世界观、人生观、价值观，这是人才培养的应有之义，更是必备内容。这一战略举措，影响甚至决定着接班人问题，影响甚至决定着国家长治久安，影响甚至决定着民族复兴和国家崛起。要紧紧抓住教师队伍“主力军”、课程建设“主战场”、课堂教学“主渠道”，让所有高校、所有教师、所有课程都承担好育人责任，守好一段渠、种好责任田，使各类课程与思政课程同向同行，将显性教育和隐性教育相统一，形成协同效应，构建全员全程全方位育人大格局。

二、课程思政建设是全面提高人才培养质量的重要任务

高等学校人才培养是育人和育才相统一的过程。建设高水平人才培养体系，必须将思想政治工作体系贯通其中，必须抓好课程思政建设，解决好专业教育和思政教育“两张皮”问题。要牢固确立人才培养的中心地位，围绕构建高水平人才培养体系，不断完善课程思政工作体系、教学体系和内容体系。高校主要负责同志要直接抓人才培养工作，统筹做好各学科专业、各类课程的课程思政建设。要紧紧围绕国家和区域发展需求，结合学校发展定位和人才培养目标，构建全面覆盖、类型丰富、层次递进、相互支撑的课程思政体系。要切实把教育教学作为最基础最根本的工作，深入挖掘各类课程和教学方式中蕴含的思想政治教育资源，让学生通过学习，掌握事物发展规律，通晓天下道理，丰富学识，增

长见识，塑造品格，努力成为德智体美劳全面发展的社会主义建设者和接班人。

三、明确课程思政建设目标要求和内容重点

课程思政建设工作要围绕全面提高人才培养能力这个核心点，在全国所有高校、所有学科专业全面推进，促使课程思政的理念形成广泛共识，广大教师开展课程思政建设的意识和能力全面提升，协同推进课程思政建设的体制机制基本健全，高校立德树人成效进一步提高。

课程思政建设内容要紧紧围绕坚定学生理想信念，以爱党、爱国、爱社会主义、爱人民、爱集体为主线，围绕政治认同、家国情怀、文化素养、宪法法治意识、道德修养等重点优化课程思政内容供给，系统进行中国特色社会主义和中国梦教育、社会主义核心价值观教育、法治教育、劳动教育、心理健康教育、中华优秀传统文化教育。

——推进习近平新时代中国特色社会主义思想进教材进课堂进头脑。坚持不懈用习近平新时代中国特色社会主义思想铸魂育人，引导学生了解世情国情党情民情，增强对党的创新理论的政治认同、思想认同、情感认同，坚定中国特色社会主义道路自信、理论自信、制度自信、文化自信。

——培育和践行社会主义核心价值观。教育引导学生把国家、社会、公民的价值要求融为一体，提高个人的爱国、敬业、诚信、友善修养，自觉把小我融入大我，不断追求国家的富强、民主、文明、和谐和社会的自由、平等、公正、法治，将社会主义核心价值观内化为精神追求、外化为自觉行动。

——加强中华优秀传统文化教育。大力弘扬以爱国主义为核心的民族精神和以改革创新为核心的时代精神，教育引导学生深刻理解中华优秀传统文化中讲仁爱、重民本、守诚信、崇正义、尚和合、求大同的思想精华和时代价值，教育引导学生传承中华文脉，富有中国心、饱含中国情、充满中国味。

——深入开展宪法法治教育。教育引导学生学思践悟习近平全面依法治国新理念新思想新战略，牢固树立法治观念，坚定走中国特色社会主义法治道路的理想和信念，深化对法治理念、法治原则、重要法律概念的认知，提高运用法治思维和法治方式维护自身权利、参与社会公共事务、化解矛盾纠纷的意识和能力。

——深化职业理想和职业道德教育。教育引导学生深刻理解并自觉实践各行业的职业精神和职业规范，增强职业责任感，培养遵纪守法、爱岗敬业、无私奉献、诚实守信、公道办事、开拓创新的职业品格和行为习惯。

四、科学设计课程思政教学体系

高校要有针对性地修订人才培养方案，切实落实高等职业学校专业教学标准、本科专业类教学质量国家标准和一级学科、专业学位类别（领域）博士硕士学位基本要求，构建科学合理的课程思政教学体系。要坚持学生中心、产出导向、持续改进，不断提升学生的课程学习体验、学习效果，坚决防止“贴标签”“两张皮”。

公共基础课程。要重点建设一批提高大学生思想道德修养、人文素质、科学精神、宪法法治意识、国家安全意识和认知能力的课程，注重在潜移默化中坚定学生理想信念、厚植爱国主义情怀、加强品德修养、增长知识见识、培养奋斗精神，提升学生综合素质。打造一批有特色的体育、美育类课程，帮助学生在体育锻炼中享受乐趣、增强体质、健全人格、锤炼意志，在美育教学中提升审美素养、陶冶情操、温润心灵、激发创造创新活力。

专业教育课程。要根据不同学科专业的特色和优势，深入研究不同专业的育人目标，深度挖掘提炼专业知识体系中所蕴含的思想价值和精神内涵，科学合理拓展专业课程的广度、深度和温度，从课程所涉专业、行业、国家、国际、文化、历史等角度，增加课程的知识性、人文性，提升引领性、时代性和开放性。

实践类课程。专业实验实践课程，要注重学思结合、知行统一，增强学生勇于探索的创新精神、善于解决问题的实践能力。创新创业教育课程，要注重让学生“敢闯会创”，在亲身参与中增强创新精神、创造意识和创业能力。社会实践类课程，要注重教育和引导学生弘扬劳动精神，将“读万卷书”与“行万里路”相结合，扎根中国大地了解国情民情，在实践中增长智慧才干，在艰苦奋斗中锤炼意志品质。

五、结合专业特点分类推进课程思政建设

专业课程是课程思政建设的基本载体。要深入梳理专业课教学内容，结合不同课程特点、思维方法和价值理念，深入挖掘课程思政元素，有机融入课程教学，达到润物无声的育人效果。

——文学、历史学、哲学类专业课程。要在课程教学中帮助学生掌握马克思主义世界观和方法论，从历史与现实、理论与实践等维度深刻理解习近平新时代中国特色社会主义思想。要结合专业知识教育引导学生深刻理解社会主义核心价值观，自觉弘扬中华优秀传统文化、革命文化、社会主义先进文化。

——经济学、管理学、法学类专业课程。要在课程教学中坚持以马克思主义为指导，加快构建中国特色哲学社会科学学科体系、学术体系、话语体系。要帮助学生了解相关专业和行业领域的国家战略、法律法规和相关政策，引导学生深入社会实践、关注现实问

题，培育学生经世济民、诚信服务、德法兼修的职业素养。

——教育学类专业课程。要在课程教学中注重加强师德师风教育，突出课堂育德、典型树德、规则立德，引导学生树立学为人师、行为世范的职业理想，培育爱国守法、规范从教的职业操守，培养学生传道情怀、授业底蕴、解惑能力，把对家国的爱、对教育的爱、对学生的爱融为一体，自觉以德立身、以德立学、以德施教，争做有理想信念、有道德情操、有扎实学识、有仁爱之心的“四有”好老师，坚定不移走中国特色社会主义教育发展道路。体育类课程要树立健康第一的教育理念，注重爱国主义教育和传统文化教育，培养学生顽强拼搏、奋斗有我的信念，激发学生提升全民族身体素质的责任感。

——理学、工学类专业课程。要在课程教学中把马克思主义立场观点方法的教育与科学精神的培养结合起来，提高学生正确认识问题、分析问题和解决问题的能力。理学类专业课程，要注重科学思维方法的训练和科学伦理的教育，培养学生探索未知、追求真理、勇攀科学高峰的责任感和使命感。工学类专业课程，要注重强化学生工程伦理教育，培养学生精益求精的大国工匠精神，激发学生科技报国的家国情怀和使命担当。

——农学类专业课程。要在课程教学中加强生态文明教育，引导学生树立和践行绿水青山就是金山银山的理念。要注重培养学生的“大国三农”情怀，引导学生以强农兴农为己任，“懂农业、爱农村、爱农民”，树立把论文写在祖国大地上的意识和信念，增强学生服务农业农村现代化、服务乡村全面振兴的使命感和责任感，培养知农爱农创新人才。

——医学类专业课程。要在课程教学中注重加强医德医风教育，着力培养学生“敬佑生命、救死扶伤、甘于奉献、大爱无疆”的医者精神，注重加强医者仁心教育，在培养精湛医术的同时，教育引导学生始终把人民群众生命安全和身体健康放在首位，尊重患者，善于沟通，提升综合素养和人文修养，提升依法应对重大突发公共卫生事件能力，做党和人民信赖的好医生。

——艺术学类专业课程。要在课程教学中教育引导学生立足时代、扎根人民、深入生活，树立正确的艺术观和创作观。要坚持以美育人、以美化人，积极弘扬中华美育精神，引导学生自觉传承和弘扬中华优秀传统文化，全面提高学生的审美和人文素养，增强文化自信。

高等职业学校要结合高职专业分类和课程设置情况，落实好分类推进相关要求。

六、将课程思政融入课堂教学建设全过程

高校课程思政要融入课堂教学建设，作为课程设置、教学大纲核准和教案评价的重要内容，落实到课程目标设计、教学大纲修订、教材编审选用、教案课件编写各方面，贯穿于课堂授课、教学研讨、实验实训、作业论文各环节。要讲好用好马工程重点教材，推进教材内容进人才培养方案、进教案课件、进考试。要创新课堂教学模式，推进现代信息技术在课程思政教学中的应用，激发学生学习兴趣，引导学生深入思考。要健全高校课堂教

学管理体系，改进课堂教学过程管理，提高课程思政内涵融入课堂教学的水平。要综合运用第一课堂和第二课堂，组织开展“中国政法实务大讲堂”“新闻实务大讲堂”等系列讲堂，深入开展“青年红色筑梦之旅”“百万师生大实践”等社会实践、志愿服务、实习实训活动，不断拓展课程思政建设方法和途径。

七、提升教师课程思政建设的意识和能力

全面推进课程思政建设，教师是关键。要推动广大教师进一步强化育人意识，找准育人角度，提升育人能力，确保课程思政建设落地落实、见功见效。要加强教师课程思政能力建设，建立健全优质资源共享机制，支持各地各高校搭建课程思政建设交流平台，分区域、分学科专业领域开展经常性的典型经验交流、现场教学观摩、教师教学培训等活动，充分利用现代信息技术手段，促进优质资源在各区域、层次、类型的高校间共享共用。依托高校教师网络培训中心、教师教学发展中心等，深入开展马克思主义政治经济学、马克思主义新闻观、中国特色社会主义法治理论、法律职业伦理、工程伦理、医学人文教育等专题培训。支持高校将课程思政纳入教师岗前培训、在岗培训和师德师风、教学能力专题培训等。充分发挥教研室、教学团队、课程组等基层教学组织作用，建立课程思政集体教研制度。鼓励支持思政课教师与专业课教师合作教学教研，鼓励支持院士、“长江学者”、“杰青”、国家级教学名师等带头开展课程思政建设。

加强课程思政建设重点、难点、前瞻性问题的研究，在教育部哲学社会科学研究项目中积极支持课程思政类研究选题。充分发挥高校课程思政教学研究中心、思想政治工作创新发展中心、马克思主义学院和相关学科专业教学组织的作用，构建多层次课程思政建设研究体系。

八、建立健全课程思政建设质量评价体系和激励机制

人才培养效果是课程思政建设评价的首要标准。建立健全多维度的课程思政建设成效考核评价体系和监督检查机制，在各类考核评估评价工作和深化高校教育教学改革中落细落实。充分发挥各级各类教学指导委员会、学科评议组、专业学位教育指导委员会、行业职业教育教学指导委员会等专家组织作用，研究制订科学多元的课程思政评价标准。把课程思政建设成效作为“双一流”建设监测与成效评价、学科评估、本科教学评估、一流专业和一流课程建设、专业认证、“双高计划”评价、高校或院系教学绩效考核等的重要内容。把教师参与课程思政建设情况和教学效果作为教师考核评价、岗位聘用、评优奖励、选拔培训的重要内容。在教学成果奖、教材奖等各类成果的表彰奖励工作中，突出课程思政要求，加大对课程思政建设优秀成果的支持力度。

九、加强课程思政建设组织实施和条件保障

课程思政建设是一项系统工程，各地各高校要高度重视，加强顶层设计，全面规划，循序渐进，以点带面，不断提高教学效果。要尊重教育教学规律和人才培养规律，适应不同高校、不同专业、不同课程的特点，强化分类指导，确定统一性和差异性要求。要充分发挥教师的主体作用，切实提高每一位教师参与课程思政建设的积极性和主动性。

加强组织领导。教育部成立课程思政建设工作协调小组，统筹研究重大政策，指导地方、高校开展工作；组建高校课程思政建设专家咨询委员会，提供专家咨询意见。各地教育部门和高校要切实加强对课程思政建设的领导，结合实际研究制定各地、各校课程思政建设工作方案，健全工作机制，强化督查检查。各高校要建立党委统一领导、党政齐抓共管、教务部门牵头抓总、相关部门联动、院系落实推进、自身特色鲜明的课程思政建设工作格局。

加强支持保障。各地教育部门要加强政策协调配套，统筹地方财政高等教育资金和中央支持地方高校改革发展资金，支持高校推进课程思政建设。中央部门所属高校要统筹利用中央高校教育教学改革专项等中央高校预算拨款和其他各类资源，结合学校实际，支持课程思政建设工作。地方高校要根据自身建设计划，统筹各类资源，加大对课程思政建设的投入力度。

加强示范引领。面向不同层次高校、不同学科专业、不同类型课程，持续深入抓典型、树标杆、推经验，形成规模、形成范式、形成体系。教育部选树一批课程思政建设先行校、一批课程思政教学名师和团队，推出一批课程思政示范课程、建设一批课程思政教学研究示范中心，设立一批课程思政建设研究项目，推动建设国家、省级、高校多层次示范体系，大力推广课程思政建设先进经验和做法，全面形成广泛开展课程思政建设的良好氛围，全面提高人才培养质量。

3. 中央财经大学推进课程思政建设工作方案

为深入贯彻落实习近平总书记关于教育的重要论述和全国教育大会精神，贯彻落实中共中央办公厅、国务院办公厅《关于深化新时代学校思想政治理论课改革创新的若干意见》，贯彻落实教育部《高等学校课程思政建设指导纲要》（以下简称《纲要》）精神，深入推进课程思政建设，有效发挥每门课程的育人作用，切实提高人才培养质量，现结合学校实际，制定本工作方案。

一、指导思想

以习近平新时代中国特色社会主义思想为指导，全面贯彻党的教育方针，坚持和加强党的领导，坚持社会主义办学方向，落实立德树人根本任务，传承“为国而生、与国同行”红色基因，牢记为党育人为国育才使命，结合一流财经高校办学目标和人才培养目标，围绕全面提高人才培养能力这个核心点，深入推进课程思政建设，充分发挥教师队伍“主力军”、课程建设“主战场”、课堂教学“主渠道”作用，将思想政治教育贯穿学校人才培养体系，构建全员全程全方位育人大格局，着力培养担当民族复兴大任的一流财经人才。

二、工作目标

总体目标：在所有学科专业中构建全面覆盖、类型丰富、层次递进、相互支撑的课程思政体系，促使课程思政理念在全校形成广泛共识，广大教师开展课程思政建设的意识和能力得到全面提升，实现协同推进课程思政建设的体制机制更加健全，立德树人成效进一步提高，形成各类课程与思政课程同向同行、同频共振的良好局面。

具体目标：着力开发一批充满思政元素、发挥思政功能的示范类基础课、专业课和通识课；打造一批具有我校特色的课程思政品牌课程；培育一批具有亲和力和影响力的课程思政教学名师和团队；提炼一系列可推广的课程思政教学改革典型经验和特色做法，建立并完善覆盖各专业的思政元素库和课程思政资源库。

三、基本原则

（一）坚持价值引领和知识传授、能力培养相统一

树立价值引领和知识传授并重的教育理念，以学生发展为中心深化课程育人改革，以提高培养质量为根本出发点，寓价值观引导于知识传授和能力培养之中，引导学生树立正确的世界观、人生观、价值观，有效实现专业教育与思想政治教育的有机融合。

（二）坚持显性教育和隐性教育相统一

在建好思想政治理论课的同时，积极挖掘和提炼各类课程中蕴含的思想政治教育资源，创新课程思政教育教学方式，不断探索专业知识与思政元素的交互融合，使专业教育与思政教育相得益彰，达到潜移默化、润物无声的育人效果。

（三）坚持统筹协调和分类建设相统一

各二级学院（研究院、中心，以下简称“学院”）党委认真履行主体责任，切实推进课程思政建设，通过统筹各类资源、优化顶层设计，不断完善本单位课程思政工作体系、教学体系、内容体系和评价体系等。各二级学院应密切结合本单位学科属性和专业特点，明确育人目标，加强教师指导与培训，实施分类建设，不断提高课程思政建设水平。

四、组织实施

学校成立课程思政建设工作领导小组（以下简称领导小组），全面领导课程思政建设工作，并对建设情况进行监督和检查。领导小组组长由学校党政一把手担任，副组长由主管校领导担任，成员由宣传部、教务处、研究生工作部、研究生院、教师工作部、人事处、学生工作部、学生处、团委、财务处、教师教学发展中心、智慧校园中心、马克思主义学院等部门负责人组成，若有人事变动，成员随之调整。领导小组下设课程思政建设办公室，办公室设在教务处和研究生院。

课程思政建设工作领导小组成员组成如下：

组　长：何秀超　王瑶琪

副组长：孙国辉　马海涛　朱凌云

成　员：李桂君　张学勇　雷洪峰　谭小芬　于晓明

孙　敏　刘红杰　杨晓波　叶新恩　冯秀军

各相关部门要落实主体责任，加强沟通协作，密切联系配合，加强课程育人评价管理，确保相关工作有效推进。具体安排如下：教务处和研究生院分别负责牵头统筹本科生

和研究生阶段课程思政建设工作，宣传部负责将课程思政建设纳入全校思想政治工作体系，教师工作部、人事处负责加强教师思想政治教育相关工作，研究生工作部、学生工作部、学生处、团委负责在学生社会实践等第二课堂活动中加强思政教育强化育人成效，财务处负责课程思政建设的资金保障工作，教师教学发展中心负责开展课程思政建设培训，加强教师课程思政育人能力建设，智慧校园中心负责为课程思政元素库和资源库建设提供信息技术保障，马克思主义学院负责对课程思政建设重点、难点、前瞻性问题的研究，探索思政课程和课程思政深度融合、协同育人路径。

五、工作内容和重点

科学规划与设计课程思政教学体系，推进学校、学院、专业三级课程思政教学改革与建设，全面提高立德树人成效。

（一）强化立德树人，落实课程思政主体责任

各二级学院党委（党总支）书记为课程思政建设第一责任人。结合学校发展定位和专业人才培养特色、人才培养目标，加强师德师风建设，引导教师进一步强化思想认识，深入挖掘课程内容和教学方式中蕴含的思想政治教育资源，探索和创新课程思政教育方法，不断提升课程思政育人能力，推动全体教师尤其是高水平教师参与课程思政工作。

（二）强化全面覆盖，设计课程思政教学体系

坚持以学为中心，有针对性地修订人才培养方案，切实落实本科专业类教学质量国家标准和一级学科、专业学位类别（领域）博士硕士学位基本要求，构建科学合理的课程思政教学体系，不断提升学生课程学习体验、学习效果。在公共基础课程、专业教育课程、实践类课程等各类课程、教材中落实课程思政要求。其中，公共基础课程要聚焦提高学生思想道德修养、人文素质、科学精神、法治意识、国家安全意识和认知能力，打造一批有特色的体育、美育类课程，帮助学生增强体质，提升审美素养；专业教育课程要根据学科专业特色和优势，结合专业育人目标，深度挖掘提炼专业知识体系中所蕴含的思想价值和精神内涵，科学合理拓展专业课程的广度、深度和温度，增加课程的知识性、人文性，提升引领性、时代性和开放性；实践教育类课程要注重学思结合、知行统一，增强学生创新精神、创造意识、创业能力，注重教育和引导学生弘扬劳动精神。

（三）强化分类指导，推进专业课程思政建设

各学院对照《纲要》中的文学、历史学、哲学类，经济学、管理学、法学类，理学、工学类，艺术学类等不同学科门类课程思政建设要求，根据学科专业特点，进一步明确、细化不同专业课程思政目标。将课程思政融入课程目标设计、教学大纲修订、教材编审选

用、教案课件编写各方面，贯穿于课堂授课、教学研讨、实验实践、作业论文各环节。讲好用好马工程重点教材，创新课堂教学模式，推进现代信息技术在课程思政教学中的应用，激发学生学习兴趣，引导学生深入思考。

（四）强化育人能力，提升教师课程思政素养

充分发挥教研室、教学团队、课程组等基层教学组织作用，建立课程思政集体教研制度。依托教师教学发展中心，将课程思政纳入教师岗前培训、在岗培训和师德师风、教学能力专题培训等活动中，有计划、分批次对全校教师开展课程思政建设专题培训，加强教师课程思政育人能力建设。充分利用现代信息技术手段，建设课程思政元素库和资源库，促进优质资源全校共享共用。组织开展经常性的课程思政典型经验交流、现场教学观摩、教师教学培训等活动，举办课程思政专项讲课竞赛或教学设计大赛，开展课程思政教学名师、教学团队培育工作，鼓励支持国家级和省级高层次人才开展课程思政建设。

（五）强化改革创新，深化课程思政建设研究

在各类校级研究基金项目中积极支持课程思政类研究选题，鼓励和支持广大教师开展多种形式的课程思政研究与实践，逐步构建多层次课程思政建设研究体系。课题研究和实践要聚焦课程思政建设中的热点、重点和难点，着力解决课程思政建设中的基础性、关键性、前瞻性问题。加大对高水平课程思政研究与实践成果的推广应用，总结汇编课程思政优秀教学案例，进一步扩大我校课程思政建设影响力。

六、保障措施

（一）加强组织领导

切实建立党委统一领导、党政齐抓共管、教务部门牵头抓总、相关部门联动、院系落实推进、行业特色鲜明的课程思政建设工作新格局。

（二）落实经费保障

结合学校实际，统筹利用中央高校教育教学改革专项等中央高校预算拨款，多方筹措其他各类资源，加大对课程思政建设的投入力度，切实保障课程思政建设。

（三）强化考核评价

建立健全多维度课程思政建设成效评价体系和监督检查、激励约束机制，发布《中央财经大学课程思政示范专业建设指标（试行）》（见附表1）和《中央财经大学课程思政示范课程建设指标（试行）》（见附表2），对课程思政建设成效进行综合评价。充分发挥校、院两级教学委员会作用，加强对课程思政建设的指导和监督。把课程思政建设成效作

为“双一流”建设监测与成效评价、学科评估、本科教学评估、一流专业和一流课程建设、专业认证、学院教学绩效考核等的重要内容。把教师参与课程思政建设情况和教学效果作为教师考核评价、岗位聘用、评优奖励、选拔培训的重要内容。在教学成果奖、教材奖等各类成果的表彰奖励工作中，突出课程思政要求，加大对课程思政建设优秀成果的支持力度。

附表 1　　中央财经大学课程思政示范专业建设指标（试行）

一级指标	二级指标	指标内涵
1. 培养方案	1. 1 培养目标	结合专业特点，在人才培养目标、毕业要求中落实课程思政要求，构建科学合理的课程思政教学体系。
	1. 2 课程体系	课程体系设计科学合理，符合学科专业和课程思政教育规律，坚持知识传授、能力培养和价值引领相统一，建立课程育人目标与专业育人目标的支撑、映射关系。
	1. 3 教学大纲	完善和修订课程教学大纲，在教学目标、教学内容、教学设计和课程考核各方面均要体现思政元素。
2. 课程教材建设	2. 1 公共基础课	公共基础课应充分发挥厚植爱国情怀、加强品德修养、坚定理想信念和提升综合素质的核心作用。
	2. 2 专业教育课	根据本专业课程思政目标，深度挖掘提炼专业教育课程中所蕴含的思想价值和精神内涵，梳理出所有专业教育课的课程思政建设指标。
	2. 3 实践类课程	充分将课程思政元素融入实验实习、创新创业、社会实践等实践类课程，弘扬劳动精神、锤炼意志品质。
3. 教学改革	3. 1 示范课程建设	建成 1—2 门通识类课程思政示范课程、3—5 门专业教育类课程思政示范课程、1—2 门实践类课程思政示范课程。
	3. 2 重点教材建设	严格落实马工程教材统一使用规定，马工程教材使用率达到 100%；建设一批校级课程思政重点教材和教学指导用书。
	3. 3 教学研究	承担校级及以上课程思政相关教改项目，形成示范性强、可推广的专业类课程思政研究与实践成果。
4. 教师发展与教学成效	4. 1 师德师风	扎实推进师德师风建设，把师德师风作为评价教师队伍素质的第一标准，模范践行《新时代高校教师职业行为十项准则》，在各类重要考核评价中实施师德师风“一票否决”。
	4. 2 基层教学组织	建立课程思政集体备课制度，定期组织教师积极参加课程思政专项教学技能工作坊、教学沙龙等培训活动，主办、承办或协办课程思政培训活动，培育课程思政教学名师和团队。
	4. 3 教学成效	课程思政工作能够有效落实到专业所有课程和全体师生。专业教师在师德师风、教书育人、课程思政教学竞赛等方面获得的荣誉或奖励。
5. 专业课程思政特色		专业在课程思政建设方面特色亮点工作。

附表 2　　中央财经大学课程思政示范课程建设指标（试行）

一级指标	二级指标	指标内涵
1. 课程团队	1.1 主讲教师	具备良好的师德师风，政治立场坚定，有强烈家国情怀，思维新、视野广、自律严、人格正，注重为人师表，在课程教学中融入真善美。
	1.2 教学团队	团队成员具备课程思政意识和能力，积极参与课程思政教学改革，建立课程思政集体备课和教研制度，探索课程思政建设新路径。
2. 教学内容	2.1 课程目标	结合本课程在专业人才培养方案中的定位，根据课程性质、特点及授课对象等，制定明确的课程思政教学目标。
	2.2 课程设计	在课堂讲授、教学研讨、实验实训、考核评价等各环节，有机融入课程思政的理念和元素，做到恰当合理、不生硬。
	2.3 课程资源	注重挖掘和开拓与本课程紧密相关的课程思政资源，形成丰富的课程思政资源库；编写和选用高质量配套教材。
3. 教学改革	3.1 教学方法	注重课程思政教学方法多样化，采取启发式、研究性、案例式等教学方法帮助学生树立正确的世界观、人生观和价值观。
	3.2 教学手段	推动课程思政与现代教育技术深度融合，创新思政元素展现形式，增强课程思政的亲和力和针对性。
	3.3 课程考核	将课程思政元素充分融入过程考核和结课考核所涵盖的知识、能力与素质中。
4. 教学效果	4.1 学生评价	学生对教师师德师风评价高，学习满意度高，评教效果好。
	4.2 同行评价	课程思政教学理念、方法、手段及实施效果显著，同行认可度高，具有一定的辐射和推广价值。
5. 课程思政特色		课程在课程思政建设方面特色亮点工作。